本书获河海大学校级重点教材立项建设、江苏高校品牌专业建设工程资助

养老服务理论与实践

Theory and Practice of Elderly Care Services

主编 韩振燕 孙中艮

南京大学出版社

图书在版编目(CIP)数据

养老服务理论与实践/韩振燕,孙中艮主编. —南京:南京大学出版社,2023.4
ISBN 978-7-305-26227-2

Ⅰ.①养… Ⅱ.①韩…②孙… Ⅲ.①养老—社会服务—研究—中国 Ⅳ.①D669.6

中国版本图书馆 CIP 数据核字(2022)第 208403 号

出版发行	南京大学出版社		
社　　址	南京市汉口路 22 号	邮　编	210093
出 版 人	金鑫荣		

书　　名 养老服务理论与实践
主　　编 韩振燕　孙中艮
责任编辑 黄隽翀
照　　排 南京南琳图文制作有限公司
印　　刷 南京人民印刷厂有限责任公司
开　　本 787 mm×1092 mm　1/16　印张 14.25　字数 347 千
版　　次 2023 年 4 月第 1 版　2023 年 4 月第 1 次印刷
ISBN 978-7-305-26227-2
定　　价 55.00 元

网址：http://www.njupco.com
官方微博：http://weibo.com/njupco
官方微信号：njupress
销售咨询热线：(025) 83594756

＊版权所有,侵权必究

＊凡购买南大版图书,如有印装质量问题,请与所购图书销售部门联系调换

前　言

老吾老以及人之老。养老是任何社会成员都无法回避的问题。2000年前后，我国就已经进入老龄化社会。也就是说，我国已经进入人口老龄化时代。我国是世界上老年人口数量最多、老龄化发展速度最快的国家。人口老龄化呈现出规模大、来势猛、占比高和"未富先老""边富边老"等特点。20多年来，我国人口老龄化程度持续加深，未来，还将继续加深，并将长期处于人口老龄化的"高原"之上。其间，少子、无子家庭数量剧增，空巢、失能、高龄、贫困等多种现象叠加，将给经济社会发展带来严重挑战。养老服务作为整个养老体系的重要组成部分，实现养老服务资源的有效配置以满足不断增长和日益多样化的养老服务需求已成为一项亟待解决的重大民生议题。加快发展养老服务事业产业、完善养老服务体系成为保障和改善民生、推动经济转型升级的重要举措。

我国养老服务业起步迟，发展步伐缓慢。相较于养老服务需求，无论是在理念、理论方面，还是在发展水平、规模和能力等方面，我国养老服务业均明显滞后于人口老龄化发展速度，与老年人日益增长的需求也存在较大差距。随着经济社会发展和城市化进程的快速推进，我国跨地域职业流动加速，家庭结构逐渐向小型化过渡，亲属关系逐渐疏离，传统的家庭养老服务功能逐步分化和弱化，已无法承担起所有的养老任务。在此背景下，老年人对社会化养老服务的需求将逐渐增加，依附性也将越来越强。因此，需要加强研究如何发展养老服务，如何增强养老服务的供给能力，如何提升老年人对养老服务的购买能力，如何促进养老服务更加规范化和标准化，如何实现养老服务与经济社会其他领域的协调发展及高质量发展。鉴于此，我们开始考虑写一本养老服务方面的书。这本书不但能为老人、家庭和机构提供养老服务理念和方法，还能为相关从业人员提供系统性的养老服务知识，让他们了解养老服务是什么，为什么要进行养老服务，以及该如何开展并获得有效的养老服务。

本书遵循"新文科"新理念，结合养老服务发展特点，对接社会需求，按照理论与实践相结合、基础与前沿相结合、中国探索与国际经验相结合的原则进行设计，融合编著者及同仁讲授本门课程的心得体会，融合学生学习本门课程过程中的意见反馈，融合近年来养老服务方面的最新方针政策，融合新时代养老服务的最新案例，真切体现养老服务课程的教学理念与要求，回应新时代对于养老服务的现实需求，凸显培养新时代创新人才的价值目标。

在结构编排上，以基础理论—实用方法或技术—实际应用（案例分析）为主线，以养老服务的理论依据、政策支撑、内容体系与运行机制、评估监管和队伍建设等为成果导向，基于新时代新发展的任务特点，为读者呈现养老服务的内容架构。开放性、互动性和共同成长的理念贯穿全书，各部分既自成一体，又相互联系，强化内部之间的教学逻辑，使教学具有过程性、层次性和灵活性。渗透课程思政与人文素养，合理设置任务，融入社会保障相关知识，培养学生理论研究与实践探索能力。

本书编写过程中充分吸收了国内外相关教材的先进科学内容，结合编者自身的教学实践经验，围绕养老服务事业与产业发展，将专业知识与民生福祉相结合，强化学生专业素养教育;将主流意识形态和社会主义核心价值观纳入教材的相关章节,强化学生的社会责任意识。从框架结构和内容体系上彰显本书特色及创新之处。总体而言,本书在以下三方面做了精心设计与安排。一是拓展理念,以人为本、德技双修。将思政元素与专业知识相结合,用深入浅出、通俗易懂的形式呈现,将立体的服务、生动的实践、朴实的语言汇聚为课程思政素材,以培养学生的理想信念、价值取向、政治信仰、社会责任感,培育和弘扬社会主义核心价值观。二是坚持理论与实践相结合。以科学理论为指引,以实际运用为依归,以培养学生扎实的学术功底与较高的实操能力为导向,以提升学生综合素质为最终目标,归纳总结新时代社会化养老服务的核心内容,形成知识结构、知识体系、知识表现三要素融合的教材体系。同时,章后集合相关知识点并附有与教学内容相关的知识资料,以拓展学生视野,为学生主动思考、探索与发现提供素材,培养学生的创新思维能力。三是强调研究性学习和案例分析教学。结合实际服务需求设计实践训练,在章节中插入与本章内容密切相关的最新实际案例与论文评析,注重案例选材的多样性、典型性、时效性和实用性,增强教材的可读性,引导学生对我国社会化养老服务发展现状、趋势、问题等进行系统分析,加深学生对授课知识的认知,培养学生的问题意识,锻炼学生的探索性学习能力。

  本书共八章,系统介绍了养老服务的内涵、特征、实践发展、理论依据等基础知识,让学生对养老服务有初步的了解,为后续理论和实践学习奠定基础。同时,本书对养老服务政策、管理体制、内容体系与运行机制、供给与需求、评估监管、人员队伍建设等做了详细介绍,梳理了国内外的创新做法和案例。全书体系完整、内容翔实、逻辑严密,可作为劳动与社会保障专业及其相关专业本科生、研究生的学习用书,也可作为养老服务从业者开展具体工作的参考书,还可作为对养老服务有浓厚兴趣的读者的阅读书目之一。

  本书能够出版得益于团队协作,正是大家的共同努力才保证了本书内容的完整。本书由五位教师合作完成,按章节顺序具体分工如下:韩振燕负责撰写第一章、第三章、第七章及第八章第一节;李静负责撰写第二章;郭剑平负责撰写第四章;孙中艮负责撰写第五章、第八章第二节和第三节;陈际华负责撰写第六章、第八章第四节和第五节。此外,梁心怡、孙小琳和刘莎等研究生为本书的延伸阅读和案例资料的收集整理,以及全书的统稿、校对等做了大量工作,付出了辛勤劳动,在此表示衷心的感谢。

  在本书即将付梓之际,谨向为本书出版给予特别支持的南京大学出版社表示感谢,特别感谢黄继东主任的倾力支持,感谢编辑余凯莉的耐心与细心,感谢出版社工作人员为本书出版所做的细致工作与辛勤劳动;向所有为本书出版做出贡献的同事、朋友及学生们深表谢意。本书在编写过程中,还参阅了国内外大量的著作和文献,在此也谨向相关作者表示深深的谢意。

  因知识水平和阅历所限,本书难免存有这样或那样的问题,不妥之处,敬请各位专家和广大读者不吝指正。

编者

2022 年 8 月 18 日

于南京 河海大学 厚学楼

目 录

第一章 导 论 ... 1

第一节 人口老龄化及其演变 ... 1
一、人口老龄化概念 ... 1
二、人口老龄化的成因 ... 1
三、我国人口老龄化的演变与特征 ... 2

第二节 养老服务概况 ... 4
一、养老服务内涵 ... 5
二、养老服务分类及特征 ... 5
三、养老服务发展进程 ... 6
四、人口老龄化与养老服务的关系 ... 8

第三节 养老服务发展视野 ... 9
一、实践视野：中外养老服务理念发展 ... 9
二、理论视野：养老服务发展基础 ... 10

第四节 时代发展下养老服务的新变化新要求 ... 12
一、新时代养老服务条件导向变化 ... 13
二、新时代对养老服务的新要求 ... 14
三、新时代养老服务再出发 ... 15

延伸阅读 ... 16
案例思考 ... 17
本章关键术语 ... 19
本章思考题 ... 19

第二章 中国家文化与家庭养老 ... 20

第一节 中国的"家文化" ... 20
一、"家"与"家文化" ... 20
二、新时代"家文化"的新发展 ... 23

第二节 中国家庭养老的历史探索 ... 24
一、家庭养老的概念及特征 ... 24
二、中国近百年家庭养老政策的历史分野 ... 26

第三节 家庭养老的东亚经验 ... 33
一、制度优势：经济鼓励＋法律约束 ... 34
二、技术优势：科技赋能＋适老改造 ... 35

三、文化优势:儒学传统+尊老氛围 ………………………………… 37
　第四节　家庭养老与养老服务社会化 …………………………………… 38
　　　一、养老服务社会化的时代背景 ………………………………… 38
　　　二、养老服务社会化的发展特点 ………………………………… 39
　　　三、养老服务社会化的发展趋势 ………………………………… 41
　延伸阅读 ……………………………………………………………………… 42
　案例思考 ……………………………………………………………………… 43
　本章关键术语 ………………………………………………………………… 46
　本章思考题 …………………………………………………………………… 46

第三章　养老服务政策体系 …………………………………………………… 47
　第一节　养老服务政策概述 ……………………………………………… 47
　　　一、我国养老服务政策的制定过程 ……………………………… 47
　　　二、养老服务政策类型 …………………………………………… 49
　　　三、养老服务政策体系 …………………………………………… 50
　第二节　新中国成立以来我国养老服务政策发展历程 ………………… 52
　　　一、新中国成立之初的政策探索 ………………………………… 52
　　　二、改革开放时期的初步构建 …………………………………… 53
　　　三、21 世纪初期的快速发展 ……………………………………… 56
　　　四、新时代以来的整体推进 ……………………………………… 57
　第三节　我国养老服务政策发展特点与趋势 …………………………… 60
　　　一、养老服务政策发展特点 ……………………………………… 60
　　　二、养老服务政策发展趋势 ……………………………………… 61
　延伸阅读 ……………………………………………………………………… 63
　案例思考 ……………………………………………………………………… 64
　本章关键术语 ………………………………………………………………… 66
　本章思考题 …………………………………………………………………… 66

第四章　养老服务管理体制 …………………………………………………… 67
　第一节　养老服务管理体制的基本概念 ………………………………… 67
　　　一、制度、体制及机制的概念界定 ……………………………… 67
　　　二、养老服务管理体制的含义 …………………………………… 68
　　　三、养老服务管理体制的核心理论基础 ………………………… 69
　第二节　养老服务管理体制的组织架构 ………………………………… 71
　　　一、养老服务管理体制的主体 …………………………………… 71
　　　二、养老服务管理体制的客体 …………………………………… 73
　第三节　养老服务管理体制的发展历程 ………………………………… 76
　　　一、计划经济时期发展受限 ……………………………………… 76

二、改革开放时期逐步探索 ·· 77
　　三、新世纪初期发展成型 ·· 77
　　四、新时代以来不断完善 ·· 78
第四节　养老服务管理体制的改革趋势 ·· 79
　　一、养老服务管理体制的改革理念 ··· 79
　　二、养老服务管理体制改革的影响因素 ·· 81
　　三、养老服务管理体制的发展趋势 ··· 83
延伸阅读 ··· 84
案例思考 ··· 90
本章关键术语 ·· 92
本章思考题 ·· 92

第五章　养老服务体系内容 ··· 93

第一节　养老服务体系概念与发展历程 ·· 93
　　一、养老服务体系概念与特点 ·· 93
　　二、养老服务体系发展历程 ··· 95
第二节　养老服务体系主要内容 ·· 98
　　一、居家养老 ··· 98
　　二、社区养老 ·· 102
　　三、机构养老 ·· 106
第三节　养老服务体系发展困境与发展趋势 ·· 111
　　一、我国养老服务体系发展困境 ··· 111
　　二、养老服务体系发展趋势 ··· 114
　　三、新型养老服务创新 ·· 115
第四节　其他典型国家养老服务体系 ·· 122
　　一、欧美国家 ·· 122
　　二、亚洲国家 ·· 129
延伸阅读 ·· 132
案例思考 ·· 134
本章关键术语 ··· 136
本章思考题 ·· 136

第六章　养老服务需求与供给 ·· 137

第一节　养老服务需求 ·· 137
　　一、养老服务需求的内涵与特征 ··· 137
　　二、养老服务需求的层次与类型 ··· 139
　　三、城乡老年人养老服务的宏观、中观和微观需求 ······································· 142
　　四、养老服务需求的内容及其影响因素 ·· 143

  第二节　养老服务供给 ··· 145
   一、养老服务供给的内涵 ··· 145
   二、养老服务供给主体 ··· 145
   三、养老服务供给方式和内容 ·· 147
   四、政府购买养老服务 ··· 148
  第三节　养老服务业发展现状、挑战与趋势 ··· 151
   一、养老服务业的定义 ··· 151
   二、养老服务业发展现状 ··· 152
   三、养老服务业面临的挑战 ·· 152
   四、养老服务业发展趋势 ··· 153
  延伸阅读 ··· 154
  案例思考 ··· 157
  本章关键术语 ··· 159
  本章思考题 ·· 159

第七章　养老服务评估与监管 ·· 160

  第一节　养老服务标准化 ·· 160
   一、养老服务标准化定义 ··· 160
   二、养老服务标准化内容 ··· 161
   三、我国养老服务标准化建设现状 ·· 163
   四、养老服务标准化建设意义 ·· 167
  第二节　养老服务评估 ··· 168
   一、养老服务评估概念 ··· 168
   二、养老服务评估内容 ··· 169
   三、养老服务评估模式与方法 ·· 171
   四、养老服务评估实施 ··· 175
  第三节　养老服务的监管 ·· 176
   一、养老服务监管定义 ··· 176
   二、养老服务监管主体 ··· 176
   三、养老服务监管内容 ··· 179
   四、养老服务监管方法 ··· 181
  延伸阅读 ··· 183
  案例思考 ··· 184
  本章关键术语 ··· 186
  本章思考题 ·· 186

第八章　养老服务人才队伍建设 ··· 187

  第一节　养老服务人才类别及人才队伍建设的意义 ······························· 187

一、养老服务人才类别及基本要求 ……………………………………… 187
　　二、养老服务人才队伍建设的意义和目标 ……………………………… 189
第二节　养老服务人才政策 ……………………………………………………… 192
　　一、2012 年之前 …………………………………………………………… 192
　　二、2013—2020 年 ………………………………………………………… 194
　　三、2021 年至今 …………………………………………………………… 196
　　四、养老服务人才政策发展趋势 ………………………………………… 196
第三节　养老服务人才培养模式 ………………………………………………… 197
　　一、产教融合型人才培养模式 …………………………………………… 197
　　二、政校联合型人才培养模式 …………………………………………… 200
　　三、高职院校主导型人才培养模式 ……………………………………… 202
第四节　养老服务人才职业发展体系 …………………………………………… 205
　　一、养老服务人才职业发展体系的内涵 ………………………………… 205
　　二、完善养老服务人才职业发展体系的必要性 ………………………… 205
　　三、完善养老服务人才职业发展体系的主要措施 ……………………… 206
第五节　养老服务从业人员监督管理 …………………………………………… 208
　　一、加强养老服务从业人员监督管理的重要性 ………………………… 208
　　二、加强养老服务从业人员监督管理的主要举措 ……………………… 208
延伸阅读 ……………………………………………………………………………… 209
案例思考 ……………………………………………………………………………… 210
本章关键术语 ………………………………………………………………………… 212
本章思考题 …………………………………………………………………………… 212

参考文献 …………………………………………………………………………… 213

第一章 导 论

本章学习引导：本章介绍了人口老龄化的概念、成因、演变与特征，养老服务的内涵、特征及其与人口老龄化的关系、时代发展新要求等基础知识，让学生对养老服务有一个初步的了解，为后续的理论学习和实践奠定基础。

本章学习重点：人口老龄化的演变与特征；养老服务的内涵与特征；人口老龄化与养老服务的关系；养老服务理论基础。

第一节 人口老龄化及其演变

一、人口老龄化概念

工业化、城市化和现代化进程中，人类逐步迈进风险社会。其中，人口老龄化问题被列为人类社会的十大风险之首，已成为全世界范围内的社会焦点问题。一个人的生命历程从受胎瞬间开始，一直持续到死亡，是一个不可逆的过程。而人口群体可能是老龄化的也可能是年轻化的，这主要取决于人口年龄的结构。

人口老龄化（Aging of Population）是指总人口中年轻人口数量减少、年长人口数量增加而导致的老年人口比重相对上升的动态过程。包括两方面含义：一是指老年人口相对增多，在总人口中所占比例不断上升；二是指社会人口结构呈现老年状态，进入老龄化社会。联合国在《人口老龄化及其社会经济后果》一书中确定的老龄化标准是目前国际上较为通用的判断标准：当一个国家或地区 60 岁及以上老年人口占总人口比重超过 10.0%，或 65 岁及以上老年人口占总人口比重超过 7.0%，即意味着这个国家或地区处于老龄化社会。

二、人口老龄化的成因

人口老龄化的"化"是一个动态过程，是指事物在时间维度上的发展变化。对于开放人口而言，从人口的整体运行来看，人口的变动受到出生、死亡和迁移三方面的影响。其中，出生和死亡是决定性因素，迁移是重要影响因素。出生率下降或出生人口增速小于老年人口增速，人均寿命延长，死亡率下降且趋于稳定，一个地区青壮年大量迁出等，都会导致人口结构趋于老龄化。人口老龄化是社会发展的必然趋势，其发生是多种因素综合作用的结果，出生、死亡和迁移是影响人口结构的三个重要因素，其他社会经济变量都是通过这三个因素间接地发挥作用。[①]

经济发展和社会进步为老龄化提供保障。一方面，随着经济的发展，物质生活条件不断

[①] 李兰永，刘媛. 人口老龄化：特征、成因及对策研究[J]. 山东社会科学，2013(12)：31-35.

改善,科学技术和医疗水平不断提高,为人类生存和生命延续提供了支撑,人们的健康状况得以显著提高,死亡率大大降低。另一方面,社会的进步带来了社会福利制度的日趋健全,养老保障制度为老年人在老龄化社会得以生存提供了保障。全球人均预期寿命从2000年的66.8岁延长到了2019年的73.3岁,我国人均预期寿命从新中国成立初期的35岁,已延长至2019年的77.4岁。①

生育观念的转变加速了人口老龄化。大量研究证实,经济社会发展水平与生育水平之间存在关联,且一般呈负相关关系。随着经济社会的进步,政府有条件建立缓解社会矛盾的社会保障、社会福利等制度,传统"多子多福""养儿防老"的观念已不再适应现今社会,青年一代在人生观、价值观、生育观等方面有了巨大转变,直接影响了生育意愿。在科技创新、经济进步、社会发展的现实情况下,人们的受教育水平及自我价值意识逐渐提高,"不育文化""丁克家庭"等观念和家庭结构不断出现,一定程度上降低了生育率。

人口迁移影响地区间的老龄化程度。人口迁移是影响一个国家或地区老龄化进程的重要因素。人口迁移分为国际迁移和国内迁移,无论何种迁移,主要都是以青壮年劳动力移民、技术移民为主。当一个国家或地区有大批青壮年移出,老龄化程度就会相对加重;反之,有大批外来移民的国家或地区,老龄化程度会相对减轻。1865年,法国进入老龄化社会,是最早进入老龄化的国家,但其积极的移民政策,放缓了老龄化的整体进程,其老龄化程度在多年后依然维持在一个可接受的范围。我国人口迁移方向多为青壮年从中西部地区到东部地区、从农村到城市,对于迁出地来说,大量的劳动力迁出,一定程度上改变了当地人口的年龄结构,导致老龄化水平有所提升。我国现阶段老龄化的特点之一,即为农村高于城市、中西部地区高于东部地区。

三、我国人口老龄化的演变与特征

据联合国《世界人口展望(2019年)》,截至2019年,全球65岁及以上人口已经占全球总人口的9.1%,到2050年,全球每6人中,就有1人年龄在65岁及以上(占比16.0%)。全球各地区老龄化进程并不同步,欧洲作为老龄化较严重的地区,2017年,60岁及以上人口比例已高达25.0%,欧洲、亚洲、大洋洲部分国家老龄化步伐也在加快。2019年,日本、意大利等21国进入"超级老龄化"。预计到2050年,除非洲外,所有地区的老年人口比例都将接近或超过20.0%②,全球老龄化趋势已难逆转。相较西方发达国家,我国进入老龄化社会的时间较晚,但由于我国老年人口基数大、增速快,老龄化程度深且势头迅猛,人口老龄化已成为制约我国社会和经济发展的重要问题。③

20世纪五六十年代,随着社会环境的改善和人们生活水平的提高,出现两次生育高峰,死亡率下降,我国人口年龄结构趋于年轻化。1964年,65岁及以上人口占比为3.6%,老少比(≥65岁人口数/0—14岁人口数)为8.8%,人口金字塔呈现典型的"上尖下宽"形状。④

---

① 数据援引自世界卫生组织发布的《2022年世界卫生统计》。
② 数据援引自联合国人口与发展委员会第51次会议发布的《世界人口趋势报告》。与我国国务院发展研究中心课题组预测的2035年和2050年我国老龄化率达到20.5%和37.3%基本相符。
③ 王杰秀,安超.全球老龄化:事实、影响与政策因应[J].社会保障评论,2018,2(4):14-30.
④ 陆杰华,伍绪青.人口年龄结构变迁:主要特点、多重影响及其应对策略[J].青年探索,2021(4):28-40.

20世纪80年代,计划生育政策的实施使我国人口出生率急剧下降。1982年,65岁及以上人口占比为4.9%,老少比提高至14.6%。改革开放以来,随着经济社会发展,人们生育观念和生活方式发生改变,我国人口年龄金字塔底部收缩,中部和顶部逐渐膨胀。第五次全国人口普查数据显示,2000年,我国65岁及以上老年人口比重达到了7.0%,我国已进入老龄化社会。第七次全国人口普查数据显示,到2020年末,我国65岁及以上人口达到1.9亿人,占总人口的13.5%。根据联合国的统计和预测,2040年前后,我国65岁及以上老年人口占总人口的比重将超过20.0%,到2050年,这一比重将继续提升到26.0%,之后相当长一个时期内,该比重将保持相对的高位,21世纪的中国将是一个不可逆转的老龄化社会。①

我国人口老龄化具有以下特征。

第一,老年人口绝对数量大。第七次全国人口普查数据显示,2020年末,我国60岁及以上人口达到2.6亿人,占总人口的18.7%;其中,65岁及以上人口达到1.9亿人,占总人口的13.5%。我国老年人口约占世界老年人口的四分之一,同时,我国也是全球第一个老年人口数量突破2亿的国家。

第二,老年人口增长速度快。不同于其他国家的老龄化,中国由成年型社会走向老龄化社会,仅用了17年的时间。2010—2020年,全国60岁及以上的老年人由1.8亿增加到2.6亿,老年人口的比重由13.3%增至18.7%,10年间每年新增老年人口数量接近1 000万(见图1.1)。2000年,我国65岁及以上人口比例为7.0%,2020年为13.5%,据联合国人口署预测,2025年这一比例将达到14.0%,与世界主要发达国家相比,法国65岁及以上人口比例由7%增至14%用了115年,瑞典用了85年,德国用了66年,英国用了45年。

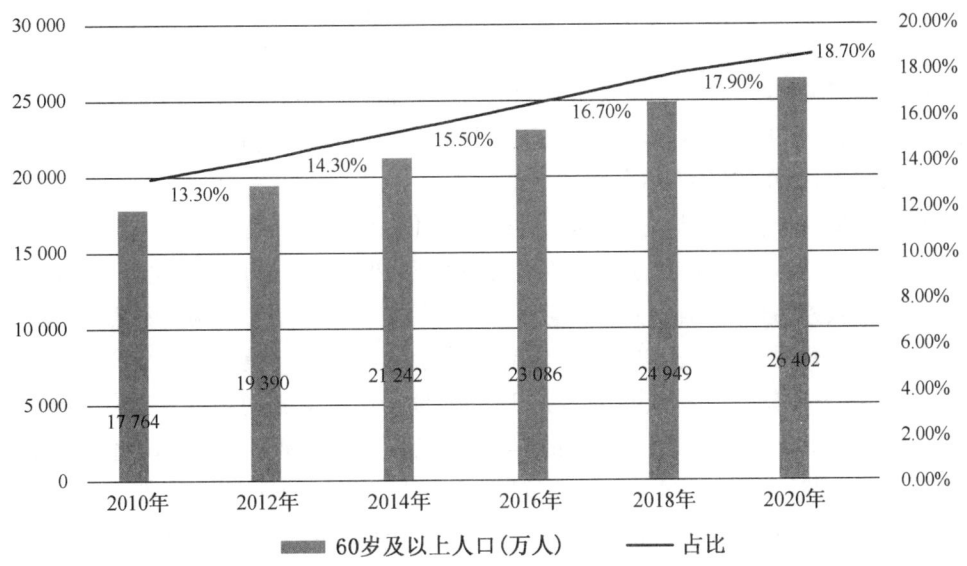

图1.1 2010—2020年中国60岁及以上人口数量及占总人口比例②

---

① 帖蕙.人口老龄化对我国社会经济发展的影响和对策[D].西北大学,2010.
② 数据援引自国家统计局发布的《中国统计年鉴》。

第三,老年人口高龄化趋势加剧。伴随着较快的人口老龄化速度,我国老年人口内部呈现出高龄化趋势。2021年,我国80岁以上人口数量达到3580万人。[①] 根据全国老龄办的统计测算,目前全国80岁以上的老人正在超高速地增多,大约为老年人口增速的2倍,预计到2050年,每5个老年人当中,就有1个80岁以上的老人。

第四,人口老龄化城乡、地区间发展不均衡。从数量上看,人口密度较高的东南沿海地区比人口密度较低的西北、西南地区老年人口比例高。北京、天津、江苏、上海等省市,早在1990年,60岁及以上老年人口比重就已超过10%,成为老年型地区;第七次全国人口普查数据显示,我国"最年轻"的省区是西藏,其2020年60岁及以上人口比例为8.52%。受城乡经济发展水平差异影响,大量农村青壮年劳动力流向城市,导致农村地区大量老人、儿童"留守",形成我国老龄化城乡倒置的局面。从发展趋势上看,近年来我国中西部青壮年人口向东部地区流动较多,中西部老龄化速度加快,东部地区有所放缓。

第五,空巢、独居老人增加,养老负担加重。在少子化、老龄化、家庭人口分离化的时代背景下,空巢、独居老人数量不断增加,这些特殊老年群体成为社会关注的问题。2020年,我国空巢和独居老年人数量已达到1.18亿,预计到2030年,我国老龄人口将近3亿,而空巢老人家庭比例或将达到90%[②],"大国空巢"将成为现实。[③] 随着家庭结构的核心化和空心化,以及家庭人口规模的小型化和个体化,家庭养老的功能已严重弱化,老龄少子化、老年空巢、独居化的大量存在使家庭养老方式陷入困境,这将对养老服务发展提出更深层的挑战。

第二节 养老服务概况

众所周知,年龄是一种具有生物学基础的自然标志,一个人出生以后,随着岁月流逝,年龄也在增长,这是不可抗拒的自然规律。现今我们常用的年龄称谓比较简单,如幼年、童年、少年、青年、壮年、中年、老年及晚年。

"老年人"是一个动态的概念,随着人类寿命的不断延长而变化,因此对"老年人"的界定也成为一大问题,关系到个体在步入老年生命周期后,外界对其进行标签化分类以提供不同的专项产品与服务。目前,国际上界定老年人年龄的主要依据是平均预期寿命,全球界定老年人年龄的标准有两条:一是1956年联合国出版的《人口老龄化及其社会经济后果》一书中使用的以65岁为计算老年人的起点;二是1982年联合国在老龄问题世界大会上推荐的60岁。在中国,1964年,中华医学会第一届老年学与老年医学学术研讨会建议将60岁及以上界定为老年期;1981年,第二届会议又建议以65岁为老年期的起点年龄,但迄今尚未得到认可。《中华人民共和国老年人权益保障法》第2条则明确指出,"本法所称老年人是指六十周岁以上的公民",即凡年满60周岁的中华人民共和国公民都属于老年人。此外,对"老年人"还有诸多划分指标,不同维度的指标有不同的划分方式,如生理机能(日常生活活动能力

---

① 数据援引自国家统计局发布的《2021年国民经济和社会发展统计公报》。
② 数据援引自全国老龄办发布的《第四次中国城乡老年人生活状况抽样调查结果》。
③ 穆光宗. 当前中国家庭户小型化的社会意涵[J]. 人民论坛,2021(21):68-71.

ADL)维度①将"老年人"划分为重度失能老人、中度失能老人、轻度失能老人、能力完好老人;社会政策支持维度②将"老年人"划分为最低生活保障家庭老人、空巢老人、失独老人、计划生育特殊家庭老人、百岁老人等特殊老人、非特殊老人;年龄维度将"老年人"划分为低龄、高龄、长寿老人,等等。无论哪种划分方法,都是为了在动态的生命历程中将老年人的生理、心理和社会情况做出区分,以便根据不同年龄阶段老年人的健康状况、自理能力、社会参与度、心理需要等提供更具针对性的服务,而不同的老人分类也形成了不同的养老服务需求与供给。

一、养老服务内涵

"养老"是指个体年龄增长到一定程度后进入老年状态,因劳动能力衰减、身体机能下降,而需要自身积蓄或他人帮助来支持生活的一种状态。"服务"是指为他人做事,并使他人从中获益的一种有偿或无偿活动。"养老服务"是服务活动的一项重要分支,广义上的养老服务是指一切有利于老年人更好生存的正式性与非正式性支持,狭义上的养老服务是指家庭、政府、社会等主体为满足老年人物质生活和精神生活需要,为其提供的生活、医疗、精神等方面的照料与支持。

基本养老服务是指以满足老年人基本需要为目标,以"人人享有、人人可及、兜底充分、适度普惠"为基本原则,由政府主导兜底,家庭尽责,市场和社会积极参与,面向所有老年人,以经济困难、身体失能、家庭养老能力不足等贫弱老年群体为重点关注对象,为其提供基本生活照料、失能失智长期照护、精神关爱、紧急帮助等一系列服务的集合。③

社会化养老服务是为适应老龄化发展形势,区别于传统家庭养老的一种服务方式。以"家庭养老为基础、社区养老为依托、机构养老为补充"为导向,服务主体包括政府、非营利组织、企业、社区机构,以及社区和家庭成员,服务对象涵盖全体社会老年人,服务方式采取公建民营、民办公助、政府购买服务等多种模式,按照老人需求为其提供的养老服务。

二、养老服务分类及特征

养老服务对象是60周岁及以上且有养老服务需要的老年人,养老服务主体范围广泛,涉及家庭、社会、企业、政府等。养老服务内容丰富,具有多样性,主要包括经济支持、生活照料、医疗照护、精神慰藉、临终关怀五大基本方面。养老服务方式繁多,从不同角度或标准可以做出不同类型的划分:按照服务提供者的性质,养老服务方式可分为自我养老服务、家庭养老服务和社会养老服务;按照服务提供的场所,养老服务方式可分为居家养老服务、社区养老服务、机构养老服务;按照提供服务的层次,养老服务方式可分为满足基本生理需求的养老服务、满足一般生活需求的养老服务和满足高品质与发展性需求的养老服务。

基本养老服务具有兜底性、基础性、可持续性的特征。兜底性是基本养老服务的首要特征,强调基本养老服务的对象应首先瞄准特困、低保等特殊人群和家庭,保障其最基本的养

---

① 依据日常生活活动能力(ADL)评定。
② 因各地老年人相关政策不同而不同。
③ 胡宏伟,蒋浩琛.我国基本养老服务的概念阐析与政策意涵[J].社会政策研究,2021(4):16-34.

老服务需要。基础性是基本养老服务不同于其他养老服务的重要内涵,基本养老服务旨在满足老年人各类基础、迫切、必要的养老服务需求。可持续性强调基本养老服务的目标是保障人人公平享有最基本的养老服务,要求基本养老服务制度及对应的服务具有稳定性和可持续性、长期性和公平性。

社会化养老服务具有对象公众化、主体多元化、发展产业化的突出特点。服务对象公众化是指由原先的"剩余型"向"普惠型"转变,即面向全社会向有养老服务需求的老年人提供服务。参与主体多元化是指打破单一主体供给,鼓励多种主体共同参与,这些主体包括企业、社会组织、慈善机构等。发展产业化是指强调养老服务的运营性、职业化、市场化,鼓励社会资金投入,促进养老服务规模化发展,带动整个养老服务产业链的发展。①

三、养老服务发展进程

（一）西方福利国家

从19世纪中叶开始,西方养老服务模式发展呈现出明显的阶段性特征,大致经历了"家庭照护—机构照护—去机构化—社区照护"的过程。

前工业社会,家庭是西方国家重要的经济交换和生产单位,整个社会表现为一种"家庭主义"(familism),即呈现出以家庭为中心的基本社会结构。各国养老压力较小,均采用传统的家庭养老服务模式,家庭成员之间在生活照料、经济支持和精神抚慰等方面具有较高的相互依赖性。少数老人会捐出自己的财产,来获得修道院、社会福利机构等组织提供的类似于宗教福利的津贴与服务。

随着教会的兴起和进入工业社会后国家实力的壮大,以家庭为主要服务提供者的模式逐渐淡化,福利国家登场。"二战"后,各国陆续进入全面发展时期,这一阶段西方国家政治环境相对稳定,典型福利国家逐步进入老龄化社会。各国养老相关制度建设稳步推进,养老机构服务得到推广,居家养老服务兴起。

20世纪70年代初,中东"石油危机"造成福利国家经济下滑,在资源约束、经济下行和人口老龄化的挑战下,福利国家对"去家庭化"取向开始反思,纠正了国家过度干预的福利政策,从而限制了国家对养老服务的介入。早在20世纪50年代,英国政府就率先提出了"社区照顾"养老模式,进入90年代后,其他国家为了摆脱福利政策的拖累,纷纷借鉴英国的社区照顾模式,国家政策开始转为激发家庭的原生动力,鼓励去机构、再家庭化,发展社区照护服务。②

（二）古代中国

中国孝文化源远流长,是中国传统社会的立国之本与社会之基,是中华民族的重要价值观念。古人重视养老,把养老提升到了治理国家的高度。

农耕文明时期,社会生产力落后,交通不便,生产资料、商品有限,人们被束缚在土地上,人与土地的结合是社会主要生产方式。生产方式决定了人们的生活方式,在以农业生产为

---

① 刘益梅.人口老龄化背景下社会化养老服务体系的探讨[J].广西社会科学,2011(7):100-104.
② 谷甜甜,张建坤,李灵芝,等.典型福利国家养老服务体系发展历程对比及启示[J].经济体制改革,2017(3):158-163.

主导的传统社会,人口流动极少,人户分离、人家分离少有发生,几代人生活在一个院落、村庄,家成为人们休养生息、赖以生存的基础。与此同时,以儒家文化为主导的传统社会,孝文化成为主流意识之一,全国上下尊老敬老蔚然成风。在这样的经济、社会和文化背景下,古代家庭养老得到了很好的保障,"养儿防老"、家庭养老维系着功能机制,由家庭成员赡养、照料老年父母的行为成为中国古代养老的主要内涵。[①]

中国古代统治阶级对孝道极力推崇,几乎每个朝代都颁布律令来规范养老行为,同时,国家和政府也始终是社会养老事业的主导力量。周朝实施了"养疾之政",专门设立"掌病"一职为老人"问病";南北朝时期,梁武帝在都城建康创办了中国最早的养老院,收留无人赡养的孤寡老人;在唐朝,朝廷下发养老诏令多达73次,并对不侍奉老人的子孙问罪;北宋朝廷开设名为"福田院""居养院"的养老机构,南宋开设"养济院"来收养贫困老人;明朝官府提倡社会人士收养孤老;清朝时设立了大量的福利机构,收养孤老残障人士,是家庭养老的有力补充。这些尊老助老制度,在一定程度上保障了老年人的生活,为古代社会营造了尊老助老的氛围,给我国养老文化奠定了深厚基础。

(三)现代中国

1. 家庭主导养老服务阶段(1949—1977年)

新中国成立初期,社会经济百废待兴,我国社会化的养老保障制度尚未建立,老年人的照护主要由家庭负责。

计划经济时期,国家包办的特征明显,养老服务尚未得到政府重视,有限的社会养老服务多属于水平较低的补救型福利。这时期建立的养老院、敬老院面向的是城市"三无"和农村"五保"老人,只能满足孤寡老人救济型刚性的养老需求。[②] 同时,由于中华民族具有"百善孝为先"的优良传统,"养儿防老""百行孝为先"的孝道伦理深入人心,家庭养老和子女赡养的养老模式根植于人们的思想意识中[③],除部分困境老人外,大部分老年人由家庭成员提供养老服务。

2. 社会养老服务探索发展阶段(1978—1999年)

基于市场经济背景,我国社会养老服务发展进入探索阶段,养老服务相关法规政策陆续出台,机构养老和社区养老服务开启新发展。

改革开放带来经济、社会的高速发展,我国家庭规模趋于小型化,人口流动日益频繁,传统单一的家庭养老服务模式难以为继,老人日益增长的养老服务需求有待满足。政府越来越重视养老服务发展,1982年成立全国老龄工作委员会,1996年制定第一部老年法——《中华人民共和国老年人权益保障法》,之后陆续出台一系列相关文件,推动我国养老服务发展走向正轨。社会养老院突破救济性局限,相继向社会老人开放。1983年,全国第八次民政工作会议提出社会福利事业可以由社会办,养老机构主体向社会化、多元化发展。这一时期,我国养老机构数量从1978年的8 365个增长到1999年的40 030个,服务人员数量由14

[①] 黄健元,姜丽兰.农村家庭养老服务与孝文化演进[J].重庆社会科学,2016(9):64-72.
[②] 戴卫东.中国家庭老年照料的功能变迁与价值转向[J].安徽师范大学学报(人文社会科学版),2021,49(1):64-73.
[③] 韩振燕,柳汀.家庭养老非正式制度演变及价值驱动[J].江淮论坛,2021(1):141-146.

万人增长到 77.6 万人,服务人员也由退伍军人、干部扩展到一般城镇居民。① 1991 年,民政部界定了社区服务的内容,主要包括老年人服务、残疾人服务、优抚对象服务和便民利民服务等,社区养老服务开始试点。1994 年,第十次全国民政会议指出要大力发展社区服务业,建立和发展城市社会福利服务体系。

3. 多层次养老服务体系建设阶段(2000 年至今)

1999 年,中国正式进入老龄化社会。在此阶段,我国加快推动养老服务发展,建设多层次养老服务体系,提升养老服务质量,积极应对人口老龄化。

2000 年,中共中央、国务院发布《关于加强老龄工作的决定》,第一次提出建立包含家庭、社区和社会在内的养老机制,为养老服务发展提供指导。之后,各类养老服务相关政策密集出台,内容涉及社区居家养老、机构养老、医养结合、智慧养老,以及服务管理、质量提高、产业发展等多方面。同时,国家积极推出多项改革试点措施:2013 年,开展公办养老机构改革试点和养老服务业综合改革试点;2014 年,进行面向养老机构的远程医疗试点;2016 年,开展居家和社区养老服务改革试点,以及长期护理保险制度试点;2017 年推进智慧健康养老服务应用试点。十九大报告指出,我国要构建"养老、孝老、敬老政策体系和社会环境,推进医养结合,加快老龄事业和产业发展",建设"以居家为基础、社区为依托、机构为补充,医养相结合"的养老服务体系;2019 年,国务院印发的《关于推进养老服务发展的意见》明确提出要"促进养老服务高质量发展";2020 年,《中共中央关于制定国民经济和社会发展第十四个五年规划和二〇三五年远景目标的建议》提出构建居家养老、社区养老和机构养老相协调,医养康养相结合的养老服务体系;2022 年,国务院印发《"十四五"国家老龄事业发展和养老服务体系规划》,不断提高和拓展新时期我国养老服务的发展水平。

四、人口老龄化与养老服务的关系

(一) 发展养老服务是应对人口老龄化的客观需要

2020 年,我国 60 岁及以上老年人口已经达到 2.6 亿人,占总人口的 18.7%;其中,65 岁及以上人口达到 1.9 亿人,占 13.5%。根据联合国预测,2040 年前后,我国 65 岁及以上老年人口占总人口的比重将超过 20.0%。老年人身体机能不可逆转的退化,使其对外界服务形成强烈依赖,同时,人口老龄化发展带来的高龄化、空巢化、失独化和失能半失能化等问题,进一步增加了老年群体对老年服务的刚性需求。老年人口的增多使社会对养老服务的需求快速增长,针对我国日益严峻的人口老龄化问题,我们需要从政治、经济和社会的角度进行全方位思考,加快养老服务建设步伐,统筹规划、积极合理配置养老服务资源,提高养老服务供给的数量与质量,实现养老服务供需匹配。

(二) 人口老龄化对养老服务提出更高要求

养老服务需求总量的激增和服务需求种类多样化的现实,以及老年群体在不同年龄段的养老服务需求结构有所改变,对我国养老服务的机制、方式及内容提出了更高要求。

---

① 伍德安,杨翠迎,沈亦骏. 人口流动及家庭结构变迁:养老服务何去何从[J]. 中国人力资源开发,2014(23):87-93.

首先,人口老龄化程度加深,要求政府建立完备的法律制度、政策规范,对养老服务进行指导与规制,同时要树立从生存到尊重的养老服务理念,引导符合人口老龄化形势的养老服务发展,并注重监管以保障服务供给的公平与效率。其次,老龄化社会要求我们采取多元主体的养老服务供给方式。随着我国经济社会的发展,家庭自身提供的照料服务难以为继,对社会养老服务的需求不断增加,应鼓励社会组织和民间资本积极参与社区、机构养老服务,引导养老服务规模化、网络化、品牌化发展。再次,由于老年人健康状况、家庭情况、文化程度等存在差异,其对养老服务的需求呈现多样化、个性化特点,这就要求养老服务项目和服务内容应同样具有多样性、多层次性。

第三节　养老服务发展视野

养老服务由来已久,并在每个历史阶段经历着符合时代背景条件的发展。我国新时代面临着人口老龄化的挑战,势必要对养老服务不断进行实践更新和理论提升。一方面,要对"以人为本"、消费者主导的尊重、预防与抵御风险、人才为基、鼓励老年人参与社会等实践方面的服务理念进行更新;另一方面,要有积极老龄化理论、公共物品理论、自我决定理论、福利多元理论等诸多理论的支撑和指导。新时代发展养老服务要从内而外、从外而内进行理论与实践的双向结合,既持续满足当代社会所需与人民所需,又不断丰富和发展思维认知与理论价值。

一、实践视野:中外养老服务理念发展

无论是社会化的养老服务,还是其他性质的养老服务,在现代化社会中,应当采用福利性和市场性有机结合的养老服务理念进行服务实施与发展。在现代养老服务理念中,除了普遍意义上服务所要求的便利性、安全性、舒适性等服务理念外,养老服务作为针对不同需求、不同状况老人群体的服务,理念受到文化、环境、历史条件等方面的影响,应当结合中外养老服务实践与环境,进行相应的养老服务理念发展。国外部分国家受宗教影响,重视个人独立,养老服务理念突出充分尊重老年人自主权的体面养老。中国受文化、制度等各方面的影响,更多地倾向于社会化服务契约性与中国观念伦理性结合的养老服务理念。因此,应当依据理念实践进行合理扬弃,形成新时代中国养老服务理念。

第一,"以人为本"的养老服务理念内核。服务是面对服务使用者的一项行动,服务使用者的满意度直接体现出服务的质量。比如,我国香港地区的养老服务主要依托于照顾服务,凸显以老年人为本。在养老服务理念中应当明确以人为本,以满足老年人基本需求和个性化需求的养老服务理念为发展核心。强调人性化、个性化选择,维护老年人的选择权利,确保老年人享受相应的权益。针对特殊困难老人群体应当确保基本公共养老服务的供给;针对自理能力强、健康状况良好的老人,除提供公共养老服务以外,还应当为其提供较多的市场化养老服务选择,提供均等化养老服务。

第二,建立消费者主导的尊重性养老服务理念驱动。日本在为老年人进行福利立法时,首先阐述了老年人应当受到尊敬,以确保其过上健康安逸的生活。我国养老服务发展经历

了"孝敬—养老光荣—照顾管理弱势群体"①阶段,目前,随着市场化的发展和个性化需求的增加,需要建立消费者主导的服务理念,以消费端的消费行为塑造老年人的消费选择习惯,维护老年人的选择权,向着"以尊重为基础的消费者主导"阶段发展。但同时也要避免出现西方国家经济目标先于社会发展目标,养老服务成为福利私有化、市场化和商品化的经济附庸倾向。

第三,设置预防抗风险的养老服务理念支持。对于养老服务进行预防抗风险理念设置,在海外地区已有多地实践,并取得了良好成效。我国香港地区社会福利署引入了安老服务统一评估机制,用于对老年人的身体健康状况进行评估,以确保养老服务的精准有效。日本2006年建立了护理预防服务体系,通过轻度护理需求者的评估,转变老年人照护观念,督促其对自身健康进行维护。美国的PACE项目(综合性老年健康护理计划)通过团队协作评估,对老年人进行监督,实施生理和心理潜在问题的预防处理方案。我国需要在养老服务发展中设置预防抗风险养老服务理念,该理念既可以降低大病风险和相关成本,又可以对老人进行精准化服务的供给,推动服务有效进行。

第四,推进人才为基的养老服务理念发展。养老服务最终的实施方是社会工作者、护理工作者等专业人才,该类人群实施服务的行为直接决定老人对于养老服务的感知。澳洲、北欧等地区建立了由社区全科医生和居家社会工作者等提供养老服务的模式,构建起了涵盖老年心理、营养照护、康复医疗等多学科、全方位的专业技术人才职称体系。我国应当建立健全养老服务相关学科人才培养培训和管理体系,促进养老服务人才载体良性发展。

第五,以鼓励老年人社会参与为养老服务理念目标。英国各类志愿组织中大多涵括老年人,并且各个社区定期举办代际联谊会活动,为老年人社会参与提供机会。我国香港地区也开设了长者志愿服务队等外展养老服务,秉承"隐蔽长者"的目标,提升老年人的互助能力和社区参与能力。养老服务应当始终以"老有所为"为高阶目标进行理念实施和发展,鼓励老年人参与社会,延长其社会寿命,有效提升养老服务的效率和质量。

二、理论视野:养老服务发展基础

(一) 积极老龄化理论

长期以来,人口老龄化都被以悲观、消极的态度看待,直到1997年,西方七国首脑会议召开,会议上提出了"积极老龄化"概念,人们对老龄化的态度才真正由消极转为积极。1999年,欧盟以"积极老龄化"为主题召开会议,探讨老龄化问题及其发展思路,并开展了一场"积极老龄化全球行动"。1999年,世界卫生组织采用了"积极"一词表达比以往健康老龄化更广泛的含义;2002年,第二届世界老龄大会接纳了世界卫生组织提交的"积极老龄化"书面建议,《积极老龄化:政策框架》将"积极老龄化"理论推广到全球。在此背景下,《中华人民共和国国民经济和社会发展第十一个五年规划纲要》中首次提出并部署了"积极应对人口老龄化"的各项举措;2016年,"十三五"规划中多次以"积极应对人口老龄化"为标题进行阐述,积极老龄化已成为我国应对人口老龄化发展的重要思路。

---

① 陈宁.从"生存"到"尊重":我国居家养老服务理念的嬗变[J].南华大学学报(社会科学版),2018,19(2):58-62.

积极老龄化是指提高老年人的生活质量,使健康、参与和保障的机会尽可能发挥最大效益的过程。健康、参与和保障是积极老龄化的三个支柱。健康,即老年人在生理、心理等方面保持良好状态,国家和社会应开展健康教育、医疗护理、心理咨询等服务,以满足老年人多层次的健康需求;参与,即老年人根据自身状态及意愿,选择继续参与社会生活,政府和社会应营造积极接纳老年人的社会环境,同时老年人也应保持主动的态度;保障,即政府、社会、家庭应构建安全、完善的养老服务体系,为老年人提供物质、生活、精神上的照护。[①]

(二) 公共物品理论

公共物品理论作为管理学领域重要的理论之一,最早由瑞士经济学家林达尔在1919年使用,1954年,美国经济学家萨缪尔森提出公共物品与私人物品两组概念,使公共物品理论得到推广。公共物品具有非排他性和非竞争性两大性质,非排他性是指某一物品或服务一旦被提供,则很难将拒绝付费的人排除在外,通常意味着没法向消费该物品的人进行收费;非竞争性是指公共物品一旦被提供,一个人对公共物品的消费并不影响他人对公共物品的消费。公共物品可以被分为纯公共物品和准公共物品两类,纯公共物品具有完全非排他性和非竞争性两种性质,如国防、灯塔等;准公共物品介于纯公共物品和私人物品之间,具有非排他性或具有非竞争性,或在一定范围内具有非排他性和非竞争性,如公共图书馆、公园等。

养老服务作为一种公共服务,既具有纯公共物品的成分,同时更多地包含了准公共物品的属性。享受养老服务是所有老年人的基本权益之一,具有非排他性,这决定了养老服务公共物品的基本属性。而养老服务作为一种服务产品,在市场环境下必然带有一定的商品属性,如竞争机制带来的经济效率,分工和专业化带来的产出效率等。

(三) 自我决定理论

自我决定理论是20世纪80年代美国心理学家德西和瑞恩等人提出的一种认知动机理论,用于研究个体行为的自我激励或自我决定程度。该理论与经典的马斯洛需求层次理论不同,它认为个体行为的产生是由内部动机和外部动机共同驱动的,关注个体动机形成过程中的自我能动和外部情境干预的作用。它由基本心理需求理论、认知评价理论、有机整合理论和因果定向理论四个相互联系的子理论构成,其中,基本心理需求理论是自我决定理论的核心和基础。

基本心理需求包含自主需求、胜任需求和关联需求,这三种需求是先天的、固有的、内在的需求。自主需求是指个体希望能够自主地决定自己的行为,不愿意被外部因素支配,产生自我满足感,从而表现出更强的主动性和积极性;胜任需求是指个人在与社会环境的交互中,希望自己对所处理的事情和问题具有一定的掌控度,认为自己可以有效地把控事物的局面,感到自己是有效的,从而产生胜任感;关联需求是指个体在社会交往中希望获得他人的关注、认可和支持,个体关联需求得到满足时会产生关联感,会把自己视作群体中的一员,更愿意选择利他性行为,也更愿意为群体利益付出努力。自我决定理论经过发展已经在教育、管理、医疗保健等领域有所成就,近年来在社会工作领域尤其是养老服务方面有所发展,主

---

① 林宝. 积极应对人口老龄化:内涵、目标和任务[J]. 中国人口科学,2021(3):42-55,127.

要用于老人需求的满足度与幸福感的研究中。

（四）福利多元理论

"福利多元主义"概念最早出现于1978年英国的《志愿组织的未来：沃尔芬德报告》中，该报告建议打破由国家垄断福利供给的传统，将志愿组织纳入社会福利的供给主体当中。此后，罗斯在他的《相同的目标、不同的角色——国家对福利多元组合的贡献》一文中，对福利多元主义做出了明确论述，指出把所有责任交给国家承担是不切实际的，国家不能垄断福利，福利既可以由全社会分享，也应由社会各界分担。①

福利多元主义理论摒弃以国家为中心的福利供给传统，其宗旨是福利供给主体的多元化、分权和参与。其中，多元化主要是指福利不应单一地依靠政府，市场、社会和非营利组织也是福利的重要来源；分权是指社会福利和服务的地方化、社区化，如福利供给过程中，中央政府将职权下放地方政府，集中的资源被分散到社区或社会中的小型团体等；参与是指福利的多元供给者和福利供给对象应共同参与到福利体系的设计和分配过程中。福利多元主义理论指出，福利的混合不等于各部门作用的简单相加或互相替代，各福利部门之间存在着相互合作的关系。福利的多元化并不意味着国家福利角色的逐渐消失，国家在福利输送中由直接的福利供给者转变为辅助者和协调者，但可能在筹资和规制方面承担着更重要的责任，社会福利的总量实际上维持在与原有水平相当的规模。

第四节　时代发展下养老服务的新变化新要求

2017年10月，习近平总书记在党的十九大报告中指出"中国特色社会主义进入了新时代"。新时代是对我国发展新的历史方位的科学研判，是承前启后、继往开来、在新的历史条件下继续奋斗的时代，我国社会主要矛盾已转化为人民日益增长的美好生活需要和不平衡不充分的发展之间的矛盾。② 党的十九大系统提出了中国社会保障体系的建设目标，即"按照兜底线、织密网、建机制的要求，全面建成覆盖全民、城乡统筹、权责清晰、保障适度、可持续的多层次社会保障体系"③。习近平总书记在中共中央政治局第二十八次集体学习会议上发表重要讲话，首次就完善覆盖全面社会保障体系，促进社会保障事业高质量发展、可持续发展问题，明确提出社会保障是保障和改善民生、维护社会公平、增进人民福祉的基本制度保障，是促进经济社会发展、实现广大人民群众共享改革发展成果的重要制度安排，是治国安邦的大问题，也是关乎人民最关心、最直接、最现实的利益问题。④ 我国老龄化程度不断加深的同时，老年人口结构呈现出低龄化、消费能力和意愿增强的新变化，而各种技术手段或其他产业＋养老服务的新趋势也在飞速发展，庞大的潜在消费人群和新的消费市场成就了我国养老服务发展的新蓝海，新时代人口老龄化出现的新形势必会促使养老服务提出

---

① 曹婧柔.福利多元主义视角下我国城市养老模式研究[D].南京大学,2016.
② 习近平.决胜全面建成小康社会　夺取新时代中国特色社会主义伟大胜利——在中国共产党第十九次全国代表大会上的报告[J].理论学习,2017(12):4-25.
③ 习近平.决胜全面建成小康社会　夺取新时代中国特色社会主义伟大胜利——在中国共产党第十九次全国代表大会上的报告[J].理论学习,2017(12):4-25.
④ 习近平.促进我国社会保障事业高质量发展、可持续发展[J].先锋,2022(4):5-8.

新的发展要求。

一、新时代养老服务条件导向变化

第一,政策导向变化。新时代党和政府对于养老服务有了更为系统科学的研判,积极应对人口老龄化上升为国家战略。养老服务方面的政策价值导向从托底扩面、放宽准入向兜底规范、加强顶层设计变化。养老服务政策发展重心从政府购买的兜底性补贴服务全覆盖、辅之以宽准入门槛下的市场补充服务向规范兜底与顶层设计并行的方向转变,养老服务政策更加系统化、统筹化、多元化。各地发展养老服务不再争相做"第一个吃螃蟹的人",不搞名义创新,而是更加注重如何因地制宜,对养老服务进行提质增效,切实惠及人民。根据国家战略政策,政府对于养老服务的重视程度不断提高,养老服务政府监管部门也从过去的"九龙治水"转变为形成独立、专门的部门(养老服务司等)进行服务整合。养老服务在新时代政策引导下逐步确立党委领导、政府主导、社会参与、市场服务的养老服务政策导向,服务向着统筹兼顾、开放多元、提质增效迈进。

第二,观念导向变化。积极老龄化观念是为了保证所有人在老龄化过程中能够充分发挥自身各方面潜能,按照自身权利、需求、爱好、能力参与社会,进而最大程度地提高老年人"健康、参与、保障"的水平,进行充分保护、照料和保障,不断提升老年人的生活质量。[①] 积极老龄化观念要求在全社会人的全生命周期进行全过程参与,从幼年便开始贯彻积极老龄化观念。践行积极老龄化观念的意义有三个。一是为未来的老人培育积极老龄化的观念价值,培育其老年阶段的养老服务参与和使用意愿。二是对现在的老年人进行养老服务观念引导,杜绝"废物式养老"的自卑化和污名化,帮助老年人从服务接受者向参与社会服务的志愿者转变,注重老年人的精神关爱,鼓励老年人继续发挥作用,促进老年人人力资源再利用。三是在全社会营造积极老龄化的观念价值,弘扬中华民族孝亲敬老传统美德,促进全社会积极老龄化目标的实现。

第三,质量导向变化。新时代下,养老服务正在实现从重复无效供给到精准整合供给的转变,更加突出被服务者的"获得感",注重服务的结果导向。养老服务由过去的数量指标导向转变为质量指标导向,从模板化、固定化、单一化的供给到根据需求进行个性化、灵活化、多元化供给,从过去的"建了即可"到现在的"满意为止",促进供给和需求精准对接,让养老服务真正实现有效、高效、长效利用。

第四,范围导向变化。养老服务从补充保障服务向全方位多层次服务转变的过程中,其服务范围从过去的单纯生活保障到生活保障、医养结合、文体娱乐等多内容结合发展。长期护理保险、家庭养老床位、家庭医生等服务内容不断扩充,被纳入终身教育体系的老年教育也成为养老服务新的增长点。随着第三支柱养老保险的发展,当前养老服务旨在实现为全社会老人提供针对性的普惠服务和补充性的市场化服务。

第五,形式导向变化。养老环境的不断优化,基础养老服务设施的推广,无障碍和适老化改造的不断推进,老年宜居环境的不断发展,为养老服务新形式发展提供了基础。养老服务不断进行"触类旁通式"的结合发展,形成了"养老服务＋旅居""养老服务＋金

---

① 彭希哲,胡湛.公共政策视角下的中国人口老龄化[J].中国社会科学,2011(3):121-138,222-223.

融"等"养老服务+"产业间融合发展新形式。此外,养老服务正迈向数字化、智慧化时代,"线上+线下"融合互动的养老服务新业态、新模式应运发展,养老服务从人工机械养老向智慧助老转变。

二、新时代对养老服务的新要求

根据政策、观念、质量、范围、形式五大条件导向的变化,新时代对养老服务提出了十大要求。养老服务在新时代发展中应遵循统筹服务、整合服务、敬老服务、参与服务、有效服务、精准服务、社会服务、深度服务、产业服务、智慧服务的要求。

政策导向变化要求新时代养老服务向统筹服务、整合服务方向发展。新时代,我国进入全面建设社会主义现代化国家的新发展阶段,"十四五"规划对养老服务各领域发展提出了养老服务体系化、协调化的统筹新要求。养老服务统筹发展,需要进行个体与群体、家庭与社会、横向与纵向的统筹。面对个体老龄化与群体老龄化的统筹,要以满足人民群众美好生活的向往为基准,在化解社会问题的同时统筹兼顾个体需求的满足;①面对家庭养老与社会养老的统筹,要充分重视政府、社会、市场、家庭和个人的共同作用,全面统筹各方力量,协同共建;面对代际平衡与社会治理的统筹,养老服务需要统筹纵向其他年龄人群服务与横向社会各领域各类别服务的平衡。目前养老服务体系在多领域、多主体整合服务的趋势发展中面临着整合结构错位和整合程度不深的问题,需要以协调合作为手段进行服务资源整合,构建整体发展的关键路径。因此,需要厘清养老服务各主体责任,统筹规划区域服务布局,统筹各类服务资源,指导地方具体实践。

观念导向变化要求新时代养老服务向敬老服务、参与服务发展。"敬老"是尊敬长者,是全社会所认同的孝文化的核心。新时代老年友好型社会建设需要以新型敬老文化为内核,通过运用各种有效载体弘扬新型敬老文化,形塑覆盖全体老年人敬老服务和社会文化观的制度性和实体性支持。制度性支持要求建立完善社会参与、社会服务、社会优待等线管制度的老年社会保障;实体性支持要求推动老年宜居社区建设,培育敬老文化的场所,推动家庭适老化改造,全面落实老年优待项目。另外,社会化养老服务需要形成敬老的职业文化支持,养老服务从业人员要在服务过程中秉承敬重老人的理念,让照护工作具有温度和弹性。积极老龄化倡导老年人不仅要保持身体健康,还要拥有健康的心态和主动参与社会事务的积极性。开设老年大学,鼓励老年人再就业,推广互助养老、志愿者服务等模式,让有能力的老年人参与社会生活,充实、丰富老年生活,让老年人发挥余热,服务他人,充分发掘老人的自身潜能,帮助其提升社会归属感、认同感。

质量导向变化要求新时代养老服务向有效服务、精准服务发展。在全面深化改革背景下,养老服务面对时代出现的新情况、新问题,需要用"问题导向、因势利导、统筹谋划、精准施策"的新手段进行解决。当前居家、社区和机构养老服务的内容、形式及数量不断丰富,但老年人的服务需求满足度会受养老服务供给针对性与精准程度及供需错位失衡等发展性不足的影响,难以有效满足,从而影响了老年人对养老服务的认同感与满意度。尽管老年群体

---

① 中共中央关于制定国民经济和社会发展第十四个五年规划和二〇三五年远景目标的建议[J]. 中国民政,2020(21):8-21.

的整体服务需求相似,但群体间、个体间的差异性明显,精准识别老年人需求,是实现有效供给的前提。因此,要以经济困难的孤寡、失能、失智、高龄老人为重点关注对象,建立健全覆盖全体老年人需求的综合评估标准,并在此基础上,以需求为导向,基于对象予以针对性服务,实现供需匹配,有效服务。

范围导向变化要求新时代养老服务向社会服务、深度服务发展。党的十九大报告指出,我国社会主要矛盾已经转化为人民日益增长的美好生活需要和不平衡不充分的发展之间的矛盾,在养老领域主要体现为人们对老年生活的高质量追求与养老服务发展不平衡不充分之间的冲突。[①] 步入新时代以来,我国经济发展和社会建设虽然取得了巨大成就,但制度碎片化和体制不完善的矛盾仍然制约着社会发展。养老服务领域作为社会发展的重要一环,尽管已经基本建成了以居家为基础、社区为依托、机构为补充覆盖城乡居民的社会养老服务体系,但随着老年人对养老服务期待和要求的提高,社会养老服务能力及水平必须继续深化与提升。在人口深度老龄化背景下,社会养老服务需不断深入发展,继续深化改革,在整体提升的同时,重点突破薄弱环节和薄弱领域,充分挖掘居家、社区及机构的照护功能,推进医、养、护服务深度融合,提高养老服务精细化水平,促进地区间均衡发展,以全面实现养老服务体系结构优化,为全社会老人提供针对性的普惠服务和补充性的市场化服务。

形式导向变化要求新时代养老服务向产业服务、智慧服务发展。我国老龄群体庞大,市场潜力巨大,党中央、国务院对养老服务业发展高度重视,出台了一系列文件对我国养老服务产业化进行政策引导,市场前景广阔。尽管我国的养老服务产业市场潜力和前景可观,具备良好的产业基础和发展要素,但受困于当前我国整个养老服务碎片化分布的产业现状,市场化、产业化的养老服务体系建设仍然受阻,在实际运行过程中仍存在有效需求不足、行业监管不够完善等问题。今后在养老服务产业领域,仍需做好养老服务产业的中长期发展规划,通过建立养老服务标准体系等举措对养老服务消费市场进行培育,并加强人才队伍建设,以支持中国养老服务产业化可持续发展。科技的发展让处于"科技大爆炸时代"的人们对于生活质量提高有了新的需求,这也使得传统的养老服务已经无法完全满足当下时代的要求。将现代高科技手段融入养老服务中的智慧养老服务能够有效弥补传统养老服务方式的不足,通过降低人力和实践成本、提升养老服务质量和效率、优化配置区域间服务资源等,推动养老服务从"传统人工养老"向"人工＋智慧养老"逐步过渡,而在这过渡的关键阶段,智慧养老服务势必成为未来养老服务发展的重要组成部分。将"智慧养老＋"渗透融合到更多领域,推动智慧养老服务平台建设,增强智慧养老产品适用性,提升老年人对智慧产品的购买意愿和使用能力,已成为养老服务发展的必然趋势。

三、新时代养老服务再出发

中国特色社会主义进入新时代,人民日益增长的美好生活需要和不平衡不充分的发展

---

① 习近平.决胜全面建成小康社会 夺取新时代中国特色社会主义伟大胜利——在中国共产党第十九次全国代表大会上的报告[J].理论学习,2017(12):4-25.

之间的矛盾成为我国的主要矛盾。① 美好生活是每个人能够在经济、政治、社会、文化、精神等领域进行自由而全面发展的生活状态,马克思和恩格斯将共产主义社会的美好生活状态阐述为每个人都能够摆脱各种内在和外在的限制与束缚,获得人的自由全面发展。② 无论是中国特色社会主义新时代美好生活,还是共产主义美好生活,二者具有一致的价值诉求。新时代养老服务在"美好生活"中,应当明确人民既是美好生活的创造者,又是美好生活的享有者,通过全社会全年龄阶段的积极老龄化建设,为美好生活的实现供以动力和养分。新时代养老服务仍需要时间的沉淀与实践积累。积极应对人口老龄化是我国的时代课题,面对即将到来的"深度老龄化",养老服务发展应当更上一个台阶。作为通用公共服务和市场服务的结合体,养老服务在积极应对人口老龄化过程中具有重要的方法论意义。养老服务与新时代美好生活内核有着不谋而合的方法论默契,具有改变、创新老年人生活全领域的时代性。养老服务在新时代的发展前景是广阔的、可行的、必然的。毋庸置疑,新时代内核选择了养老服务,养老服务促进了新时代发展。如何正确对待五大新时代条件导向变化,满足新时代给予的十大发展新要求,需要政府、学界、从业者等各方力量对养老服务进行积极探索与延展,推动养老服务的新时代再出发。

延伸阅读

中国特色养老服务体系建设的逻辑起点与规划远景
—— 从"积极老龄化"到"积极应对人口老龄化"国家战略

一、积极老龄化:中国特色养老服务体系建设的逻辑起点

1983年,国务院正式成立"中国老龄问题全国委员会",标志着老龄事业被纳入国家视野。21世纪中国进入老龄化社会,老年服务保障需求快速增长、家庭照顾功能逐渐弱化、政府养老财政负担沉重等问题开始显现,党和政府陆续出台了一系列政策文件,开启了建设中国特色养老服务体系的渐进式征程。中国特色养老服务体系建设刚刚起步,国家虽然引入了西方积极老龄化理论框架推行了一系列政策举措,但还存在健康观念不足、参与意识不够、保障覆盖刚刚起步等问题。

二、积极应对人口老龄化:中国特色养老服务体系建设的创新举措

2006年3月,"十一五"规划中首次提出并部署了"积极应对人口老龄化"的各项举措。2011年的"十二五"规划和2016年的"十三五"规划多次使用"积极应对人口老龄化"章节标题,指明了国家对于养老服务体系建设的政策支持方向。"积极应对人口老龄化"把"人口"凸显出来,其内涵包括应对个体老龄化和应对群体老龄化,是对"积极老龄化"的理论创新。首先,全老健康,以更包容的政策环境为全体老年人提供维护其身心健康的政策体系。其次,全民参与,各级政府做好发展规划,积极拓展社会多方合作,倡导代际和谐并存,构建养

---

① 习近平.决胜全面建成小康社会 夺取新时代中国特色社会主义伟大胜利——在中国共产党第十九次全国代表大会上的报告[J].理论学习,2017(12):4-25.
② 马克思恩格斯全集[M].北京:人民出版社,2012.

老、敬老、孝老的政策体系与社会环境。再次,全面保障,在满足老年群体特殊需求的同时,将覆盖部分老年人的保障转向覆盖全体老年人享有的经济保障、服务保障、健康保障和精神保障。

三、积极应对人口老龄化理论框架下中国特色养老服务体系建设面临的问题与挑战

第一,在全老健康支柱下,仍存在医养结合养老服务模式区域发展不均衡,智慧养老数据库建设属地性明显问题。我国医养结合养老服务依然存在较为严重的区域发展不均衡问题,农村传统家庭养老功能弱化,空巢、失能老人数量增多,推行农村老年人医养结合养老服务模式迫在眉睫。第二,在"全民参与"的号召下,强势主导的地方政府影响社会力量发挥作用,社会力量参与服务供给的"软件"匮乏。"井喷式"的养老法规和政策文件缺乏具体的政策执行规划,各级政府在提供养老服务过程中,很容易对政策文件进行模糊解读,导致政府责任的"缺位"或"越位",社会力量无法享受政策红利而退居次要地位。第三,在全面保障支柱下,城市养老服务忽视系统融合。政策单纯将多层次养老服务体系视为"居家""社区""机构"三种养老形式简单相加,模糊了各种形式的功能定位和相互间的内在联系。

四、积极应对人口老龄化国家战略的框架建构

首先,全龄健康+连续管理。依托系统论视角树立全方位、全周期保障人民健康的理念,即为全体人民提供健康服务体系,并建立统一完善的全民健康信息网络进行管理,为老年健康生活打牢基础。其次,全民参与+多元共治。积极的社会参与是激发老龄社会活力的关键,党和政府、社会、家庭、个人等各方主体加强沟通协作,发挥多元主体联动协调优势。巩固家庭养老传统,完善家庭支持政策,鼓励不同年龄群体参与养老互助,实现老龄社会的代际和谐。再次,全面保障+精准配需。在全面保障支柱的基础上,养老服务体系建设需要向精准化、个性化、多层次方向发展。在现有养老服务设施基础上,提高服务水平和服务质量,为老年人提供精准化养老服务,实现供给需求有效对接。

(摘自《学习与探索》2021年第3期《中国特色养老服务体系建设的逻辑起点与规划远景——从"积极老龄化"到"积极应对人口老龄化"国家战略》,作者韩烨、沈彤。)

案例思考

南京谷里:构建农村多元综合养老服务体系

近年来,为了更好地满足农村多样化的养老需求,南京市江宁区谷里街道确定了"全面抓好托底养老、全面完善社区居家养老、全面发展社会化养老、全面推进城乡融合养老"的"四全"工作思路,在养老服务主体、对象、方式、产品等方面进行多元化探索,努力构建政府主导、社会化运作、家庭参与的"城乡一体"养老服务模式,打造"康养谷里"。

一、强化顶层设计,发挥政府主导作用

一是完善制度设计。为全力推进养老工作,谷里开展专题研究街道养老服务发展方向和发展举措,抓好补贴政策的宣传与落实,出台《关于进一步加强居家养老服务工作的方案》,建立部门和社区的联动机制,探索多主体参与养老工作的模式。二是强化资金保障。街道将养老服务经费纳入年度财政预算,对社区居家养老服务中心建设和运营补贴按区标

准予以1∶1配套,推动社区居家养老服务中心在建设服务、管理运行等方面良性有序发展。三是加强队伍建设。街道充分发挥党员带头作用,利用社工、共青团、妇联、老年协会等群团组织力量,特别注重加强社工培养,近两年街道有100人获得初级社工证书,19人获得中级社工证书。建立低龄老人照顾高龄老人机制,推广志愿服务"时间银行",实现社区老人老有所为的美好愿景。

二、改善养老设施条件,引入社会化养老机构

一是改善街道养老设施条件。街道对敬老院进行出新改造和内部装修,安装消防和呼叫系统,加装电梯,购置适老化家具;街道还对闲置的办公用房进行改造,建设街道居家养老综合管理指挥中心,内设居家养老(日间照料)中心、老年护理中心,设置了老年中心食堂、医疗保健室、心理疏导室、棋牌室等功能室,满足老人的各类服务需求。二是完善社区养老服务阵地。借助街道各类激励性举措,各社区充分利用闲置资源,推出助餐、助学、助浴、助洁、精神慰藉等定制化服务。三是加强专业养老机构融入。谷里街道引进江苏省省级机关医院(老年医院),共同在辖区特色田园乡村——马府院,打造田园居家养老服务中心,为所有住养老人提供老年综合评估、慢病管理、随访等服务。敬老院和康养谷改造后,街道引进省内知名养老机构——江苏悦华养老产业集团托管,更新服务理念,抓好护理人员培养,有效提高了谷里地区的养老水平,推动了城乡养老融合发展。

三、利用信息化技术,开展智慧养老服务

一是全面推广"互联网＋养老"系统。依托区级"小江家护"信息化养老平台,谷里为769位老人申请了线下定期上门看护服务,依托大数据技术,对"小江家护"工作人员上门提供养老服务情况进行实时监督和反馈,促进了养老服务质量不断提升。二是开展线下上门服务。以民政部门工作人员和社区网格员为主,深入各社区宣传养老服务政策,对符合上门服务的对象做好登记和网上申报工作,安排专业服务人员为老年人提供生活照料、精神慰藉、文化娱乐、康复保健等个性化服务,让老年人在家就能享受专业人员提供的高质量照料。三是发放智能设备。按照区民政局的要求,街道为符合条件的特定老年人免费发放智能手环,提供实时定位、24小时呼叫中心背后支持等功能。目前,街道有613名老人使用上了智能手环。

四、凝聚多方力量参与,提升养老服务质量

一是借助社区卫生服务力量,推进医养结合。街道要求各社区居家养老服务中心和社区卫生服务站融合建设,深化健康知识宣传和良好卫生习惯引导,加大对社区老年人健康状况监测力度。各社区社会组织还积极组织市区级医疗志愿者,为社区老人开展体检、问诊、健康教育等活动。二是借助社会组织力量,丰富老年服务内容。自2016年起,街道创新支持社会组织开展养老服务,这些社会组织充分发挥专业特长,开展形式多样的服务,成为街道和社区养老工作的有益补充。三是借助志愿者群体力量,深化养老服务工作。街道和社区深入挖掘社区能人,积极发展志愿者,成立志愿者队伍。现全街道有社区能人50多个、志愿者300多人,对社区内的老年人开展结对帮扶活动。

(案例来源:新华社南京2019年12月16日电,记者刘芳、朱程。)

问题:1. 社会化养老服务有何特点?

2. 政府在社会化养老服务发展中发挥着怎样的作用?

3. 南京谷里综合服务体系对农村养老服务发展有何启示?

本章关键术语

人口老龄化;养老服务;社会化养老服务

本章思考题

1. 养老服务的基本内涵与特征是什么?
2. 我国社会化养老服务的产生与发展经历了怎样的过程?
3. 人口老龄化给养老服务带来了哪些挑战?
4. 新时代养老服务发展的新变化有哪些?

第二章 中国家文化与家庭养老

本章学习引导:本章介绍了中国"家文化"的内涵界定与现实发展,"家庭养老"的概念与特征、百年发展历史、东亚国家的相关经验、家庭养老与养老服务社会化的关系,较为全面地呈现了中国千百年来"家文化"的传承延续,以及基于此的"家庭养老"的发展演化。

本章学习重点:"家庭养老"的概念与特征;近百年中国家庭养老政策的演变特征;养老服务社会化的发展特点。

21世纪以来,我国60周岁及以上老年人口占比由2000年的10.33%上升到2010年的13.26%,以及2020年的18.7%;65周岁及以上老年人口由2000年的6.96%上升到2010年的8.87%,以及2020年的13.5%。老龄化进程之快,老龄化程度之深,对我国养老服务事业的高质量发展提出了新的考验。新考验亟须新举措应对,中共中央国务院《关于加强新时代老龄工作的意见》强调"注重发挥家庭养老的作用""鼓励成年子女与老年父母就近居住或共同生活,履行赡养义务、承担照料责任"。[①] 梳理中国家文化,探究家庭养老的中国发展脉络及国际经验,对于强化并优化家庭养老功能,充分发挥家庭在积极应对人口老龄化中的基础作用意义重大。

第一节 中国的"家文化"

"家文化"是中国所特有的一种文化范式。中国人的"家"不仅是社会学意义上的居住样式,更具有哲学和宗教的意义与作用。从先秦诸子到新文化运动再到改革开放新时期,"家文化"的内涵和外延不断延伸。

一、"家"与"家文化"

(一)"家"的含义

"家"是中国传统文化中一个非常重要的概念。中国人的"家"不等同于社会学意义上的"家庭",它相当于英语的 home 与 family 两个词的结合,即同时包含家庭实体与精神方面的意思。"家"由此具有某种形而上的地位,并形成了中国所特有的"家文化"。[②] 在这种文化范式中,"家"是个人的存在方式,也是个人的思维范式,是道德规范和价值标准的主要来源。

"家"是出现较早且广泛使用的汉字。《周礼》中提及"有夫有妇,然后为家",说明夫妻关系的建立是家形成的必要条件;而《说文解字》则指出,家,"居也,从宀,豭省声";就字形而

---

① 中华人民共和国中央人民政府.关于加强新时代老龄工作的意见.http://www.gov.cn/zhengce/2021-11/24/content_5653181.htm.

② 何丽野."家文化"在马克思主义中国化百年进程中的嬗变与展望[J].浙江社会科学,2013(7):12-21,155.

言,上"宀"下"豕"(小猪,或可直接代表猪),是在有屋顶的地方饲养猪;从字义看,中华文明中"家"的意义起源于农业,从游牧到耕作,建屋养畜,与之为邻,甚而同处一室。[①] "在中国,家的出现,标志着华夏先民从穴居野处走向户内定居,也是我们的祖先从自然状态跨入文化境界的转折点。家所标志的'人化'空间从荒蛮的大自然中被分割出来,表明了原始初民已经能够运用营造手段调适人与自然的关系。这个人工构筑的空间的初始义在《玉篇》中被表述为'人所居',它不仅是主体诞生之所,同时也具象地保留下主体生存方式的历史记忆。"[②] 汉语"家"和"国"的语义指向常常是互相叠合的,家是国的微缩和聚焦点,国是家的延伸和扩大。在中国文化语境中,"家"和"国"构成一个自我相关的阐释系统。

中国传统"家文化"中的"家",是一个很特殊的概念。从外延上来讲,"家文化"中的"家"并不限于社会学意义上的家庭。在费孝通看来,在英美,家庭包括他和他的妻及未成年的孩子,是一种界限分明的团体;但在中国不是这样,"家里的"可以指自己的太太一个人,"家门"可以指伯叔侄子一大批,"自家人"可以包罗任何要拉入自己的圈子,表示亲热的人物。[③] 中国人的"家"的范围大致介于"家庭"和"亲属网络"(family and kinship network)之间,并根据其生存环境中"他者"的性质进行伸缩。若生存于家乡,他者为熟悉的乡亲,"自家人"会缩小到只限于自己小家庭成员;若生存于异乡,他者为陌生的外省人,则"自家人"可能会扩大到同一乡镇、县市成员,有时家中的保姆也可以成为"自家人",依需要而定。从内涵上来说,中国的"家"相当于社会中一个独立的"国"。西方家庭成员之间的关系是由法律和契约规定的,家长与其他家庭成员的关系不能凌驾于法律之上;但在中国封建社会里,家长(族长)可以"家法"直接处置其家庭(家族)成员而政府不予过问。

在主流的实证研究中,对"家"的观念与意义的探讨存在三个理论视角:心理学、社会-心理学及现象学。[④] 心理学将"家"定义为自我的象征。[⑤] 除了身体自身,"家"可以被视为个人精神最有力的延伸,通过"家"去塑造个人及表达个人意见,以往都被视为潜意识的自我表现,"家"的观念映射或包含了三种不同层次的自我,即本我(id)、自我(ego)及超我(superego),同时提供了日常生活行动、感官经验及精神经验的人生舞台。心理学的诠释模式是建立在马斯洛需求理论之上的,在该视角下,"家"必须满足人们递进式的心理安全需要。因此,"家"的观念体现出的基本功能就是提供一片屋顶,即满足人们心理和健康需要的避风港,接着才是提供心理安全,并维持人际互动及进行社会交流。[⑥] 而社会-心理学则认为,自我认同或对自我的了解,是与整个大的社会实体相关联,并非独立地存在,"家"的观念或意义中包含了个人自我(personal self)、社会自我(social self)和宇宙自我(cosmic self),通过三个层次,"家"的观念扮演着自我认同的重要角色,也扮演着与自我及更大社群间进行对话的角色。现象学则强调时间推移中人们的"家"的经验,而人们生命中的特殊事件将会影响他们对"家"的体验,"家"提供了永恒且连续的可被诠释的过程,这个过程连接着个人的

---

① 吴佩如. 大学生家庭概念知觉之调查研究[D]. 台湾屏东教育大学,2010.
② 谭学纯. 汉字"家"的传统文化意蕴[J]. 思想战线,1999(2):45-50.
③ 费孝通. 乡土中国[M]. 北京:生活·读书·新知三联书店,2013:23.
④ 吴瑾嫣. 女性游民研究:家的另类意涵[J]. 应用心理研究,2000(8):83-120.
⑤ 毕恒达. 已婚妇女的住宅空间体验[J]. 本土心理研究,1996(6):300-352.
⑥ DESPRES C, The meaning of home: literature review and directions for future research and theoretical development[J]. The journal of archi-tectural and planning research,1991,8(2):96-115.

过去与未来。Despres 较为全面地归纳出人们对"家"的观念：① 家提供安全感与控制；② 家是个人理想与价值的反映；③ 家塑造个人的居住环境；④ 家提供永恒与连续性；⑤ 家是亲友交流的场所；⑥ 家是活动中心；⑦ 家是外在世界的避风港；⑧ 家是社会地位的象征；⑨ 家是一个实质空间；⑩ 家是一种拥有权。①

（二）"家文化"的界定

中国传统文化一个突出的特征是"家文化"。在差序格局的中国社会里，中国人"家"的概念具有极大的伸缩性，不同时代、不同年龄的中国人对于"家"的理解也具有差异性。在梁漱溟看来，任何一处文化，都自具个性，唯个性之强度不等耳。中国文化的个性特强，以中国人的家之特见重要，正是中国文化特强的个性耳。②"家文化"理念建立在农本经济之上，农耕活动为"家"的构建和运行提供基本的物质保障。农本经济的特点是对自然环境的极大依赖，在处理主体与客体之间的关系时强调和谐发展，人与自然并不是独立的两极，而是处于互补的整体关系中，"天人合一"的思想源于此。③"家文化"在经济层面的抬升基于整体观，经济发展需要考虑很多宏观问题，强调综合、统一的辩证思维，需要运用整体、联系、发展的观点处理经济发展与环境保护的关系，形成"家文化"的整体观。

"家文化"是以血缘、地缘、亲缘关系为基础而形成的以家庭（家族）意识为中心的种种制度、行为、观念和心态。它包括家庭（家族）结构、家庭（家族）观念和家庭（家族）伦理三大要素。④ 事实上，"家文化"所涵盖的内容非常丰富，具体说来，主要包括家庭和家族的组织结构、权力配置、行为规范、价值观念等。⑤ 组织结构就是家庭和家族成员的构成及其相互关系；权力配置就是在家庭和家族中各种权力的分配格局；行为规范就是家庭和家族成员处理相互关系过程中遵循的风俗习惯、道德原则和行动准则；价值观念就是对家庭和家族生活中各种现象的意义及重要性总的评价与总的看法。

也有学者认为"家文化"主要包括家教（家训）文化、家风文化、家德文化、家学文化和家礼文化，这些文化相辅相成，共同构筑了"家文化"。⑥ "家文化"不只是重要的历史记忆和文化基因，其蕴含着独特而深厚的政治基因，塑造着人们的价值观、思想观念和行为规范，并代表着一种思维方式和情感符号。还有一些学者从广义的文化观出发，将"家文化"分为价值理念、生活方式与物质产品三个层面。⑦ 价值理念层面的"家文化"是指社会成员心理上所共同理解和接受的并能广泛传播的象征符号与意义体系，是用来建构人们的经验和知觉的伦理价值与道德规范，是家庭成员心理结构的表征。以家庭为本位，提倡仁爱、孝慈、宽恕、勤俭，注重礼仪、德教、诚信、修身、家庭荣誉等，对家庭成员有价值取向上的制约与引导功能。生活方式层面的"家文化"是指那些具有特色的生活方式和共同遵守的行为模式，如长

---

① DESPRES C, The meaning of home：literature review and directions for future research and theoretical development[J]. The journal of archi-tectural and planning research，1991,8(2)：96－115.
② 梁漱溟. 中国文化要义[M]. 上海：学林出版社，1987：35.
③ 南宏宇."家文化"内涵的人类命运共同体意识[J]. 人民论坛，2020(Z1)：158－159.
④ 戴烽. 家文化视角下的公共参与[J]. 广西社会科学，2008(4)：198－201.
⑤ 王春福，韩东飞. 论中国家文化的政治遗传密码[J]. 学术交流，2014(4)：40－46
⑥ 王晓哲. 家文化融入德育教学的文化逻辑及实现路径——《儒家文化的历史使命》研究[J]. 新闻爱好者，2021(12)：113.
⑦ 张岱年，方克立. 中国文化概论[M]. 北京：北京师范大学出版社，1995：3.

幼有序、父慈子孝、兄友弟恭、自律改过、谦虚礼让等,强调的是主体间性,是成员间双方的参与,是家庭成员关系结构的表征。这部分是"家文化"的核心,是其价值理念的行动体现及物质产品的生产过程。这在中国古代的家训里有充分的体现,如颜氏家训、朱子家训、曾国藩家训、王守仁家训等,对家庭成员具有行为上的规范与精神上的激励功能。物质产品层面的"家文化"是指家庭成员生活与发展的物质空间、依赖的物质基础与生产出的物质成果,是一种家庭成员周围的环境结构,起着满足家庭成员基本生活需要与提高家庭成员身份认同和归属感的功能。[①] 如"全家福"照片的摆设、属于个人的洗漱用品等。

二、新时代"家文化"的新发展

十八大以来,我国人口老龄化形势不断加剧。通过第七次全国人口普查数据可知,到2020年末,我国60岁及以上人口为26 402万人,占总人口的18.7%;65岁及以上人口为19 064万人,占13.5%,老龄化问题刻不容缓。实施包容性人口生育政策,支持家庭、重新突出家庭的重要性等是基于现阶段我国社会发展的实际需要而确定的,符合我国全面建成小康社会、迈向社会主义现代化强国的有力举措,是中国特色社会主义进入新时代的客观要求。"家文化"的重构与弘扬是中华优秀传统文化得到真正弘扬的必然要求。所以,弘扬"家文化"对于振兴中华、实现中华民族伟大复兴的中国梦有着重要的意义。

(一) 培育优良家风

家庭是社会的基本细胞,是人的第一所学校。站在新时代的历史方位上,准确把握社会主义文化建设的发展方向,加强新时代中国特色社会主义"家文化"建设,有助于巩固中华民族团结奋斗的共同思想道德基础,凝聚推动社会前行的强大力量。

有学者指出,家与国有内在的逻辑关系,家庭建设是国家发展、民族进步、社会和谐的重要基点。培育优良家风是当代人的必修课。社会主义"家文化"建设关乎每个家庭的幸福美满与整个社会的安定和谐,关系到中国特色社会主义事业和文化建设的大局,是涵育社会主义核心价值观的"接地气"工程。换句话说,家庭建设是国家建设和社会建设的基石、民族文化和道德传承的基础、社会和谐发展的稳定器。家庭建设包括"家文化"培育、家风建设等内容,是社会建设的基础工程,事关国家治理体系和治理能力的现代化发展。"家文化"建设是家庭建设的重要组成部分,也是家庭建设的核心。推进新时代"家文化"建设,要在价值层面充分认识其重要性。

(二) 挖掘"家文化"的丰富内涵

家风家训是"家文化"的重要内容,是"家文化"建设的重要方向。家风家训具有教化、规范、形塑等多方面功能。近现代以来,一代代中国共产党人在革命、建设和改革的历史进程中,形成了值得大力弘扬和传承的红色家风家训,成为今天我们不忘初心、继续前进的精神动力和不竭源泉。优秀传统家训作为古代文化智慧的结晶,蕴含丰富的教育思想和价值,在社会的发展进程中发挥了积极的引导作用。在新时代,深入系统地挖掘中华优秀传统家训思想,把握优秀传统家训传承发展规律,坚持贴近生活原则,创新优秀传统家训传承发展方

---

① 张霁雪,陶宇."家文化"复制与流浪儿童救助保护的新取向[J].中国青年研究,2009(12):68-71,57.

式,对于新时代"家文化"建设具有重大意义和价值。在人类教育体系中,家庭教育是起点教育,国家的未来在于教育,教育的未来在于起点教育即家庭教育。在信息化时代,技术改变了人们获取知识的方式,"家文化"建设和家庭教育也要与时俱进,为孩子提供不同于学校教育的优质、特色、个性化教育内容,让孩子更好地适应未来发展。同时,面对日益严峻的人口老龄化形势,必须发挥家庭养老功能,重塑家庭养老的代际支持,弘扬传统孝文化,重视家庭建设。

(三)服务新时代公民道德建设实践

推动新时代"家文化"建设,要以中华民族优秀传统"家文化"为滋养,挖掘传统"家文化"的精华并结合当代社会实际,实现创造性转化和创新性发展,为中国特色社会主义事业发展和中华民族伟大复兴提供文化支撑。要发挥精神文明建设部门的统筹协调作用,将"家文化"建设与各项精神文明创建活动结合,同时加强新时代"家文化"建设相关问题的研究,各方相互配合,形成工作合力,将新时代"家文化"建设作为系统工程统筹抓实抓好。

第二节 中国家庭养老的历史探索

长期以来,家庭养老作为中国社会的传统养老方式,具有深厚的"家文化"与孝文化根基。与其他养老方式相比,家庭养老在提供和节约养老资源、维系家庭情感、改善老年人精神健康方面具有不可比拟的独特优势。然而随着工业化、城镇化发展,一方面,我国家庭规模小型化特征日趋明显。我国平均家庭户规模从1953年的4.33人下降到2020年的2.62人,家庭规模的缩小使得养老所需要的人力资源不足。另一方面,家庭成员流动性日趋增强。第七次全国人口普查数据显示,截至2020年,全国人口中,流动人口为3.76亿人;与2010年第六次全国人口普查相比,流动人口增加了1.54亿人,增长率为69.73%。[①] 家庭成员流动性的增强使得"父母在,不远游"的观念被解构,家庭养老的服务功能被极大削弱。进一步明晰家庭养老概念的内涵与外延,梳理中国近百年以来家庭养老政策的历史进程,对于夯实家庭在养老服务中的基础地位,有效发挥家庭对养老服务的支撑作用至关重要。

一、家庭养老的概念及特征

(一)家庭养老的概念

对于"家庭养老"的含义,学者基于不同的认识角度与研究范围形成了不同的界定。概括地讲,主要有四种颇具代表性的观点和认识。第一种是将家庭养老定义为亲情养老的"亲情说"。第二种是将家庭养老定义为家庭或家庭成员支持下的养老的"家庭说"。第三种是将家庭养老定义为养老方式或运作形式的"方式说"。第四种观点认为家庭养老是子女养老方式和社会养老方式的总和,前者是家庭养老的低级形式,后者是家庭养老的高级形式。[②]

---

① 国家统计局.第七次全国人口普查公报(第七号).http://www.stats.gov.cn/ztjc/zdtjgz/zgrkpc/dqcrkpc/ggl/202105/t20210519_1817700.html.

② 姚远.中国家庭养老研究[M].北京:中国人口出版社,2001:48-49.

尽管这些定义的角度不同,但从中仍然可以获得一些启示。

一是家庭养老不是一个无差别的集合体,而是一个包含着不同层次内涵的概念。对家庭养老概念界定上的差异实际上正是对家庭养老内涵不同层次的反映。在养老主体问题上,表现为对"家庭成员"概念的不同理解,一方认为"家庭成员"是具有血亲与姻亲(主要是配偶)关系的人,另一方则将其扩大为有赡养义务的人;在养老内容问题上,一方具体化为经济支持、生活照料、精神慰藉等,另一方则概括为养老责任;在家庭养老基础问题上,一方强调血缘亲情的原则,另一方指出是权利与义务的关系;在对家庭养老的理解上,一方认为是具体的行为方式或运作形式,另一方认为家庭养老的概念已经超出了具体的方式。

二是家庭养老概念存在着不同层次的内涵,但这并不等于说,对家庭养老概念的界定就可以是随意的。家庭养老具有一些基本特征。这些基本特征既不能改变,也不能脱离。没有这些基本特征,就无所谓家庭养老。因此,无论如何界定家庭养老,都必须密切关注这些基本特征。比如,血缘亲情的特征、家庭成员的特征、养老责任的特征,等等。

(二)家庭养老的特征

关于家庭养老的基本特征和多层次内涵的探讨实际上并不是什么新的东西,而是具有深远的历史渊源。早在春秋战国时期,《论语》中就做过阐述:"事父母,能竭其力"(《学而篇》)、"父母在,不远游,游必有方"(《里仁篇》)等,这些都在强调养老中的亲情成分。

根据相关学者的研究,本书将家庭养老划分为两个层次,即家庭养老模式和家庭养老方式。

家庭养老模式是以血缘关系为基础,由家庭成员承担责任的一种养老模式。家庭养老模式具有如下特征。

一是家庭养老模式体现了一种文化模式。家庭养老作为一种文化模式(cultural pattern),可以从三个方面论述。首先,在概念上,家庭养老表现为一种独特的文化体系。养老本是家庭为满足代际传承需要而形成的一种习俗和家庭行为。但是,当养老从家庭行为扩展为社会行为并构成人类社会文明的重要标志之一时,养老行为就逐渐演变为一种文化特质。以养老这个文化特质为中心,构成了由养老的饮食文化、居住文化、护理文化、制度文化、祭奠文化等文化丛组建的文化体系。在中国,养老文化体系具体表现为以孝文化为概念的家庭养老文化模式。家庭养老文化模式一方面保证了老年人的晚年生活,另一方面构建了中国独特的养老文化体系。其次,在实践上,家庭养老模式是相对于社会养老模式而言的。在文化社会学中,养老文化的构成方式及其特征,被称为养老文化模式。[①] 有了社会养老模式,就必然会有不同于社会养老模式的其他模式。所以,家庭养老模式是在与社会养老模式的比较过程中存在和确立的。最后,在本质上,家庭养老反映了家庭内代际间的互动,更反映了人们对家庭养老行为的认识和赋予的意义。

二是家庭养老模式具有长时段稳定的文化特征。家庭养老模式作为一种文化体系[②],在我国经历了漫长的历史岁月,从农业经济开始至今,已有三四千年之久。我国进入老龄化社会以后,尽管各方人士一再推进社会养老方式,但也不得不承认家庭养老模式还要继续存

[①] 司马云杰.文华社会学[M].济南:山东人民出版社,1990:262.
[②] 姚远.传统型家庭养老面临挑战.载杜鹏.中国谁来养老[M].厦门:鹭江出版社,2000:93-94.

在下去。《中华人民共和国老年人权益保障法》的颁布,使家庭养老模式法律化,增强了家庭养老模式的生命力。家庭养老模式的稳定性,实际上是与它作为文化体系分不开的。同时,家庭养老因社会经济文化的发展而发展,社会经济的发展为家庭养老模式注入新的活力。家庭养老模式与社会经济文化的整合是家庭养老长期存在和稳步发展的根本原因。

三是家庭养老模式的核心是血亲价值或血亲伦理。文化模式是社会现象,其差异很难从生物学角度加以阐释,但这并不等于说,所有的文化模式都与生物学因素毫无关系。家庭是一个血亲团体,养老又是家庭的基本功能之一,所以家庭养老模式本身也就贯穿了血亲联系。父母养育子女,子女赡养父母,完全建立在家庭血亲关系的基础之上。在血亲价值面前,赡养老人是子女的责任,不应有任何功利色彩。血亲价值或血亲伦理构成了家庭养老模式的内在特征。

家庭养老方式是指家庭成员履行养老责任时的运作形式。家庭养老方式具有如下特征。

一是家庭养老方式是一种行为方式。家庭养老方式具有明显的直观性和非规范性。现在人口调查数据分析中提到的三代户、二代户、一代户、一对夫妻户、单身户等概念,都具有直观性特征。根据子女赡养老年人的外在形式而总结出的共居、分居、独居等养老方式则体现了家庭养老方式的非规范性。从这个意义上说,家庭养老方式更多地表现为一种行为方式或生活方式。

二是家庭养老方式具有可变性。作为一种行为方式或生活方式,家庭养老的运作形式比较容易受到即时的社会经济发展水平的影响,因而在整体上是可变的、不稳定的。在家庭养老方式存在的几千年间,从社会角度来看,家庭养老从共居养老向分居养老变化,从居家养老向机构养老变化,从子女照料到社区支持变化,等等。

综合而论,将"家庭养老"概念区分为模式与方式两个层次,可以使家庭养老模式存在的长期性和家庭养老方式的可变性有机地统一起来,较好地解决了家庭养老概念内在的矛盾性问题,对进一步研究中国的家庭养老问题具有一定的积极意义。

二、中国近百年家庭养老政策的历史分野

家庭养老是我国主要的养老方式。一方面,家庭养老具有深厚的历史根基,早在古代,政府就通过刑罚政策、官员任免政策、婚姻政策等,维持家庭养老系统的稳定发展,保障老年人老有所养;另一方面,家庭养老具有强大的政策支持后盾,《中共中央关于制定国民经济和社会发展第十四个五年规划和二〇三五远景目标的建议》《关于促进养老托育服务健康发展的意见》《关于推进养老服务发展的意见》等政策文件均体现了党和政府对家庭养老的重视。尤其是近百年来,中国共产党始终坚守为民初心,通过制度设计、政策供给与措施优化,不断探索家庭养老政策,不断强化家庭养老功能,不断通过支持家庭以发挥家庭对老年人的支持功能。

(一)AGIL 框架下近百年中国家庭养老政策演进逻辑

运用帕森斯的 AGIL 分析框架,可以构建出我国近百年来不同时期家庭养老政策的适应-目标达成-整合-维持模型(见图 2.1)。针对不同的历史条件,分析家庭养老政策结构功能在该时期的实际满足情况,以指导家庭养老系统之协调发展。

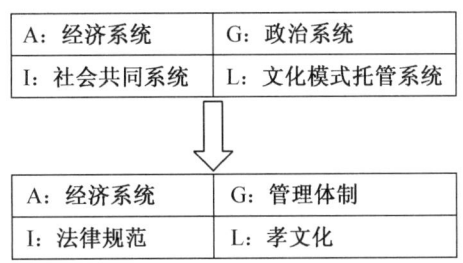

图 2.1　家庭养老政策的 AGIL 分析框架

1. 1921—1948 年:家庭养老政策的适应功能彰显

这一阶段,家庭养老政策的适应功能处于突出位置。根据帕森斯的 AGIL 分析框架,在社会系统中,满足适应功能这一要求的是经济制度,只有通过经济活动,社会环境中的各种资源才能够转换为老年人所需要的各种产品。在建党初期,家庭养老政策为适应革命和战争的环境,必须通过适当的经济活动或者经济政策来满足老年人的基本需求,所以,这一时期的家庭养老政策体现为土地分配政策、救助政策、劳动政策。

第一,土地分配政策方面。1928 年,中国共产党的第一部土地法——《井冈山土地法》的颁布,对土地没收和分配做出了政策规定[①];1930 年,《中共中央政治局关于苏维埃区域目前工作计划》中提到老人由家庭或者寄住人家赡养,并按照这种负担的轻重,在分配土地时可以视情况给负担较重的人多分配土地。[②] 土地分配政策体现的地域性强化着家庭的血亲关系,血亲价值主导下的老年人在家庭中可以得到来自家庭成员的帮助。

第二,救助政策方面。充分的失业救济制度,为失业工人维持基本生活稳定和再就业提供了物质资源,间接保证了对老年人基本生活需求的满足。

第三,劳动政策方面。1922 年通过的《中国共产党第二次全国代表大会宣言》对工人待遇、工作时间、工作设备、工人尤其是女工和童工的合法权益等做出了规定[③],以期达到改善家庭环境进而促进老年人待遇提高的目的。这个阶段,中国共产党通过土地政策、教育政策、婚姻政策等,促进了家庭的稳固发展,间接为家庭成员赡养老人提供了经济支持,家庭养老政策在探索中前进。

2. 1949—1977 年:家庭养老政策的目标达成功能凸显

这一阶段,家庭养老政策凸显目标达成功能。根据帕森斯的结构功能主义理论,社会系统为了实施目标,必须最大限度地调动内部资源,即个人的行动必须被纳入等级秩序之中加以控制,以形成合力实现目标。在计划经济时期满足这一功能的是管理体制,家庭养老作为社会总系统中的一个子系统,其发展变化趋势,要与当时政治、经济的总趋势一致,才能保持自身的动态平衡。因此,这一阶段家庭养老政策的目标达成功能发挥主要作用,家庭养老发展的目的性即为适应"社会主义大家庭"的环境变化,并不断组成自身相对稳定的有序结构,充分发挥自身的整体功能,以最大限度地满足老年人生存和发展的需要。

---

① 胡岳岷.中国共产党土地制度百年变迁[J].福建论坛(人文社会科学版),2021(6):11-24.
② 全国人大图书馆.中华苏维埃代表大会重要文献选编[M].北京:中国民主法制出版社,2019:183.
③ 中央档案馆.中共中央文件选集(第一册)[M].北京:中共中央党校出版社,1989:116.

计划经济时期,国家以"社会主义大家庭"的形式全面介入养老服务当中,中国共产党并没有专门出台支持家庭养老的政策文件,但是出台了一系列家庭政策,通过家庭传导到养老方面,支持家庭从而支持养老,家庭环境的改善能够促进老年人养老待遇的提高。首先,在城市实行国家单位制,单位负责退休老年人福利与服务的分配;制定并实施《中华人民共和国劳动保险条例》,为家庭养老服务提供了充分的物质基础;实施就业制度不仅提高了女性的家庭地位和社会地位,也强化了妇女在家庭中赡养老人的责任。[①] 其次,在农村通过人民公社、五保集体供养制度,保证子女承担家庭赡养责任,如1956年的《高级农业生产合作社示范章程》规定农业生产合作社对老人提供生产与生活上的帮助,保证他们基本生活物资的供给。这一政策为家庭成员提供了可供替代的资源,减轻了家庭成员的养老负担。最后,无论城乡,国家主导下的法律和政策都为家庭养老的发展提供了一定的制度保障。1950年,《中华人民共和国婚姻法》通过法律的"硬"约束力规定子女对父母具有赡养扶助义务。完善的户口管理政策为无依无靠的老年人投靠亲属提供了制度便利,如1977年的《关于处理户口迁移的规定》特别提出,市、镇职工在农村的父、母如确无亲属依靠,生活难以自理,准予落户。[②] 这一时期,家庭养老政策融入社会主义制度中,与集体所有制结合在一起,适应计划经济时期社会主义经济特征,家庭养老与集体养老的结合满足了人民群众的养老需求,为市场经济时期家庭养老政策的初步发展奠定了基础。

3. 1978—1999年:家庭养老政策的整合功能突出

这一阶段,家庭养老政策的整合功能处于突出位置。帕森斯的结构功能主义理论认为,社会系统必须形成某种制度性结构,并调节可能出现的各种冲突,才能维持其自身的稳定,承担这一功能的社会制度主要是法律规范。家庭养老发展虽有自身的规律性和目的性,但改革开放后,与家庭养老相关的政策主体存在于复杂的市场经济中,时刻受到来自内心私欲和外部经济环境的干扰,个体远离家庭的行为也会逐渐上升,家庭逐渐小型化、核心化,家庭养老功能持续弱化,家庭成员赡养老人的目标难以实现。为使家庭在通向目标的轨道上正常发展,必须扫清内外两种因素的阻碍,这就需要法律对它进行调整控制。

这一时期,法律力量取代道德力量,风俗和习惯力量成为维护子代履行代际义务的主要力量,而法制是上层建筑的重要组成部分[③],"法制兴则国治国兴,法制弛则国乱国衰"[④]。《中华人民共和国婚姻法》(1980年)、《中华人民共和国宪法》(1982年)、《中华人民共和国继承法》(1985年)都从法制角度规定了家庭成员赡养老人的权利与义务,体现了法律至上、权利与义务具有一致性的特征。1996年颁布的《中华人民共和国老年人权益保障法》,是我国第一部全面保障老年人合法权益的重要法律,充分肯定了家庭在老年保障中的作用,"老年人养老主要依靠家庭,家庭成员应当关心和照料老年人"[⑤]。这些法律为老年人的合法权益提供了法律制度保障,符合传统孝道文化。这一时期,中国共产党对人口老龄化和家庭养老

---

① 姚俊.需求导向抑或结构制约——中国养老服务政策变迁的制度嵌入性分析[J].天府新论,2015(5):129-134.
② 公安部治安管理局.户口管理法律法规规章政策汇编[M].北京:中国人民公安大学出版社,2001:240.
③ 闫少华,杨秀春.中国共产党创建初期法制观探析[J].理论学刊,2013(12):88-91.
④ 蒋传光.新中国60年法制建设经验的总结与展望[J].上海师范大学学报(哲学社会科学版),2009,38(6):39-49.
⑤ 穆光宗.家庭养老面临的挑战以及社会对策问题[J].中州学刊,1999(1):64-67.

功能弱化情况认识明确,重视家庭养老政策体系构建,推动了家庭养老政策的初步发展,并为新世纪家庭养老政策的完善做了铺垫。

4. 2000年至今:家庭养老政策的模式维持功能强化

这一阶段,家庭养老政策凸显模式维持功能。帕森斯认为,社会系统的模式维持功能可以将社会文化价值观内在化,使个体行动符合社会目标的要求,促进社会系统的延续发展。进入21世纪,随着人口老龄化程度的不断加深和社会养老缺陷的逐渐显露,家庭养老政策的重要性再次彰显并强调发挥传统孝文化、家文化的功能。对家庭养老重视程度的逐渐加深和政策的逐步完善,促使老年人需求不断得到满足,社会结构得以维持和发展。具体包括以下两个方面。

一方面,家庭养老政策支持家庭养老功能的复归。2000年,中共中央、国务院发布了《关于加强老龄工作的决定》,提出"坚持家庭养老与社会养老相结合,充分发挥家庭养老的积极作用"[1],肯定了家庭养老的基础地位;2001年,《中华人民共和国国民经济和社会发展第十个五年计划纲要》首次明确提出"重视人口老龄化趋势,鼓励家庭养老"[2];2016年,《关于推进老年宜居环境建设的指导意见》提出"巩固经济供养、生活照料、精神慰藉的家庭养老功能,完善家庭养老支持政策"[3];2021年,《中共中央关于制定国民经济和社会发展第十四个五年规划和二〇三五年远景目标的建议》明确提出"支持家庭承担养老功能"[4]。

另一方面,家庭养老政策逐渐得到完善和发展。由表2.1可知,21世纪,我国家庭养老政策呈现出三个显著特点。一是从政策类型来看,家庭养老政策既有宏观原则性规定,又有微观具体性办法;既有刚性法律支撑,又有柔性意见支持。二是从颁发机构来看,家庭养老政策涉及民政部、国家卫健委、国家发改委等多个部门,且许多政策是多部门联合发布,体现了多部门、多机构之间的协同与合作。三是从政策内容来看,家庭养老政策内容涉及经济保障、照料服务、健康支持、居住环境建设、精神慰藉等方方面面。

表2.1　21世纪我国部分家庭养老政策演进一览表

政策时间	政策名称	政策类型	颁发机构	主要内容
2000年	《关于加强老龄工作的决定》	决定类	中共中央、国务院	坚持家庭养老与社会养老相结合,充分发挥家庭养老的积极作用。
2004年	《农村部分计划生育家庭奖励扶助制度试点方案(试行)》	方案类	国务院办公厅	建立农村部分计划生育家庭养老及其他保障制度。

---

[1] 中华人民共和国国家卫生健康委员会. 中共中央、国务院关于加强老龄工作的决定. http://www.nhc.gov.cn/jtfzs/s3581c/201307/e9f0bbfea6c742ec9b832e2021a02eac.shtml.

[2] 中华人民共和国中央人民政府. 中华人民共和国国民经济和社会发展第十个五年计划纲要. http://www.gov.cn/gongbao/content/2001/content_60699.htm.

[3] 中华人民共和国中央人民政府. 关于推进老年宜居环境建设的指导意见. http://www.gov.cn/xinwen/2016-11/25/content_5137617.htm.

[4] 中华人民共和国中央人民政府. 中共中央关于制定国民经济和社会发展第十四个五年规划和二〇三五年远景目标的建议. http.gov.cn/zhengce/2020-11/03/content_555691.htm.

(续表)

政策时间	政策名称	政策类型	颁发机构	主要内容
2007年	《中华人民共和国婚姻法》	法律法规类	中华人民共和国民政部	规定子女赡养父母的权利与义务。
	《廉租住房保障办法》	部门规章类	中华人民共和国民政部	实物配租应当优先面向已经登记为廉租住房保障对象的孤、老、病、残等特殊困难家庭。
2011年	《国家人口发展"十二五"规划》	规划、纲要类	国务院	注重发挥家庭和社区功能;在养老保障等方面,加快建立和完善提高家庭能力的政策体系。
2012年	《中华人民共和国老年人权益保障法》	法律法规类	全国人民代表大会常务委员会	在养老支持、精神慰藉、维权保障等方面都对家庭成员做出了相应规定。
2013年	《关于加快发展养老服务业的若干意见》	意见类	国务院	支持家庭、个人承担应尽责任;推动和扶持老年人家庭无障碍设施的改造。
	《关于进一步加强老年人优待工作的意见》	意见类	全国老龄办等24部门	老年人因追索赡养费、交纳诉讼费确有困难的,可以申请司法救助,缓交、减交或者免交诉讼费。
2015年	《中华人民共和国反家庭暴力法》	法律法规类	全国人民代表大会常务委员会	被撤销监护人资格的加害人,应当继续负担相应的赡养费用;老年人遭受家庭暴力的应当给予特殊保护。
2016年	《关于推进老年宜居环境建设的指导意见》	意见类	老龄办、发展改革委等25个部委	巩固经济供养、生活照料、精神慰藉的家庭养老功能,完善家庭养老支持政策。
	《关于全面放开养老服务市场 提升养老服务质量的若干意见》	意见类	国务院办公厅	支持开发老年宜居住宅和代际亲情住宅;为老年人的家庭成员提供养老服务培训。
	《国家人口发展规划(2016—2030年)》	规划、纲要类	国务院	初步提出"建立完善包括生育支持、幼儿养育、青少年发展、老人赡养、病残照料、善后服务等在内的家庭发展政策"。
2017年	《"十三五"国家老龄事业发展和养老体系建设规划》	规划、纲要类	国务院办公厅	逐步建立支持家庭养老的政策体系,并从健康支持、居住环境建设、精神关爱等方面强调家庭成员的作用。
	《"十三五"健康老龄化规划》	规划、纲要类	国家发改委、全国老龄办等部门	着重培养并提高家庭养老照护能力;强化家庭养老功能,完善家庭养老政策支持体系。
	《关于制定和实施老年人照顾服务项目的意见》	意见类	国务院办公厅	鼓励制定家庭养老支持政策,引导公民自觉履行赡养义务和承担照料老年人责任。
2018年	《中华人民共和国个人所得税法》	法律法规类	全国人民代表大会常务委员会	将赡养老人的支出包括在专项附加扣除项目之内。

(续表)

政策时间	政策名称	政策类型	颁发机构	主要内容
2019年	《关于推进养老服务发展的意见》	意见类	国务院办公厅	建立健全家庭尽责、基层主导、社会协同、全民行动、政府支持保障的农村留守老年人关爱服务机制。
	《促进健康产业高质量发展行动纲要（2019—2022年)》	规划、纲要类	国家发改委等部门	推进健康养老向家庭下沉；发展家庭照护者的技能培训服务，增强家庭长期照护能力。
2020年	《中华人民共和国民法典》	法律法规类	中华人民共和国全国人民代表大会	"婚姻家庭"篇、"继承"篇都对家庭成员赡养老人做出了规定。
	《关于促进养老托育服务健康发展的意见》	意见类	国务院办公厅	增强家庭照护能力；建立常态化指导监督机制，加强政策宣传引导，强化家庭赡养老年人的主体责任，落实监护人对孤寡老人的监护责任。

（二）近百年中国家庭养老政策的演变特征

通过对家庭养老政策不同阶段焦点与功能的纵向分析，可以发现近百年我国家庭养老政策呈现如下演变特征。

1. 政策主体日益多元

根据帕森斯的AGIL分析框架，在建党初期，家庭养老政策主体单一，主要是由政府进行支持家庭养老的经济资源输送，而其他政策主体由于政治环境的影响，很难凭借自身价值参与到家庭养老的发展中。从建国到改革开放前，家庭养老政策仍是由政府主导的，即以集体再分配为特征的经济管理体制促使养老资源只能由国家垄断干预，养老服务由国家控制着的各类福利院和养老院提供，家庭、社会、市场难以为家庭养老政策贡献力量。随着市场化的发展，经济水平得以大幅度提升，政府的福利负担促使政府在家庭养老服务提供上不断后退，同时随着新自由主义思潮在全球范围内的传播，社会、市场及家庭等主体开始参与到家庭养老的大格局中，经济资源逐渐由多方共同提供。进入21世纪，尤其是随着人口老龄化程度的不断加深，家庭养老政策发生了明显的转变，一方面是国家在家庭养老政策上的责任逐渐回归，另一方面是国家积极引导并调动社会各方主体参与家庭养老服务的提供，逐渐形成了政府主导，社会组织、市场、家庭各方参与的模式。

2. 政策对象逐渐扩展

家庭养老政策经历了从救助式向普惠式的转变。计划经济时期，在城市实行的单位制保障了老年人福利的提供；然而，在农村实行的"五保"制度仅仅是对老年人救济式的帮助，其政策对象是特殊老人，即对农村的"三无"老人实行保吃、保住、保穿、保医、保葬。随着计划经济体制转为市场经济体制，社会养老逐渐成为主要的养老方式，家庭养老政策的本质也发生了相应的转变，农村家庭养老支持政策对象从"三无"老人和"五保"老人向孤寡老人转变，如1964年公安部制定的《关于处理户口迁移的规定（草案）》指出，在农村无依无靠，不能单独生活,或有其他特殊情况,必须迁往城市、集镇投靠直系亲属的,允许迁移落户。[①] 1999年,国务院批准成立的全国老龄工作委员会为家庭养老政策扩展覆盖范围提供了机构保障。2000年至今,随着普惠型养老服务的发展,家庭养老政策逐渐面向所有群体,"包容"与"共享"成为这一时期家庭养老政策的关键词。2021年,《中华人民共和国国民经济和社会发展第十四个五年规划和2035年远景目标纲要》提出,大力发展普惠型养老服务,为家庭养老政策的发展指明了方向。

3. 政策手段日益规范

家庭养老政策是一个独立的政策系统,是否具备规范性,能够决定家庭养老的发展是否能实现一体化与连贯性。新中国成立前,家庭养老是我国主要的养老方式,政府通过鼓励型和倡导式手段鼓励家庭成员承担养老责任。从建国到改革开放前,政府并没有对家庭养老做出系统规范的安排,只是通过部分法律间接明确了子女赡养老人的义务,如1954年《中华人民共和国宪法》规定:"成年子女有赡养扶助父母的义务。"随着计划经济体制向市场经济体制转型,侵犯老年人合法权益的现象时有发生,一系列法律规范相继出台强化了家庭在养老中的责任,这一阶段,随着诸多法律出台,家庭养老政策实现规范化发展。2000年,养老服务社会化方向日渐明确,社会养老逐渐取代家庭养老成为养老的主流方式,家庭养老功能的弱化和老年人养老服务需求的不断增加的矛盾日渐尖锐。为改变这一状况,家庭养老政策的规范化发展日益得到巩固和完善。《关于加强老龄工作的决定》肯定了家庭养老的基础地位。2017年,《"十三五"国家老龄事业发展和养老体系建设规划》将家庭养老政策支持内容逐渐扩展为健康支持、居住环境建设、精神关爱等内容。但目前,家庭养老仍缺乏专门的法律和外部监督,操作性不强,规范性仍有待进一步提升。

4. 政策价值取向始终如一

印度经济学家阿玛蒂亚·森在《以自由看待发展》一书中,把发展的目标看作等同于判定社会上所有人的福利状态的价值标准,并认为自由的发展观是为人的发展、人的福利服务的。[②] 发展的最高目标是为人谋福利,作为家庭养老政策的核心,中国共产党的全面领导确保了党的性质宗旨和初心使命贯彻融汇于家庭养老政策的探索、建立与完善之中,确保了与家庭养老相关的各级主体和机构都能始终坚持把人民至上的理念作为价值取向。可以说,家庭养老政策的出台和颁布正是中国共产党政治信念与价值取向的充分体现。

建党初期,中国共产党在号召广大人民投身于革命的同时,仍不忘关注老年人的赡养问题,在1930年颁布的《中共中央政治局关于苏维埃区域目前工作计划》中,通过土地分配政策,缓解老年家庭的负担。[③] 计划经济时期,中国共产党通过符合政治管理体制的法律政策、户口管理政策等缓解老年家庭的负担,提高家庭成员的赡养能力,以满足人民群众的需求。改革开放初期,中国共产党对"人民日益增长的物质文化需要同落后的社会生产之间的矛盾"这一社会主要矛盾的明确,为家庭养老政策的顶层设计提供了客观现实依据和方向指引。进入21世纪,尤其是进入新时代以来,我国社会主要矛盾已经转化为"人民日益增长的

---

① 公安部关于处理户口迁移的规定(草案)[J].山西政报,1964(12):454,453.
② 阿玛蒂亚·森.以自由看待发展[M].北京:中国人民大学出版社,2013:3.
③ 全国人大图书馆.中华苏维埃代表大会重要文献选编[M].北京:中国民主法制出版社,2019:183.

美好生活需要和不平衡不充分的发展之间的矛盾"。2020年,国务院办公厅颁布的《关于促进养老托育服务健康发展的意见》提出,增强家庭照护能力;建立常态化指导监督机制,加强政策宣传引导,强化家庭赡养老年人的主体责任,落实监护人对孤寡老人的监护责任。近百年来,中国共产党家庭养老政策逐渐得到完善,不断满足人民日益增长的美好生活需要。

第三节 家庭养老的东亚经验

日本、韩国、新加坡作为东亚国家,近年来其人口老龄化速度日趋明显,造成各国劳动力不足、社会负担加重等诸多问题,不同程度地影响着各国经济发展。同时,日韩新同处"儒家文化圈"[①],深受"家文化"及孝文化的影响,非常注重家庭在养老中的作用发挥,强调子女对老年人的赡养与扶助。不难看出,中国与日韩新具有人口老龄化进程快、文化背景相似、家庭养老传统悠久等特征,因此,日韩新三国的有益经验可为我国家庭养老功能的重塑提供重要借鉴。基于优势视角理论,通过借鉴日韩新三国有益经验,可望提出中国家庭养老功能复归与重塑之路,以期提升家庭养老能力,降低家庭养老风险,满足老年人多层次养老需求,实现社会共同富裕。

美国学者萨利贝提出的"优势视角"理论强调任何个体都是有优势的[②],基于优势视角的四大最基本信念,本书将日韩新三国家庭养老的优势资源主要分为三个部分(见图2.2)。制度优势即为家庭养老赋权,是指日韩新三国包括经济政策、服务政策在内的顶层设计。技术优势即家庭养老抗逆力,是指日韩新三国家庭养老所具备的智慧化优势资源。文化优势即成员资格、治愈与整合信念,是指日韩新三国家庭养老所具备的家文化、孝文化根基。其中,制度优势与技术优势为家庭养老的客观优势,文化优势为家庭养老的主观优势。

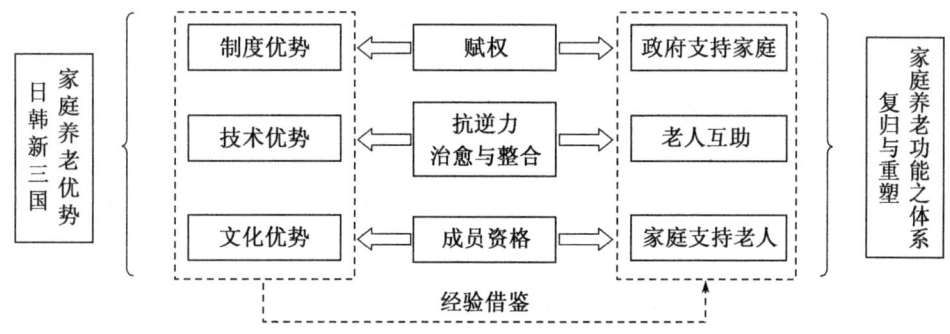

图 2.2 基于优势视角基本信念的家庭养老功能复归与重塑之体系

---

① 曾光光.近代以来儒家文化圈的裂变与走向[J].云南社会科学,2013(5):168-172.
② 李林凤.优势视角下的西部乡村民族社区发展[J].中央民族大学学报(哲学社会科学版),2012,39(4):47-50.

一、制度优势：经济鼓励＋法律约束

日韩新三国通过经济鼓励与法律约束的方式发挥家庭养老的制度优势，具体包括如下内容。

为鼓励家庭成员照料老年人，日本推行了经济鼓励政策。如果子女照顾70岁以上低收入老人，可以享受减税优惠；如果照顾老人的子女要修建房子，使老人有自己的活动空间，可以获得贷款资格。① 1987年，日本政府在之前的配偶生活补助费的基础上，导入从所得税和个人居民税中扣除配偶补助费的制度，以提高家庭成员的社会认可度，鼓励家庭成员赡养老人。② 同时，日本还实行了公共养老金制度，公共养老金从1961年的全民养老金发展到1985年建立的基础养老金，逐步走向成熟。20世纪80年代后半期以来，日本高龄者家庭的收入中，公共年金等所占的比例为六七成；收入全部来自公共养老金的高龄家庭合计为五六成。③ 可见，日本公共养老金增加了高龄家庭的收入，减轻了高龄老人的生活负担，进而减轻了家庭照料者的赡养负担。此外，日本在服务方面也体现出了制度优势。日本先后出台了《老人福利法》《老人保健法》《黄金计划》《新黄金计划》《长期护理保险法》等一系列法规措施，还为老年人提供了包括上门服务、健康咨询、短期托付、长期照护等内容齐全、项目完善的服务体系，在很大程度上减轻了家庭照料的负担；为了鼓励家庭对老年人的照料，家庭照料者能获得心理咨询、技能培训、康复指导等多方面的支持性服务。④ 日本在为家庭成员提供服务的同时，也致力于规范其行为，如日本在2006年实施的《防止虐待老人法案》规范了家庭成员的赡养行为，保护了老年人的合法权益。⑤

韩国通过制定直接经济政策与间接经济政策，鼓励家庭照料老年人。韩国在1992年制定的优惠税政策减轻了家庭成员养老的负担：当三代同堂家庭抚养老人5年以上时，可以减少财产继承税；对抚养65岁以上老年人的纳税者，减少其所得税。⑥ 韩国于2008年引入的长期照护保险规定，对住在边远地区需要照护的人的家属实行现金给付。同时，韩国也通过法律规定家庭的赡养行为。韩国于1981年通过的《老年人福利法》明确了家庭的责任；韩国颁布的《生活保护法》《医疗保护法》将家庭作为赡养老人的首要责任承担者。⑦ 韩国于2007年7月颁布的《孝行奖励资助法》通过对孝行教育进行鼓励，对行孝之人进行表彰与资助，对民间孝道推广团体进行支持与鼓励等内容，倡导家庭内部赡养老人的行为。⑧ 除此之外，韩国长期护理保险制度为老年人提供的居家照护、昼夜照护、短期照护等服务，给予了家庭照料者喘息机会。

---

① 李小健. 家庭养老支持政策的国外镜鉴[N]. 中国社会报, 2014 - 02 - 18(3).
② 楼苏萍, 王佃利. 老龄化背景下东亚家庭主义的变迁——以日韩老年人福利政策为例[J]. 公共行政评论, 2016, 9(4): 88 - 103, 207 - 208.
③ 资料来源：日本《平成の30年間と、2040年にかけての社会の変容》白皮书.
④ 王莉莉. 对完善中国家庭照料支持政策的思考与建议[J]. 兰州学刊, 2012(6): 138 - 145.
⑤ 师艳荣. 日本老人受虐待问题分析[J]. 社会工作, 2012(1): 88 - 90.
⑥ 丁英顺. 日韩两国居家养老服务比较及启示[J]. 日本问题研究, 2013, 27(4): 60 - 66.
⑦ 楼苏萍, 王佃利. 老龄化背景下东亚家庭主义的变迁——以日韩老年人福利政策为例[J]. 公共行政评论, 2016, 9(4): 88 - 103, 207 - 208.
⑧ 韩广忠, 肖群忠. 韩国孝道推广运动及其立法实践述评[J]. 道德与文明, 2009(3): 39 - 43.

新加坡为鼓励多代就近居住,推出了组屋政策,建立建屋发展局,对老年家庭或有老人的家庭的住房配置给予相应优待措施。新加坡建屋发展局在2019年9月将购买新组屋的家庭月入顶限,从12 000元调高到14 000元;同时建屋发展局也规定总月入不超过9 000元的首次购屋家庭,可享有高达8万元的额外安居津贴(Enhanced Housing Grant)。① 此外,根据建屋发展局文告,包括兀兰、义顺和盛港在内的8个市镇都推出了三代同堂组屋单位;其中,盛港的单位不含津贴的价格从393 000元起跳,甚至低于同个市镇内从405 000元起跳的五房式单位。② 这些组屋政策的出台减轻了家庭成员的经济负担,可以使家庭成员更好地服务于老年人。新加坡还于2019年10月1日推出居家看护津贴政策,看护者可向政府申请每月200元津贴抵消看护费用,如女佣工资、复诊交通费,或缴给日间护理中心的费用。居家看护津贴将取代现有的每月120元的女佣津贴,金额比女佣津贴多出80元,用途也更广泛,且具有更大的灵活性。③ 此外,新加坡于1996生效的《赡养父母法》规定,不能完全自我供养的父母可以向法庭申请赡养费,并且设立专门的赡养父母仲裁庭,以推动家庭成员落实责任,保障父母的合法权益。④ 除组屋政策、津贴政策、法律规范之外,新加坡家庭养老的制度优势还体现在为家庭照料者提供服务方面,如2019年,政府宣布召集私人企业竞标在三巴旺直布罗陀弯的10栋洋房地段,发展一个失智症护理村,让失智症患者寄宿并提供居家式护理服务。为患者提供寄宿,无疑是给予看护者喘息的机会,让其有一段个人时间与外界交流,甚至让他们可以重返职场。同时也让患者能在舒适的环境里养病,减缓记忆力消退的速度。⑤

综上所述,日韩新三国家庭养老的制度优势体现了优势视角赋权的基本信念,即通过经济鼓励与法律约束的方式,整合政府、企业、社会组织的资源,既挖掘了家庭成员的内外部优势,为其赋能,提高其赡养能力;又帮助家庭成员从不利的环境中摆脱出来,重新树立信心和希望。

二、技术优势:科技赋能+适老改造

日韩新三国通过科技赋能与适老改造的方式发挥家庭养老的技术优势,为老年人提供智慧产品与智慧服务,促使家庭养老在技术支撑下焕发出新的活力。

日本智慧养老科技是缓解家庭养老负担的重要手段,养老服务辅助产品能满足老年人各种日常需求,也激励企业开展诸多"定制服务"。为帮助老年人消除数字鸿沟,融入智能社会,日本三大电信运营商之一都科摩公司专门开设了面向老年人的"智能手机教室",手把手

---

① 新加坡联合早报.截至去年12月 家庭及单身收入顶限调高 新组屋申请增加近8000. https://www.zaobao.com/news/singapore/story20211122 - 1215752.

② 新加坡联合早报.盛港三代同堂单位售价比同区五房式便宜. https://www.zaobao.com/news/singapore/story20211118 - 1214506.

③ 新加坡联合早报.低收入看护者下月起可申请津贴. https://www.zaobao.com/news/singapore/story20190926 - 992021.

④ 余桔云.中新两国家庭赡养法律的比较研究——基于多元协同治理的视角[J].国外社会科学,2017(3):136 - 144.

⑤ 新加坡联合早报.交流站:失智症护理村值得赞赏. https://www.zaobao.com/zopinions/talk/story20190909 - 987620.

教老年人使用智能手机。老年人智能手机的使用,为家庭成员与老年人的远程交流提供了便利。同时,为让老年人能更好地理解家电功能,日本一家企业在销售面向老年人的产品时,特意招聘60岁以上的人群作为工作人员,既可增加老年人的收入,实现老年人的自身价值,还可减轻家庭成员赡养老年人的经济负担,节约时间成本。① 除此之外,日本政府出台《机器人白皮书》,提议利用机器人技术解决老龄化及人口减少问题,研发了老年服务机器人,监测与照料老人的日常生活,与老人进行交流,保护老人安全。日本电气株式会社研发的智能鞋可监控老人的行踪,防止老人走丢。通过机器人与智能鞋等智能设备,家庭成员可随时随地监测到老年人的健康与安全情况,一旦老年人发生危险,家庭照料者可做出最快反应。

韩国通过大力推进智慧城市建设及发展智能家居产品为家庭养老技术赋能。韩国一直重视智慧城市建设,现在已经进入了智慧城市建设的3.0时期。2019年,韩国制定《智慧城市综合规划(2019—2023年)》,推动了智慧养老的进一步发展。② 基于智慧城市的发展,韩国健康促进发展院实施基于物联网的老人健康管理服务示范项目,利用ICT技术,由保健中心专家在线了解老年人的生活习惯,并提供个性化的健康咨询,为家庭成员减少了线下工作量。③ 与此同时,韩国物联网技术助力家庭实现家居智能化,智能娃娃的设计可以排遣老人的孤独和寂寞,帮助家庭照料者看护老人;智能安心机的研发,可以实时监测老人状况,确保独居老人安全,以解决子女不在老人身边的担忧问题。

新加坡重点关注失智老人的科技赋能,同时通过适老化改造让全体老年人享受科技红利。一方面,是对失智老人的帮助。新加坡失智症机构推出全球首创的手机应用CARA,为失智症患者与看护者提供一站式的服务平台。适合患者的活动、护理方法及消遣好去处都收录在CARA应用中,以鼓励他们保持身心活跃并与外界接触。CARA应用中有相应的电子卡,如果外出迷路,公众只需扫描患者随身携带的卡片上的二维码,就能联系看护人,再也不必担心迷路的问题。通过CARA,家庭照料者既可以与失智症患者体验不同的美好时光,也不用担心失智症患者的安全问题。与此同时,许多企业加入CARA为失智症患者及其家人提供福利和优惠,这样可以减轻家庭照料者的经济负担。④ 另一方面,是对大众老年人的帮助。新加坡通过"智慧国"计划,积极开发适合老年人的产品,进行适老化改造。该计划可以实现老年人原地养老,例如,建屋发展局测试开发的"居家老人智慧警报系统"可以监测老年人的生活,在老年人发生意外时能够及时通知家庭照料者;"夜监智能地毯"可通过互联网技术将老人的活动上传到云端,一旦监测到不寻常的动态,便会发送手机短信给其他家

---

① 人民网. 世界各国养老新趋势 中国将社保征缴划给税务. http://world.people.com.cn/n1/2018/1229/c1002-30495776.html.
② 国家工业信息安全发展研究中心. 国外智慧城市发展现状及经验借鉴. http://cics-cert.org.cn/web_root/webpage/articlecontent_101006_1465859188637831169.html.
③ 韩国中央日报. 面向易受数字攻击的老年人的AI·提供基于IoT的非面对面医疗保健. https://www.joongang.co.kr/article/25009239.
④ 新加坡联合早报. 失智症应用出门好好玩还可防走失. https://www.zaobao.com/news/singapore/story20211128-1217734.

庭成员;①红十字试行的"居家监测辅助服务"计划,为每户家庭安装感应器,一旦探测到老人的日常作息有异样,就可立即通报亲属为老年人提供援助。②

综上所述,日韩新三国家庭养老的技术优势体现了优势视角抗逆力、治愈与整合的基本信念。未来,家庭养老虽然会面临诸多困境,但技术的发展也为重塑家庭养老功能注入了新鲜血液,通过科技赋能与适老改造的方式,将老年人置于社会互动中,整合多方技术资源,提高其抵抗困境的能力。

三、文化优势:儒学传统＋尊老氛围

日韩新三国非常重视儒家文化中"家文化"与"孝文化"对家庭养老功能的维护,通过继承与弘扬家文化、孝文化,营造尊老社会氛围的方式,发挥家庭养老的文化优势,促使人们强化家庭养老观念,增进其养老行为。

日本深受中华文化尤其是儒家文化的影响,将孝顺父母、尊敬长者作为基本道德准则。③"二战"之前,"家"制度在日本起主导作用,结婚的长子及其妻子承担和父母同住、为父母养老送终的义务;同时,近亲、邻里的相互扶助是道德律的第一要义,这种伦理、道德规范要求人们尊敬与孝顺年老的父母,使他们平稳度过晚年。"二战"后,随着对民法的修订,赡养父母的义务扩大到了所有子女。④ 到如今,日本仍维系着孝亲敬老的传统,如日本将每年的9月15日确定为"老人节",又称为"敬老日",并将9月15日至9月21日定为老人周,以鼓励人们加深对老年人的关心和了解;开展多种多样的老人福利事业,努力营造为老年人服务的社会氛围。

家庭中心主义与孝思想是韩国儒家文化的核心内容。一方面,家庭中心主义作为一种文化和基本原则对个人的生活方式和家庭关系起到规范作用;另一方面,尊敬老人依然是韩国的社会传统,是一种社会风气和社会规范。这一特性充分反映在韩国人日常文化生活的方方面面,如对老人使用敬语,公共汽车、地铁上设有敬老席,社区里设有敬老堂、老年会馆,社区每年定期组织敬老宴会,邀请社区老人免费用餐等。⑤ 同时,韩国在节日方面也体现了对老年人的尊敬,如韩国有"行孝休假日",并将10月份定为孝之月;1973年起,将原来每年5月8日的"母亲节"改为"敬老节",对70岁的老人发放终身优待证;韩国的中秋节被称为"秋夕",除了全家团聚之外,也是追忆祖先恩德的日子,并会以祭祖和扫墓为表现孝道的方式。除此之外,尊老敬老也体现在韩国的教育中,如韩国的《孝行奖励资助法》规定,将孝行教育纳入幼儿园、小学及中学的课程中,倡导继承敬老、孝亲的优良传统。⑥

新加坡人认为"忠孝仁爱礼义廉耻"是儒学思想的核心,是人们的行为准则,是政府的

---

① 新加坡联合早报. 跌倒会发短信 智能地毯可监测独居老人居家行动. https://www.zaobao.com/news/singapore/story20181214-915628.
② 新加坡联合早报. 防独居者受伤病倒没人知 50长者家中免费装感应器. https://www.zaobao.com/news/singapore/story20180706-872838.
③ 杜孝珍,袁乃佳. 结构功能主义视域下日本地域综合照护服务体系与我国综合互助养老模式的优化[J]. 上海行政学院学报,2021,22(3):72-84.
④ 李青. 日本养老制度发展历程:从"国家福利"到"社会福利"[J]. 行政管理改革,2019(7):93-99.
⑤ 朴炳铉,高春兰. 儒家文化与东亚社会福利模式[J]. 长白学刊,2007(2):141-143.
⑥ 王日美. 韩国重孝思想及其当代启示[J]. 孔子研究,2015(6):147-153.

"治国之纲"。其中,"孝"指尊敬和孝顺长辈。新加坡教育部在1992年向全国小学推行新编的《好公民》,就是要弘扬中华文化的仁义礼智信和孝等十五大价值观。2013年改为《好品德好公民》,其价值观有六个:坚毅不屈、关爱、正直、尊重、和谐和责任感。其中,对孝的阐述体现在"关爱"篇中。[①] 除此之外,新加坡也营造了尊亲敬老的社会氛围,如新加坡社会爱心人士、社团组织、企业等逢年过节会给老年人发度岁金,设宴招待老人;一些团体定期举办活动,如组织义工照顾弱势人士、捐赠食物和日常用品等,以体现对老年人的尊敬。

综上所述,日韩新三国家庭养老的文化优势体现了优势视角成员资格的基本信念,即通过继承与弘扬家文化、孝文化,营造尊老社会氛围的方式,促使家庭和社会尊重老年人,使老年人平等地享有各项权利。

第四节　家庭养老与养老服务社会化

我国是世界上老年人口最多、增速较快的国家,快速增长的老龄人口使得社会的养老问题更加突出。相对于转型的社会现实,中国社会的养老观念明显滞后于时代。转变养老服务观念,构建社会化养老服务体系,是适应社会发展水平、应对老龄化挑战的必然选择。

一、养老服务社会化的时代背景

(一)推进养老服务社会化是积极应对人口老龄化的必然选择

根据第七次全国人口普查数据可知,2020年末,我国60岁及以上人口占总人口的18.7%,65岁及以上人口占总人口的13.5%。与2010年相比,60岁及以上人口比重上升5.4%。中国自1999年步入老龄化社会,这20年余间老年人口比例增加了8.4%,其中,2010—2020年的10年间增加了5.4%,后一个10年明显超过前一个10年,这主要与20世纪50年代第一次人口出生高峰所形成的人口队列相继进入老年期紧密相关。而在"十五四"时期,20世纪60年代第二次人口出生高峰所形成的更大规模人口队列相继跨入老年期,使得中国人口老龄化水平从最近几年短暂的相对缓速的演进状态扭转至增长的"快车道",老年人口年净增量几乎是由21世纪的最低值(2021年出现)直接冲上最高值(2023年出现)。据预测,到21世纪中叶,世界60岁以上老年人口占总人口比重为21.7%,而中国这一比例约为34.9%。[②] 中国老龄化速度远超世界平均水平,属人口老龄化速度最快的国家之一。快速增长的老龄人口以及未富先老、未备先老的社会现实,使得社会对人口老龄化的承受力较弱,家庭难以独自承担养老的巨大压力,老年人对经济赡养、医疗保健、生活照料等将呈现出大范围的比较普遍的需求。如果这些需求不能得到有效满足,将会在较大范围内引起社会的动荡和不安,形成社会问题。[③] 因此,必须按照社会经济发展的现实要求,走出一条适合我国国情、满足老年人多样需求的养老服务新路径,而养老服务社会化对解决老

---

① 新加坡联合早报.沈裕尼:"孝"不只是在品德教育课文中. https://www.zaobao.com/forum/views/opinion/story20201031-1097178.
② 杨宜勇,关博.老龄化背景下推进养老保障供给侧结构性改革的思路[J].经济学家,2017(3):97-104.
③ 刘益梅.人口老龄化背景下社会化养老服务体系的探讨[J].广西社会科学,2011(7):100-104.

年人的养老、满足老年人的多层次需求无疑具有极大的现实意义。

(二) 推进养老服务社会化是有效应对家庭养老功能弱化的重要途径

传统家庭里的子女在老年人的日常生活照料和精神慰藉等方面扮演着最重要的角色,在我国早前经济尚不发达的情况下,家庭是满足老年人日常生活的主要依靠。然而,城市化、工业化、现代化已大大改变了传统的社会风俗和行为规范,如在传统上照顾老人的女性进入了劳动力市场,人口迁移和城市化使年轻人离开了年老的家庭成员,社区逐渐承担了大家庭照顾老年人的传统职责,这些变化改变了家庭结构,所有的家庭都面临着由发展而引起的外部压力。① 社会如何关心和支持老年人,这无论对发达国家还是对发展中国家来说,都是需要思考的重要问题。② 传统大家庭的逐渐消失,家庭模式的核心化、小型化,女性社会参与程度的普遍提高,子女与老年人居住空间的分离,社会竞争压力的加大,交往范围的扩大,代际之间在价值观、生活方式、兴趣爱好等方面的不同等使得传统的赡养规范和孝的观念发生了变化,传统养老文化的基础发生了变化,家庭养老在社会转型过程中与新的社会现实产生了矛盾与冲突。③ 然而,作为一种长期占据主导地位的养老模式,它不可能在短期内被完全取代。社会化养老服务超越家庭养老服务之处在于,在家庭成员老人自养、老伴互养、晚辈赡养的同时,还有"政府主导、社会参与和全民关怀"④,实现政府、市场、社会与家庭的多元互动和协作。因此,赋予家庭养老以新的时代内涵,建立以家庭为基础、社会为依托的养老体系势在必行。

(三) 推进养老服务社会化是养老服务观念转变的必然呈现

在传统社会,养儿防老、传宗接代是传统家庭的基本观念。但是,在现代社会转型时期,竞争压力的增大、时间及精力的匮乏、子女独立意识的增强等使得子代对父代的依赖性大大减弱。交往的减少、亲情的淡化、家族纽带的松弛等使得传统"养儿防老"观念逐渐淡化。老年人作为社会的普通一员,拥有平等地享有人类社会发展成果的权利。老年人由过去被动消极养老到独立养老、自我养老及互助养老,主动关注与自身养老有关的各项服务,不再完全依赖于子女。养老观念的转变使得养老的内容、方式、途径等都发生了变化。养老服务社会化不再是纸上谈兵,党和政府逐渐探索社会化养老服务新路径。

二、养老服务社会化的发展特点

(一) 从管理到治理:养老服务社会化的视角转换

我国养老服务社会化发端于 20 世纪 80 年代,政府在公共财政不足的情况下开始强调通过社会化的资源解决社会福利供给不足问题。1984 年,我国政府在漳州会议上明确提出"社会福利社会办",强调多主体、多形式地发展社会福利事业,在这一时期,通过发展社区福利来支持当地社会组织参与养老服务成为主要内容。1998 年,民政部开始社会福利社会化试点,并在 2000 年颁布《关于加快实现社会福利社会化的意见》,提出了实现社会福利社会

---

① 老龄问题研究——老龄问题世界大会资料辑录[M].北京:中国对外翻译出版公司,1983:69.
② 老龄问题研究——老龄问题世界大会资料辑录[M].北京:中国对外翻译出版公司,1983:69.
③ 刘益梅.人口老龄化背景下社会化养老服务体系的探讨[J].广西社会科学,2011(7):100-104.
④ 渠崎.成都市实施城乡统筹战略推进老龄事业发展[J].中国社会工作,2009(20):48.

化的具体措施。在此背景下,养老服务的社会化尤其是老年福利机构的改革不断加快,养老服务的对象、资金来源、管理方式、管理规范、服务项目、队伍建设等也得到了加强和改善。尽管如此,总体上说这时期政府不仅是养老服务的供给主体,也是养老事业的管理者。由于主要针对的是弱势老年人,因而无论是机构养老还是社区养老,政府在养老服务方面的职能主要为事务型管理,与相关养老服务组织之间具有较强的行政管理特质和业务指导关系。

2011年国务院办公厅《社会养老服务体系建设规划(2011—2015年)》的颁布,确立了未来养老事业的发展模式为"政府主导、多方参与",标志着我国养老服务社会化进入新阶段。2013年国务院颁布的《关于加快发展养老服务业的若干意见》,进一步明确提出要充分发挥市场在资源配置中的基础作用,逐步使社会力量成为发展养老服务业的主体。相关政策的密集出台,为社会多元主体参与养老服务提供了良好的环境和条件,也提高了社会多元主体在养老服务体系中的地位和作用。它们成为公共产品的重要生产者和供给者,其与政府主体形成了协同分工和合作的关系。这表征政府的角色逐渐从事务"管理"转向"服务",而社会多元主体的重要性正逐步增强,与此相适应的是我国社会管理领域由"管理"向"治理"的理念转变。① 基于这种理解,养老服务社会化体系中,政府不再是唯一权力中心,其服务生产和供给的主体不再由政府包揽,而是呈现出多元化趋势。

(二) 从单一到多元:养老服务社会化的观念转变

建立多渠道、多元化、多层次的养老保障体系,最大程度地满足老年人经济供养、生活照料、精神慰藉方面的需求是缓解人口老龄化的必经之路。在家庭养老向社会养老的逐步过渡中,既不能超越我国经济发展阶段,过急地全面实行社会养老,也不能忽视社会发展的必然趋势,将家庭养老凝固化,停滞不前。而应该在坚持家庭养老与社会养老相结合的原则下,积极建立和完善社会养老保障制度,扩大社会化服务范围,同时继续发挥家庭在经济供养、生活照料、精神慰藉方面的作用。社会养老保障制度应以社会养老保险为重点,既强调其政府行为的特征,又强调其社会共同责任的特征。社区养老服务体系应注意对老年人的照料服务,把上门服务放在重要地位,并积极发展社区养老设施,充分调动和开发社区一切资源(人、物、部门、网络等),形成为老服务的合力。家庭养老应在保持优秀传统的基础上,注意建立政策支持机制,使家庭养老适应家庭和社会的变化。② 充分发挥家庭、社区、社会养老力量,实现养老服务社会化转变。

(三) 从多元化到产业化:养老服务社会化的路径转换

"发挥市场在资源配置中的基础性作用,打破行业界限,开放社会养老服务市场,采取公建民营、民办公助、政府购买服务、补助贴息等多种模式,引导和支持社会力量兴办各类养老服务设施。鼓励城乡自治组织参与社会养老服务。充分发挥专业化社会组织的力量,不断提高社会养老服务水平和效率,促进有序竞争机制的形成,实现合作共赢。"③ 养老服务社会

---

① 朱浩. 养老服务社会化和社会治理创新:以浙江省为例[J]. 浙江工商大学学报,2016(6):114-121.
② 穆光宗,姚远. 探索中国特色的综合解决老龄问题的未来之路——"全国家庭养老与社会化养老服务研讨会"纪要[J]. 人口与经济,1999(2):58-64,17.
③ 中华人民共和国中央人民政府. 国务院办公厅关于印发社会养老服务体系建设规划(2011—2015年)的通知. http://www.gov.cn/zhengce/content/2011-12/27/content.6550.htm.

化要靠产业化的途径来实现。服务对象和参与主体的多元化只是解决了资格的问题,而要使得养老服务体系真正实现"社会化"发展,必须通过"产业化"的途径。"产业化"本义是指以行业需求为导向,以实现效益为目标,依靠专业服务和质量管理,形成系列化和品牌化的经营方式和组织形式。"产业化"强调产业本身的生产性、规模性、运营性、职业化。现在讲养老服务的产业化,其实质是指将养老服务业作为一个产业来看待,按照产业的组成要素和发展规律来培育和运营——包括培育多元产业主体,鼓励社会资金的投入,促进养老服务大规模发展,提升养老服务从业者的职业化,带动整个养老服务产业链的发展。①

三、养老服务社会化的发展趋势

(一)"养老在地化"与"养老就近化"相结合,维系家庭养老功能

养老服务社会化并不是完全以社会替代家庭在养老中的作用,恰恰相反,面对家庭变迁对家庭养老能力的侵蚀,在现阶段还需要进一步挖掘和增强家庭养老能力,使之成为养老的重要支撑力量。一方面,"孝"是儒家思想中产生最早、影响最深远的家庭道德观念和伦理文化,具有融洽亲子关系、维护家庭和睦的积极作用。面对传统"孝"文化的弱化,采取适当措施,把"孝"作为家庭伦理的一部分进行弘扬,引导人们重拾关爱父母、尊敬长辈的亲情孝道,对于现代养老文化的建设及家庭养老地位的重塑具有重要意义。② 另一方面,在少子老龄化时代,要维系捉襟见肘的家庭养老功能,就要促进"养老在地化"和"养老就近化"的结合。

"养老在地化"是指健康活跃的老年人最好能在熟悉的、有归属感的地方养老。老年固化现象告诉我们,老年人不适宜长期异地养老,容易"水土不服",产生矛盾和烦恼。所以,从情感上来讲,居家养老模式是契合老年人特点的,这也是绝大多数老年人首选的养老模式。当然,如果是处在空巢状态,居家养老也存在着很多风险。对高龄老人、独居老人、脆弱老人和失能老人而言,困守孤城的居家养老未必是最好的选择,恰恰可能有很多无奈和风险。针对居家养老的风险,应对的策略至少有二:一是未雨绸缪,选择护理型的养老机构,完成养老方式的转型;二是完善社区助老服务,以社区助老之长济居家养老之短。但社区助老服务能否开展起来,取决于诸多因素,如社区中需要服务的老年人口规模,他们需要什么样的服务,以及这样的服务是否符合规模经济的原则或者说是否有利可图,等等。社区服务包括工具性和情感性两个方面,前者可以有偿,后者可以是公益慈善。中国在社区助老服务方面还有很大的提升空间。"养老就近化"是指亲子关系在居住方式上最好保持有距离的亲密,代际分开居住模式契合"端过一碗汤去不凉"的亲情距离,老人通过迁徙投靠儿女,或者相反,老人和儿女最好同在一个地方生活,但各有各的生活方式和生活圈子,保持距离以示彼此尊重;同时,距离还不能太远,否则影响亲密度。但现实往往比想象来得复杂和严峻,即使子女在身边,脆弱的"4-2-1"家庭结构也常常是心有余而力不足。③ 回望过去,家庭养老不仅是制度化的传统,而且是人性化的安排。

---

① 马岚.改革开放四十年我国社会化养老服务的政策演进和发展趋势[J].重庆社会科学,2018(12):16-26.
② 刘益梅.人口老龄化背景下社会化养老服务体系的探讨[J].广西社会科学,2011(7):100-104.
③ 穆光宗:养老,庞大而艰巨的社会工程.https://opinion.huanqiu.com/article/9Cakrnk5Hkf.

(二)拓宽养老服务,建设功能多样的养老机构

养老服务社会化是一个必然趋势,对应于不同类型的老人,需要提供具有不同功能的养老院和养老服务。根据《中华人民共和国老年人权益保障法(修订版)》,国家提出以居家为基础、社区为依托、机构为支撑的养老方针,以及"9073"(90％的老人居家养老,7％的老人实现社区养老,3％的老人进机构养老)或者"9064"(90％的老人居家养老,6％的老人实现社区养老,4％的老人进机构养老)的实施要求。"养老服务社会化"反映了养老在家庭和社会之间分工的变化,即在养老市场的分工体系中,家庭并没有放弃养老的责任,但向社会转移了养老的职能,所以是"社会化养老"而非"社会养老"。对应于不同类型的老人,需要提供具有不同功能的养老院和养老服务。对活跃老人而言,老年公寓或许是合适的选择,关起门是小家,打开门是大家。对失能老人而言,老年护理院则是必然的选择,老年人在这里可以获得专业的护理,过有品质的失能生活。对一般老人而言,生活在不同档次的养老院或者福利院,只要一日三餐无忧,日常生活有人照料,有一起闲话的朋友,不至于太孤独寂寞,就基本可以实现安养、乐活和善终。[①] 我国是社会主义国家,所以要坚持"共享":一方面,要追求"养老的适度福利",体现养老的国家支持和社会反哺责任;另一方面,要追求"养老的公平共享",维护老年人安全,避免老无所养和老无所依。

综合而论,加强养老服务社会化的可复制性,首先要体现社会化服务,把养老当作事业;在定位上把老人看作一种资源,按其能力区别发挥资源价值;此外,要重视经济、文化、习俗等方面的社会差异;同时,也需要有大的思路、顶层设计支撑,从国家发展角度积极应对人口老龄化,完善有效的家庭政策,提高家庭发挥养老功能的能力。

延伸阅读

《"十四五"国家老龄事业发展和养老服务体系规划》摘选

为实施积极应对人口老龄化国家战略,推动老龄事业和产业协同发展,构建和完善兜底性、普惠型、多样化的养老服务体系,不断满足老年人日益增长的多层次、高品质健康养老需求,根据《中华人民共和国老年人权益保障法》《中华人民共和国国民经济和社会发展第十四个五年规划和2035年远景目标纲要》和《国家积极应对人口老龄化中长期规划》,制定本规划。

九、营造老年友好型社会环境

(二十三)传承弘扬家庭孝亲敬老传统美德

巩固和增强家庭养老功能。在全社会开展人口老龄化国情教育,积极践行社会主义核心价值观,传承弘扬"百善孝为先"的中华民族传统美德。建立常态化指导监督机制,督促赡养人履行赡养义务,防止欺老虐老弃老问题发生,将有能力赡养而拒不赡养老年人的违法行为纳入个人社会信用记录。支持地方制定具体措施,推动解决无监护人的特殊困难老年人

---

① 穆光宗:养老,庞大而艰巨的社会工程. https://opinion.huanqiu.com/article/9Cakrnk5Hkf.

监护保障问题。

完善家庭养老支持政策体系。将家庭照护者纳入养老护理员职业技能培训等范围,支持有关机构、行业协会开发公益课程并利用互联网平台等免费开放,依托基层群众性自治组织等提供指导,帮助老年人家庭成员提高照护能力。支持有条件的地区对分散供养特困人员中的高龄、失能、残疾老年人家庭实施居家适老化改造,配备辅助器具和防走失装置等设施设备。探索设立独生子女父母护理假制度。探索开展失能老年人家庭照护者"喘息服务"。

专栏 8　中华孝亲敬老文化传承和创新工程

每年在重阳节当月开展为期一个月的"敬老月"活动,广泛组织动员政府部门、社会组织、企事业单位和家庭个人,以走访慰问、权益维护、文化活动、志愿服务、主题宣传等多种方式,为老年人办实事、做好事、献爱心。

每年举办一次中华孝亲敬老文化传承和创新大会。持续开展全国"敬老文明号"创建和全国敬老爱老助老模范人物评选,营造养老孝老敬老社会氛围。

深入开展人口老龄化国情教育,增强全社会人口老龄化国情意识,推动形成积极应对人口老龄化广泛共识。

(二十六)培育敬老爱老助老社会风尚

营造良好社会氛围。健全老年人权益保障机制,加强老龄法治建设,加大普法宣传教育力度。鼓励各地争创积极应对人口老龄化重点联系城市,开展全国示范性老年友好型社区创建活动,将老年友好型社会建设情况纳入文明城市评选的重要内容。加强老年人优待工作,鼓励各地推广与当地文化风俗、经济社会发展水平相适应的敬老爱老优待服务和活动。

积极发挥多方合力。建立健全为老志愿服务项目库,鼓励机构开发志愿服务项目,支持公益慈善类社会组织参与,引导在校生志愿服务和暑期实践、相关专业学生社会实习、社会爱心人士志愿服务等与老年人生活服务、健康服务、精神慰藉、法律援助等需求有效对接。围绕关爱老年人开展慈善募捐、慈善信托等慈善活动,依法加强对慈善组织和慈善活动的扶持和监管。

案例思考

材料一　家庭养老床位:需求引领　创新驱动　支撑家庭养老功能

一人失能,全家失衡。随着人口老龄化程度的加深,失能老人数量增多,传统的家庭养老模式遭遇专业能力、照料精力的挑战。

在 2021 年 2 月 23 日召开的国务院新闻办发布会上,民政部表示,"十三五"期间,全国 203 个地区进行了居家社区养老的改革试点,家庭养老床位这一创新举措极大缓解了家庭养老的难处,符合当下养老服务需求以及养老行业发展现状,受到广大老年人的好评。今年全国两会上,有关家庭养老床位建设的话题,引发社会各界积极讨论。

1. 家庭养老床位在改革试点中应运而生

家庭养老床位是在"居家社区机构养老相协调"的指导思想下,在国家大力扶持社区居家养老服务改革试点中产生的创新举措。

"十三五"期间,国家大力发展社区居家养老服务,民政部、财政部自2016年至2020年,连续5年在全国开展了五批社区居家养老服务改革试点。作为第一批试点城市,江苏省南京市2017年率先开展了家庭养老床位建设探索。此后,随着国家政策的激励扶持,社区居家养老服务改革试点扩展到全国203个地区,各地通过探索创新,开展了一系列家庭养老支持工作。

北京、上海、青岛、广州、苏州、杭州、西宁、成都等地纷纷探索"家庭养老床位"服务模式。无论是真金白银的"适老化改造"补贴,还是专业的上门护理服务,乃至开启夜间照护服务,各地探索实践亮点纷呈。

2019年9月,民政部印发《关于进一步扩大养老服务供给 促进养老服务消费的实施意见》,在"积极培育居家养老服务"的部分明确:养老机构、社区养老服务机构要为居家养老提供支撑,将专业服务延伸到家庭,为居家老年人提供生活照料、家务料理、精神慰藉等上门服务,进一步做实做强居家养老。该意见明确提出:"探索设立'家庭照护床位',完善相关服务、管理、技术等规范以及建设和运营政策,健全上门照护的服务标准与合同范本,让居家老年人享受连续、稳定、专业的养老服务。有条件的地方可通过购买服务等方式,开展失能老年人家庭照护者技能培训,普及居家护理知识,增强家庭照护能力。"

随着各地社区居家养老服务改革的扩面和深入发展,家庭养老床位建设取得了良好的社会效应。

2. 需求导向兼具经济和社会效益

"家庭养老床位是应对人口老龄化加速发展的有效举措。"全国人大代表、安徽省民政厅副厅长耿学梅表示。受传统文化影响,中国人对家庭的安全感和归属感尤为看重。有数据显示,90%以上的老年人倾向于选择就地居家养老。从这个意义上看,家庭养老床位不仅比机构节省了费用,而且能在熟悉的环境中得到机构养老的专业服务,符合大多数老年人"养老不离家"的现实需求。

"有关试点城市发现,当达到一定规模后,投入一个家庭养老床位的费用是投入一个机构养老床位的1/5。"民政部数据表明,对养老服务的供给方来说,家庭养老床位更是节省了机构养老所需的土地和建设费用。

"目前南京市已经开设了5701张家庭养老床位。如果按照100张床位的中等规模养老院来算,相当于建设了50多个中等规模的养老院。"南京市民政局养老服务处处长周新华接受采访时表示,家庭养老床位将成为未来养老服务发展的一个重要方向。

将养老机构的专业化照护延伸到家庭,是家庭养老床位的核心价值所在。在九如城养老集团董事长谈义良看来:"适老化改造、远程监测、康复治疗等个性化服务能为居家老年人提供更周全的照护服务。"

"家庭养老照护床位的建设,降低了床位的建设及服务成本,弥补了居家养老服务专业化不足的问题,缓解了家庭照护压力,值得全面推广。"北京市朝阳区家庭养老床位运营团队安达人和(北京)科技有限公司总经理卞宗德深有同感。

3. 家庭养老床位还需规范发展

家庭养老床位以养老机构为依托、以社区养老服务中心为支点,将专业化养老服务辐射延伸至家庭。辐射服务的范围受到每个区域、城市的养老机构布局影响。因此,业内专家建议,"搭建科学的格局和服务体系,是发展家庭养老床位的必要条件"。

"鼓励有条件的养老机构开办家庭养老床位,引导老年人就近就便居家照护。家庭养老床位综合运营补贴标准应同等或高于养老机构床位财政补贴标准。"针对失能半失能老年人的照护需求,耿学梅代表建议逐步总结上海、江苏、浙江等地先行经验,搭建政策法规框架,完善家庭养老床位建设规范标准,实行全国统一又便于操作的标准化质量管理。积极探索建立更加科学的家庭养老床位服务指标体系、评估体系和监督体系,以及管理服务质量标准,避免缺乏统一规划、碎片化、重复投入造成的资源浪费。用系统思维、信息化手段和统筹集成方法将涉及家庭养老床位项目统一打包建设。

目前,民政部对各地探索发展家庭养老床位的做法进行了指导总结。对于下一步家庭养老床位的发展思路,民政部养老服务司相关负责人表示:"十四五"期间,将进一步扩大试点范围,提高家庭养老床位在中心城区或老龄化程度较高地区的覆盖面,支持家庭承担养老功能;进一步规范服务,组织编制家庭养老床位设置和服务标准,将家庭养老床位纳入养老服务支持政策和综合监管范围;进一步加强支撑保障,在布局养老服务机构时,尽量考虑为家庭养老床位提供技术支撑,持续发力,指导各地在街道发展综合功能的社区养老服务机构,在社区发展嵌入式养老服务机构和日间照料机构,在家庭发展家庭养老床位,形成街道、社区衔接有序、功能互补的社区养老服务网络,满足广大老年人就近就便养老服务需求;持续推进养老护理员职业技能提升行动,到2022年底培育培训200万名养老护理员,为家庭养老床位提供人才保障。

(根据《中国社会报》2021年3月11日文章《家庭养老床位:需求引领　创新驱动　支撑家庭养老功能》资料整理,记者马丽萍。)

材料二　福州:把养老床位"搬"到家

近日,家住福州市鼓楼区的张依伯,迎来一件大喜事——他与鼓楼区洪山镇金牛山社区家园签约,落地了鼓楼区首张家庭养老床位。

"感谢这项试点工作,这解决了我父亲的大麻烦!"张依伯的儿子介绍,张依伯年近80岁,近10年来因患有多种老年疾病,经常出入医院。他脑部因疾病动手术后留下后遗症,生活不能自理,日常用药、保健等特别需要专业人员指导,频繁来回医院多有不便。为了照顾父亲,张先生辞去工作,全职护理。"但我自己年龄也大了,时常感到力不从心。"他说,如果能把病床搬到家中,那得多好!

去年10月,福州市被纳入实施居家和社区基本养老服务提升行动项目的全国首批试点城市,为全省唯一,这为张先生家减轻养老压力带来了良机。

张先生通过社区了解到,鼓楼区作为试点范围,正在建设家庭养老床位。近日他与金牛山社区家园签约,此后,张依伯在家中可享受专业护理、远程问诊、24小时紧急呼叫响应等专业养老服务。

签约后,张依伯有了专门的护理员,其在约定的时间内上门提供护理服务。记者看到,在老人家中,护理员托着张依伯的腿,对他的身体情况进行检查,不时地询问"这里会不会痛",并辅助开展功能锻炼。

床位旁还有"数字护理员"。技术人员接入了适老化的老年伴侣音箱,指导张先生操作使用。

"这个数字护理员,可以为张依伯测量血压血糖,实时记录数据,进行分析。他身体不适时,家属可以通过音箱与医护人员一对一咨询。"鼓楼区民政局相关负责人介绍,它还有紧急呼救功能,触摸屏幕或呼叫,就会自动联系紧急联系人、服务机构。预计2月底,鼓楼区将建设这样的家庭养老床位675张。

以鼓楼区为代表,目前福州在国家政策和专项公益金支持下,推进家庭养老床位建设相关工作,并已完成相关工作制度体系的整体构建。

从已签约的148户家庭实施情况来看,试点获得了市民的广泛欢迎。"家庭养老床位建设以专业养老照护机构为支撑,以15分钟养老服务圈为半径,以家庭为基础,能有效解决中心城区养老空间紧张、居家养老服务专业化不足的问题。"福州市相关负责人介绍,试点在硬件上进行适老化改造,包括安装远程视频监控、紧急呼叫等,"软服务"方面则包括16项生活护理服务和10项专业护理服务等。

目前,试点"家庭养老床位"不收取建床费,其他的专业服务可以按需购买。如果是60周岁以上、月收入在3266元以下、经评估轻度失能及以上等级的,还可享受政府补贴政策。

(根据《福建日报》2022年2月25日文章《福州:把养老床位"搬"到家》资料整理)

问题:1. 家庭养老床位产生的背景是什么?
2. 家庭养老床位有何优势?
3. 家庭养老床位在发展过程中遇到什么障碍?
4. 如何更为有效地推进家庭养老床位的发展?

本章关键术语

家;家文化;家庭养老;家庭政策

本章思考题

1. 如何界定"家文化"?
2. 新时代中国"家文化"有何新发展?
3. 家庭养老有何特征?
4. 近百年来,中国家庭养老政策的演变特征是什么?
5. 如何在优势视角下,实现中国家庭养老功能的复归与重塑?

第三章 养老服务政策体系

本章学习引导: 本章介绍了养老服务政策的制定过程、类型、体系等基础知识,新中国成立以来我国养老服务政策发展历程、发展特点、发展趋势,让学生更系统、全面地理解我国养老服务政策。

本章学习重点: 养老服务政策制定原则与过程;养老服务政策类型与体系;我国养老服务政策变迁历程与发展趋势。

第一节 养老服务政策概述

一、我国养老服务政策的制定过程

养老服务是与经济社会发展水平相适应,以满足老年人养老服务需求、提升老年人生活质量为目标,面向所有老年人,使他们在生活照料、康复护理、精神慰藉、紧急救援等方面获得良好支持的一系列活动。[①] 为了更好地发展纷繁复杂的养老服务,应当制定各类养老服务政策,对养老服务对象、内容、过程等方面进行管理。在制定养老服务政策时,一般遵循以下基本原则。

一是坚持以人民为中心。新时代坚持和发展中国特色社会主义必须以人民为中心,完善和发展我国养老服务体系和养老服务政策也不例外。以人民为中心是坚持马克思唯物史观的基本立场,是对中国共产党执政规律的深化,也是对社会主义建设规律和人类社会发展规律的正确认识。中国共产党从成立之日起,党的领导人就始终把人民群众的利益放在首位,从毛泽东的"全心全意为人民服务",到邓小平的"三个有利于",从江泽民的"三个代表"重要思想,到胡锦涛的"科学发展观",再到如今,以习近平同志为核心的党中央提出的新时代中国特色社会主义思想,更加明确了要以人民为中心,实现中华民族伟大复兴的中国梦。社会福利是保障人民正常生产生活的最后防线,体现了政府理应为人民提供各项服务,满足人民群众的各类需求。这不仅是政府应尽的责任与义务,更是中国特色社会主义建设的必然要求。坚持以人民为中心的发展理念,即强调养老服务政策应以老年人的服务需求与群体特点为导向,为老年人提供安全且体面的服务。

二是坚持效率与公平相结合。如何更好地处理效率与公平的关系是我国社会在发展过程中始终存在的难题,这关系到养老服务体系在建设过程中是否能够公平可持续,关系到社会是否能够和谐稳定运行。养老服务政策的制定要始终坚持效率与公平相结合的原则。在保证实施效果的同时要确保个体公平标准不能出现歪斜,而这种公平也并不只是单纯体现

[①] 沙勇,周建芳,白玫.养老服务管理[M].北京:社会科学文献出版社,2019:29.

在覆盖率等数据指标上。

中国地幅辽阔,区域性差异远大于欧美国家,实现绝对公平是天方夜谭。因此,在具体的政策规划与实施过程中,必须充分结合实际情况,使当地政策能够更精确地与本地发展状况相吻合。公平是机会公平和结果公平的结合,政策制定要在覆盖全体老年人的基础上更加关注个体差异,努力实现相对公平,保证政策结果均衡。政策实施必须注重执行的速度和效果,不能单纯追求覆盖,应确保政策落到实处,目标人群得到相应保障。

三是坚持立足国情,从实际情况出发。经济基础决定上层建筑,养老服务政策的发展一定要与我国经济发展水平相适应。养老作为一项社会问题,其解决是以一定的经济基础为条件的。如果养老服务政策的制定与国家的发展水平不同步,既不利于养老服务体系的完善,也会激化人民内部矛盾,有损社会整体的和谐稳定发展,反噬经济体系正常运转。我国虽仍处于社会主义初级阶段,但在养老服务方面,日益增长的养老服务需求与不平衡不充分的养老服务供应之间存在巨大的矛盾。在当前阶段,国家制定养老服务政策时一定要考虑养老服务需求与供给间的平衡,从实际情况出发,建设具有中国特色的社会主义养老服务政策体系。

在我国,养老服务政策发展过程一般包括养老服务政策制定、执行、评估、监控和终结五个环节。

养老服务政策制定。政策制定是公共政策发展的首要阶段,包含建立政策议程、规划政策方案、政策合法化等内容。在养老服务政策制定过程中,首先,需要建立政策议程,即将政策问题提上政府议事日程,纳入决策领域的过程。其次,需要规划政策方案,即对政策问题进行分析研究并提出相应的解决办法或方案的活动过程,包括问题界定、目标确立、方案设计、后果预测、方案抉择五个环节。最后,需要政策合法化,即法定主体为使养老服务政策方案获得合法地位而依照法定权限和程序所实施的一系列审查、通过、批准、签署和颁布政策的行为过程。

养老服务政策执行。政策执行是指在政策制定完成之后,将政策方案的内容转化为客观现实的过程。养老服务政策执行是政策执行者结合实际情况综合运用多样化、交叉化的政策执行手段[①]将养老服务政策落地的过程,主要包括政策宣传、政策分解、物质准备、组织准备、政策实验、全面实施、协调与监控等环节。

养老服务政策评估。养老服务政策评估是指依据一定的标准、程序和方法对正在运行的养老服务政策的效率、效益及价值等执行效果进行测量、分析、评价的过程,旨在获取公共政策实行的相关信息,以作为养老服务政策维持、调整、终结、创新的依据。

养老服务政策监控。政策监控是政策监督与政策控制的合称,是为了实现政策的合法化与保证政策的贯彻实施而对政策的制定、执行、评估和终结等活动进行监督与控制的过程,其具有保证政策合法化、保证政策的贯彻实施、实现政策的调整与完善,以及促使政策终结等作用。

养老服务政策监督是政策监控主体从一定制度、法规的依据出发,对养老服务政策系统的运行,包括政策的制定、执行、评估及终结活动进行监视和督促的行为。养老服务政策控

---

① 包括行政手段、法律手段、经济手段、思想诱导手段等。

制是指政策监控主体为了保证养老服务政策的权威性、合法性和政策的有效执行,为达成特定的政策目标而对政策过程中,尤其是执行过程中的偏差的发现与纠正的行为。

养老服务政策终结。养老服务政策终结是政策决策者通过对养老服务政策或项目进行慎重的评估后,采取必要措施以中止那些过时的、多余的、不必要的或无效的养老服务政策或项目的一种政治(或政策)行为,其具有强制性、更替性和灵活性三个特征,起到节省资源、提高绩效、避免僵化和优化政策等作用。

二、养老服务政策类型

政策工具作为解决公共政策问题的有效手段之一,依据的标准不同,其类型也不尽相同。实践中,针对政策工具主要有以下几种分类方式:① 麦克唐纳尔和艾莫尔依据政策目标将政策工具分为命令型、激励型、能力建设型及系统变化型四大类;② 施耐德和英格拉姆把政策工具分为激励型、能力建设型、符号型、规劝型及学习型五大类;③ 霍莱特和拉梅什依据政府介入强度把政策工具分为自愿型、强制型和混合型三大类;④ 罗斯威尔和泽格菲尔德把政策工具分为供给型、需求型和环境型三大类。

在罗斯威尔和泽格菲尔德的分类方式中,供给型政策工具强调政府通过直接供给的方式,提供资金、公共服务、科学和技术等资源实现政策目标;需求型政策工具主要作用于市场维度,包括公共采购、海外代理等;环境型政策工具突出环境的影响作用,通过法律与监管、规制、税收、金融、信贷等手段塑造良好的发展环境。

借鉴罗斯威尔和泽格菲尔德的分类思想,将养老服务政策分为供给型、需求型和环境型,主要原因有二:第一,该理论模型本身有更具体、明晰的二级分析类目,易于操作使用,与我国当前及今后一个时期的养老政策环境相适应;第二,该种分类方式淡化了政策工具的强制性特点,强调政府应持续由管理型向服务型政府转变,同时凸显供给和需求的特性,带有明显的市场化取向,恰与近年国家强调的"供给侧结构性改革"相吻合。这三种政策工具的交集形成养老服务可持续、高质量发展的合力,能够较好地揭示不同政策所发挥的影响力和作用力(见图3.1)。

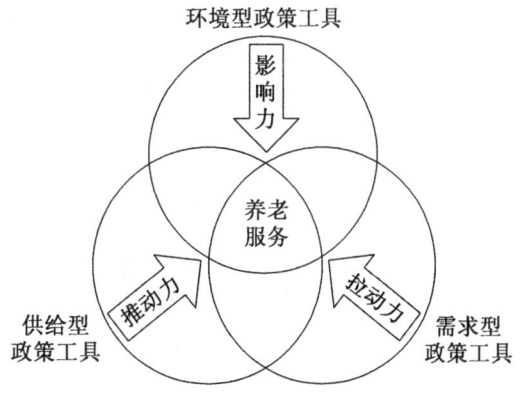

图3.1 政策工具对养老服务政策的作用原理图

供给型政策工具表现为政策的推动力。指政府为增加养老服务供给,推进养老服务体系建设发展,通过各要素、各手段助力养老服务的供给侧改革。可具体细分为设施设备建设、人才队伍建设、资金投入补贴、科技信息支持。

需求型政策工具表现为政策的拉动力。意指政府运用购买社会化养老服务等手段,尽可能减少阻碍养老服务发展的负外部性因素,增强养老服务的可得性与可及性,激发服务对象的需求活力,与供给型政策工具协同发挥推动作用。可具体细分为政府购买、服务外包、贸易管制。

环境型政策工具表现为养老服务政策的影响力。是指综合考虑服务供给和需求因素，通过环境型政策的产出营造健康有利的市场环境，间接推进养老服务全面可持续发展，形成正外部性效应。可具体细分为目标规划、监管评估、法规管制、金融服务、政策优惠和策略性措施。上述3类共13种政策工具具体含义如表3.1所示。

表3.1 政策工具分类及其含义

政策工具类型	政策工具名称	政策工具含义
供给型	设施设备建设	指政府加强养老服务中心、机构等基础设施建设，规划、划拨养老用地，新建、改造养老配套设施。
	人才队伍建设	政策内容中涉及提升养老服务人员专业化水平，比如养老护理员的职业技能培训、教育、入职奖励及岗位津贴制度的规定等。
	资金投入补贴	指政府通过划拨专项资金，对与养老服务体系建设相关的项目直接提供财政支持或是发放资金补贴。
	科技信息支持	指养老服务中信息技术能够发挥作用的环节，包括政府建设养老服务信息平台，构建智慧养老，"互联网＋"养老模式，实现供给需求数据精准传输。
需求型	政府购买	指政府向社会力量购买公共服务，提高公共服务供给的质量，例如在购买居家养老服务方面，主要包括为符合政府资助条件的老年人购买助餐、助浴、助洁、助急、助医、护理等上门服务。
	服务外包	指政府鼓励、支持社会力量积极参与养老服务体系建设，以招投标方式将养老服务项目外包给民办专业机构，包括"PPP""公建民营"等。
	贸易管制	指政府通过各项制度措施，规范、监管养老服务交易和海外合作等，更好地扩展养老服务领域和覆盖范围。
环境型	目标规划	涉及养老服务原则上要达成的近期或远期目标，提供相关实施规划和方向性指导。
	监管评估	涉及政府部门、监管机构等对养老机构一切活动行为的监督、管理，以及对养老服务供给与需求的评估。
	法规管制	政府通过颁布法律法规、政策文件、规章制度等，规范养老服务市场，惩处违规行为等。
	金融服务	指政府通过融资、特许、建设基金、放宽金融限制等政策手段筹措资金，推动养老服务发展。
	政策优惠	指政府通过土地、规费、税费优惠等政策措施激励养老服务事业和产业的发展。
	策略性措施	主要通过规范健全、探索引导、激励发展等举措，优化养老环境，营造良好的养老氛围，完善多层次、多样化养老服务供给。

三、养老服务政策体系

（一）养老服务政策主体

养老服务政策主体为直接或间接参与养老服务政策制定、执行、评估和监督的个人、团体或组织。政策出台是各机构反复博弈的结果,养老服务政策通常以联合行文的形式颁布。[1] 因此,我国养老服务政策主体具有多元化的特点[2],形成了"核心-半边缘-边缘"的基本格局。民政部是养老服务政策的主要制定和实施机构,国家卫生健康委员会、全国老龄委、财政部、发展改革委处于政策网络核心位置,五部委之间不仅合作密度较大,而且在信息整合、政策制定、资金支持、养老服务与自身优质资源结合等方面发挥着关键的作用。由于养老问题复杂多样且各部门职能有所差异,故各部门虽联系紧密但关注点有所侧重。在养老服务政策执行中,多部门之间进行沟通与协调,政府多头管理的特征较为显著。[3]

（二）养老服务政策客体

养老服务政策客体为养老服务政策所发生作用的对象,主要有各类养老服务组织（既包括非营利组织,也包括企业）、社区、志愿者、老年人及家庭。[4] 其中,老年人作为我国养老服务政策的主要目标群体经历了由过去重点保障优抚对象和城乡"三无""五保"老年人到中低收入失能半失能老年人等群体,再到一般老年人群体转化的过程,覆盖面逐渐扩大。[5] 党的十九届四中全会通过的《中共中央关于坚持和完善中国特色社会主义制度 推进国家治理体系和治理能力现代化若干重大问题的决定》提出"加快建设居家社区机构相协调、医养康养相结合的养老服务体系",更加明确了各政策客体的定位与责任。

（三）养老服务政策内容

近年来,养老服务政策内容从单一的机构养老管理,扩大到了养老体系建设、服务设施（土地）建设、老年人权益保护、政府购买、医疗康复、金融支持、人才培养、能力建设等领域[6],在养老服务政策内容方面主要有三种学术主流观点。

其一,政策内容以"保障化"与"社会化"进行区别。保障化政策多为提供低偿或免费的服务,主要政策对象为"五保"、特困、独居、孤寡等弱势老年人群体,国家通过投入必要的资金向目标群体提供保障其生活、医疗、康复、精神等方面的服务;社会化政策属于自费型服务,主要政策对象为有需求的老年人群体。

其二,政策内容有"广义"与"狭义"的区分。广义的政策内容覆盖整个行业,既包括服务设施的提供,消费产品与照护服务,又包括延伸的家政、老年用品、医疗、娱乐、心理咨询等服务。除此之外,还包括配套的财政、人才、技术、监管等政策。狭义的政策内容单指为老年群体提供生活照料性质的服务。

其三,政策内容依据供给方式不同,可以分成居家、社区、机构养老服务。该观点认为作为一种准公共服务政策,政策的内涵和属性具有福利性、公共性特点。[7] 就居家和社区养

---

[1] 朱笑笑,糜泽花,钱爱兵.政策文献计量视角下江苏省养老服务特征及优化策略[J].中国卫生事业管理,2020,37(3):227-231.
[2] 汪泳,刘桂华.政策网络治理视域下我国政府养老服务政策内容分析及优化[J].理论探讨,2019(4):171-176.
[3] 付舒.我国养老服务政策行为者行动特征及其协同治理挑战——基于政策网络视角的文本量化分析[J].南通大学学报（社会科学版）,2019,35(4):75-84.
[4] 汪泳,刘桂华.政策网络治理视域下我国政府养老服务政策内容分析及优化[J].理论探讨,2019(4):171-176.
[5] 韩艳.中国养老服务政策的演进路径和发展方向——基于1949—2014年国家层面政策文本的研究[J].东南学术,2015(4):42-48,247.
[6] 汪泳,刘桂华.政策网络治理视域下我国政府养老服务政策内容分析及优化[J].理论探讨,2019(4):171-176.
[7] 卢继峰.我国养老服务政策变迁与演进逻辑研究[D].广西大学,2020.

服务而言,政策内容主要围绕无障碍、适老化设施的建设,关注居家和社区养老服务的专业化、便捷化发展;就机构养老服务而言,政策内容主要围绕养老机构的建设与功能完善展开,政府大力支持兴办养老机构并对其进行标准化管理,以保障社会基本养老需求。

第二节 新中国成立以来我国养老服务政策发展历程

一、新中国成立之初的政策探索

新中国成立之初百废待兴,国民经济遭到严重摧残,人民生活极为艰苦。为尽快恢复经济,巩固新生政权,改善人民生活,国家采取了稳定物价、统一财政、建立国营经济、恢复和发展生产等一系列措施。与此同时,在借鉴苏联社会保障制度的基础上,人民政府也建立起了适应当时发展趋势的与经济体制配套的社会福利制度,其中就包括面向老年人的社会福利制度。在国家工业化的战略指导下,国家集中优势资源优先发展城市和工业,实行工农业产品"剪刀差",并采用城乡分离的发展战略。受此影响,包括养老服务在内的社会福利呈现出二元分割的状态。城市中主要实行政府救济及单位保障制度,由家庭和单位为城市老年人提供养老服务,由政府为"三无"老年人提供救济福利。农村地区除了延续传统的家庭养老和集体互助外,国家通过"五保供养"政策对"五保"老人进行集中供养服务。

(一)城市的政府救济和单位保障

新中国成立之初,新生人民政府面临大量社会问题,其中就包括如何对城市中流离失所、无依无靠的人员进行安置与救济。1950年,第一次全国民政会议明确指出要将民政工作的重心放在政权建设、优抚和救灾上。1952年8月,《关于城市救济福利工作的报告》发布,报告指出由民政部门设立福利机构以保障城镇孤寡老人及残幼人员。当时负责收容这类群体的机构主要由国民政府时期遗留下来的救济院、慈善团体改造而来,被称为生产教养院。1953年,《第二次全国民政会议决议》将优抚与救济纳入民政部门的主管业务,对生产教养院的整顿提出要求,明确其收容对象仅为无依无靠且无法维持生活的残老孤幼,指明了老年人的收养救济方向。据统计,截至1953年,全国城市中有920个社会福利事业单位,收留约10万孤老。福利救济机构错收乱收情况经过几年整治得以缓解,在1955年第三次全国民政会议后,内务部开始设立专门的老、残、儿童福利院,点明其性质为社会福利机构,将社会福利与救济和劳动教养进行区分。1959年开始,社会福利单位不再提"教养"二字,原来的残老及生产教养院亦更名为养老院和社会福利院。截至1963年,全国已有1 660个城市社会福利单位,其中包含237所养老院和489所社会福利院,累计收养老人达4万名。

计划经济时期,中央统一管理财政经济,对人们的基本生活资料进行统购统销和配给。在老年福利方面,政府一方面为城市中的"三无"老人提供集中供养服务,另一方面通过单位的形式对有单位的老人提供全面福利。1955年,国务院发布《关于国家机关工作人员退休暂行办法》,规定单位编制内职工退休后的养老由原单位负责,而编制外未就业人员的养老生活由各自家庭负担。1956年前后,我国初步形成了"国家-单位保障"的福利保障制度。此后,有关城市老年人的社会福利工作逐步纳入政府的规范管理之中,但期间受一些因素影响,我国社会福利事业的发展遭遇沉重打击。

(二) 农村的"五保"供养政策

这一时期,农村实行人民公社制度,同时,受农村传统孝文化的影响,以及户籍制度建立后限制人口流动政策的实施,绝大多数农村老年人是依靠家庭和公社集体互助供养来养老。党和国家在这一时期尚未对农村养老服务提出针对性的政策,针对农村老年人养老采取的措施主要体现在对农村的"五保供养"制度上。1956年,第一届全国人民代表大会第三次会议通过《高级农业生产合作社示范章程》,要求对农村"三无"老人实行保吃、保穿、保烧、保安葬,后发展为保吃、保穿、保住、保医、保葬,即"五保"供养制度。同年,中共中央出台《1956—1967全国农业发展纲要》,指出农业合作社要对社内的鳏、寡、孤、独社员予以安排,对其实行"五保"。除实行"五保"供养制度之外,政府还协助农村人民公社建立敬老院,对不能自理的孤老实行集中供养,这也意味着国家开始关注农村养老服务的发展。

"五保"制度形成后,国家出台的《关于人民公社若干问题的决议》中也提到由村社为鳏寡老人直接提供养老服务,进一步指明了农村养老服务的供给来源。据统计,1958年我国农村敬老院数量已达15万,收养的老人超过300万。

(三) 阶段特征:针对性政策未形成,政策目标受限

新中国成立初期,老年问题尚未成为严重的社会问题,养老服务还属于社会福利范围,并没有形成一个独立的概念和服务形态。当时政府未设专门的部门负责,也未出台针对性的养老服务政策,养老服务相关内容仅作为社会福利制度的一部分,隐含在国家政策中。虽然养老服务政策并未作为一个独立的政策概念单独出现在政府工作中,但是可以看出政府并未缺失对老年群体的照顾。

计划经济体制时期,建立的包含养老在内的社会福利制度体现了国家对人民群众的照顾与关怀,保障了城乡困难个人和家庭的基本生活。但由于新中国成立不久,我国经济发展水平有限,在"先发展、后福利""先生产、后生活"的口号指导下,国家给予个人的福利待遇保持在较低水平,因此养老服务的政策目标对象以城市"三无"和单位职工老人及农村"五保"群体为主,并未面向全体老年人。

在养老服务形式上,这一时期以家庭供养为主,国家和集体的扶持为辅。养老服务供给方式由政府主导,通过行政手段调控福利资源并进行资源分配,缺乏社会和市场的参与。养老服务方式以提供基础的福利性救济为主,形式较为单一,且农村与城市之间的养老服务呈现二元分割的态势,农村养老服务水平严重低于城市,发展水平存在极大差距。

二、改革开放时期的初步构建

全世界范围内老年人口的快速增长严重影响着政策的制定与实施,同时为老年人所设想、制定和实施的各项政策和规划,往往存在象征性、片面性等问题。为获得解决老年人问题的新办法,了解各国的计划和政策,世界老龄问题大会顺势召开。1982年,第一届老龄问题大会通过了《老龄问题国际行动计划》,为各国老龄问题的解决指明新的方向。自20世纪80年代起,人口老龄化问题开始进入我国学者的研究视线。

改革开放以来,随着民政部的恢复重建,包括养老服务在内的各项民政业务也逐步恢复、发展与完善。我国创设了由政府机关、研究机构和媒体组成的老龄问题全国委员会,负

责研究和制定战略规划,促进国际合作和交流。同时,全国各地也开始成立老龄工作机构,从中央到地方的工作网络开始生成。国家开始发布第一批养老服务相关的政策,推动养老服务事业的初步发展。

(一)养老服务社会化起步

在社会主义市场经济体制改革中,城市国有企业改革,原有的单位福利体制被打破;农村撤销人民公社,家庭联产承包责任制正式推行。计划经济体制向市场经济体制的转型削弱了国家或集体(单位)为保障养老服务提供的经济支持,大量离退休人员和下岗职工的养老服务问题无法得到有效解决。随着人民生活水平的提升,消费结构多元发展,城乡社会养老需求与日俱增,养老服务需求与供给之间的矛盾日益突出,加之计划生育政策极大改变了我国人口结构,种种现实条件促使国家开始进行社会福利改革。

20世纪80年代起,党和政府采取保护扶持政策助力福利生产,但产供销渠道不通、资金不足等情况仍严重制约着社会福利生产事业的发展,仅靠国家和政府扶持社会福利事业已不能满足现实发展需要。因此,国家开始改革社会福利事业。1984年11月,民政部召开漳州会议,首次勾勒了"社会福利社会化"的构想,提倡由国家包办社会福利事业转向国家、集体、个人共办,支持城市社会福利院和农村敬老院面向社会老年人。同年,《关于进一步保护和扶持社会福利生产的通知》发布,将养老服务对象由"三无""五保"老人转向所有老年群体,开启了养老服务社会化的新局面。

1993年,民政部等14部门联合印发《关于加快发展社区服务业的意见》,首次提出"养老服务"这一概念,将养老服务项目纳入社区服务业的范畴,提出了"85%以上街道兴办1所社区服务中心、1所老年公寓(托老所)"的发展目标和"立足民政,面向社会,为老年人提供社会福利服务"的基本任务,社区养老开始进入人们视线。同时,为进一步推动养老服务社会化发展,民政部出台《国家级福利院评定标准》,鼓励企事业单位、社会组织和个人参与社会福利机构的创办,加强对国家级养老院及社会福利机构的管理,推动机构养老的发展,为之后全面鼓励社会力量和民营资本进入养老服务行业奠定了基础。

20世纪90年代以来,国家工业化和城市化迅速发展,城乡体制改革深入推进,社会呈现人口老龄化和家庭小型化趋势,当时预测,我国将于2000年进入老龄化社会。综合考量联合国大会要求及我国实际情况后,政府开始着手进行战略性政策准备及立法工作。1994年,民政部等10部门颁布首个全面规划老龄工作和老龄事业发展的重要指导性文件——《中国老龄工作七年发展纲要(1994—2000年)》,指出要坚持家庭与社会养老相结合,这是我国从国家层面对养老服务政策体系进行的初步探索。

1996年,国家出台《中华人民共和国老年人权益保障法》,从法律层面为家庭养老及社会化养老提供支持,指出老年人养老主要依靠家庭,同时国家鼓励、扶持社会组织和个人兴办各类老年服务设施及场所。1998年以来,为推进社会福利社会化,民政部选定上海、温州等13个城市进行试点,取得一定成效。在国家政策引导和资金扶持下,国有福利机构得以改造和新建,民办福利机构的数量也大量增加。截至1999年底,全国社会服务机构已从1978年的8 571个增至40 430个,床位数从1978年的16.3万张增至108.9万张,其中,收养人群绝大多数为老年人。[①] 多渠道、多形式发展社会化养老的局面开始形成。

(二) 农村养老服务纳入议程

随着人民公社的取消及家庭联产承包责任制的实行,农村集体经济一度萎缩,农村原有的"五保"供养制度受到经济冲击,农村养老服务工作也因缺乏资金陷入停滞。随着户籍制度的进一步放宽,农村大量年轻劳动力想要到城市寻求更多发展机会,传统农村依靠家庭和集体提供养老服务的模式亟待改进。

1984年,社会福利社会化改革开始,农村养老服务逐步向社会化方向发展,除了鼓励农村地区通过多途径、多种力量兴建养老机构外,为孤寡老人提供兜底保障的"五保"供养服务也在持续进行。《中国老龄工作七年发展纲要(1994—2000年)》指出,农村应在家庭养老的基础上结合社区扶持,鼓励有条件的地区建立养老基地和养老基金,同时切实保障孤寡老人的"五保"待遇。1996年的《中华人民共和国老年人权益保障法》,为农村地区兴建养老基地提供了法律支持,并明确"五保"群体的供给来源。1997年,《农村敬老院管理暂行办法》出台,鼓励社会力量参与农村养老服务设施建设,适当扩大敬老院供养对象范围。在国家政策的鼓励下,截至1999年,农村敬老院数量已增至37 344个,收养老人总量约62.5万人。[②]

(三) 阶段特征:政策文件初成,目标对象扩大

在这一时期,国家开始形成第一批较为正式的养老服务政策文件,养老服务政策开始走向标准化、规范化。随着人口老龄化问题的凸显,国家对老年群体愈发重视,发布的政策文件中的养老服务受众对象已不再仅面向特定的"三无""五保"老人,而是覆盖整个老年群体。

在养老服务供给方面,供给主体已经不再由政府独揽,社区、街道、企业、个人等多种社会主体开始参与到养老服务之中。国家鼓励社会力量积极参与养老服务建设,市场与社会的养老服务功能不断增强,民办养老服务机构开始兴起,养老服务发展开始走向社会化和多元化。

党的十四届三中全会决定建立社会主义市场经济体制,加快了我国改革开放和现代化建设的步伐。随着现代企业制度的改革,机构养老逐渐兴起,养老服务机构性质从完全行政化转向院长负责制,从供养救济单位向社会化福利机构转型;养老服务方式从单纯供养型转向供养康复型,服务类别也由原来的仅提供基础性救济扩展为老年人提供更多的社会福利服务。

总的来说,这一时期养老服务虽然被提上了国家政策议程,但并未成体系。同时,由于国家正处于向市场经济转型的过程中,对养老服务社会化和市场化的认识较为模糊,在政策制定与实施过程中也存在一定问题。例如受城乡分割的二元社会结构影响,针对城市和农村的养老服务政策仍存在较大差距;养老服务虽然开始走向社会化,但由于市场和社会有效供给能力不足,政府供给责任虽有所弱化,养老服务仍以家庭养老为支撑,辅之以社会养老。同时,政府和市场间关于如何分配养老服务职能等关键问题尚未明晰,社会化养老服务发展道路处于起步阶段。

[①] 徐立.中国民政统计年鉴[M].北京:中国统计出版社,2013:142.
[②] 国家统计局.中国农村统计年鉴(2000)[M].北京:中国统计出版社,2000:287.

三、21世纪初期的快速发展

依照联合国老龄化标准，我国于1999年正式进入老龄化社会，且老年人口基数大，增长速度快，未富先老等特征明显，为此，国家越来越重视人口老龄化问题。随着城镇化水平的不断提升，人民生活水平的提高及社会生活方式的转变，家庭结构日趋小型化，传统家庭养老服务功能弱化。同时，城乡养老需求尤其是对社会化养老的需求迅速增长，且不仅仅局限于基础的物质层面需求，精神心理、康复护理、临终关怀等方面的需求也不断扩大。

虽然新中国成立以来尤其是改革开放后，我国针对老年人的福利事业已在党和政府的重视下取得一定成效，但由于长期以来我国的工作重心都放在经济建设上，养老服务等社会政策的发展相对于经济政策而言较为落后，且我国的社会福利主要由国家和集体包办，社会力量作用不足，致使在养老服务方面存在资金不足、服务机构少、服务水平低等问题。随着老龄化形势的日渐严峻和老年服务需求的持续增长，政府深刻意识到发展养老服务的必要性和紧迫性，先后出台了一系列养老服务政策，以推动养老服务建设。

（一）养老服务政策走向体系化

2000年8月，中共中央、国务院发布了针对养老服务的纲领性文件——《关于加强老龄工作的决定》，明确提出要"建立以家庭养老为基础、社区服务为依托、社会养老为补充的养老机制"，这是国家首次将家庭、社区和社会养老作为整体机制整合起来。2001年，国务院制定《中国老龄事业发展"十五"计划纲要（2001—2005年）》，首次将老龄事业纳入国家五年规划，提出了针对老年照料服务的一系列任务和措施。2006年，全国老龄办等10部委联合出台《关于加快发展养老服务业的意见》，首次明确提出"养老服务业"这一概念，标志着养老服务从过去隶属于社会福利业范畴开始转向现代服务业。《关于加快发展养老服务业的意见》同时点明"居家、社区、机构"三种养老方式，鼓励和引导社会力量参与养老服务，为养老服务业的进一步发展提出指导性意见。2011年，国务院先后印发了《中国老龄事业发展"十二五"规划》和《社会养老服务体系建设规划（2011—2015年）》，对养老服务体系的内涵、功能定位、指导思想、基本原则、发展目标与保障措施等做出界定，推动养老服务建设进一步走向社会化、标准化。2012年，国家修订了《中华人民共和国老年人权益保障法》，其中新增的三章（社会服务、社会优待和宜居环境）涉及养老服务，从法律层面进一步保障老年权益，促进养老服务业发展。

（二）社会化养老的快速发展

在"社会福利社会化"理念的影响下，我国养老服务已向社会化方向发展。随着老龄化问题的突出，社会化养老也在国家政策的推动下得到了快速发展。2000年，民政部等11个部委出台的《关于加快实现社会福利社会化的意见》，鼓励探索国家倡导资助、社会力量共同参与、与社会主义市场经济和社会发展相适应的社会福利事业。同年8月颁布的《关于加强老龄工作的决定》，也明确鼓励引导社会各方积极参与到养老服务行业中来。此后，国家还颁布了《关于支持社会力量兴办社会福利机构的意见》《关于开展全国养老服务社会化示范单位创建活动的通知》等文件，鼓励社会力量积极参与养老服务的机构兴办，并出台《老年人社会福利机构基本规范》《国家级福利院评定标准》等文件，规范养老服务机构管理。2012

年,民政部出台《关于鼓励和引导民间资本进入养老服务领域的实施意见》,引导和鼓励民间资本进入养老服务领域,加大对民间资本参与养老服务的优惠政策和规范指导,鼓励养老服务社会化发展。

(三)居家养老和社区养老的兴起

这一时期,除了机构养老得到快速发展外,居家养老和社区养老也开始进入养老服务体系建设中来。2000年,《关于加强老龄工作的决定》首次将社区养老和居家养老服务列为老年服务业发展的重点。2008年,全国老龄办等10部委出台《关于全面推进居家养老服务工作的意见》,指出发展居家养老服务应坚持以人为本、依托社区,坚持社会化方向,并提出一系列保障措施,进一步强调居家养老的支撑作用。2011年,民政部印发《社区老年人日间照料中心建设标准》,为社区养老服务提供了指导。在《中国老龄事业发展"十二五"规划》中,也点明要重点发展居家养老服务,大力发展社区照料服务,居家养老和社区养老在社会化养老服务中的地位开始凸显。

(四)阶段特征:政策初成体系,勾勒建设蓝图

这一阶段,随着党和国家不断增强对老年群体的重视程度,养老服务开始被纳入国民经济和社会发展的年度计划及中长期规划。随着"养老服务体系"这一概念的形成,围绕养老服务体系所出台的一系列政策,逐步勾画出我国养老服务体系建设的蓝图。

政府在养老服务政策制定时更加注重满足老年人的多样化需求,养老服务供给主体更加多元化;在社会主义市场经济发展的要求下,社会化养老服务体系初现雏形。政府在养老服务业中更多发挥政策指导、资金支持、监督管理等作用,养老服务的市场更为开放,服务范围也从传统的社会救助逐渐扩大到社会服务和精神关怀等多个领域。

在国家政策的依托下,以居家养老、社区养老及机构养老为主的多层次养老服务体系初步构建,在城市深入开展并逐步向农村延伸。2006年,国务院再次修订《农村五保供养工作条例》,国家开始承担农村养老服务的责任,并鼓励农村地区结合当地经济水平,创新养老服务方式,发展特色居家养老服务。

为推动养老服务的社会化发展,国家还加大了在养老服务方面的公共财政投入力度,鼓励各种社会力量投资建设养老服务机构。据统计,从2000年开始,我国养老服务机构数量一直呈增长趋势,截至2011年底,全国各类养老服务机构共计40 848个,拥有床位353.2万,已收养老年人260.3万。[①] 另外,从2005年开始,民政部在全国开展养老服务示范活动,分批确定示范单位,总结地区经验,持续探索符合国情的养老服务发展道路。

四、新时代以来的整体推进

中国特色社会主义进入新时代以来,我国人口老龄化程度不断加深,国家对老年民生事业更为重视。党的十八大明确提出,要"积极应对人口老龄化,大力发展老龄服务事业和产业",将养老服务从家庭事务提升到国家重大政策层面。以习近平同志为核心的党中央对人口老龄化问题极为关注,认识到开展养老服务、提升养老服务质量的重要性。经过前几个阶

---

① 数据来源:民政部2011年社会服务发展统计公报。

段的建设,我国养老服务体系建设取得长足进步,养老服务业发展迅速,但养老服务在建设中仍存在供需不足、市场发展不完善、城乡发展水平不均衡、失能失智老年人养老得不到有效政策支持等问题。如何更好地对养老服务供给进行结构调整,使养老服务发展兼顾速度和质量,成为这一时期养老服务体系建设的重要任务,也是这一时期养老服务政策调整的重点。

(一)养老服务政策体系化持续延伸

十八大以来,在积极老龄化方针的引导下,养老服务被纳入国家规划之中。国家依据我国现实状况,密集出台了一系列养老服务相关的政策文件,涉及养老服务社会化产业化发展、养老服务质量提升、养老服务机构规范化建设、养老服务人才培养、医养结合、智慧养老、政府购买养老服务、养老服务补贴、金融支持、兜底保障等多个方面,养老服务政策无论在数量还是质量上都有大幅提升,逐步形成了以《中华人民共和国老年人权益保障法》为统领,国家综合性规划和文件为指导,各级部门跟随统领性文件制定符合地方现状的政策与行业标准指导规划的服务体系,养老服务体系建设也在政策支持下迈向全面发展的新时代。

2013年,国务院印发《关于加快发展养老服务业的若干意见》,指出2020年的长期目标和主要任务,提出促进养老服务业持续健康发展的诸多举措,为我国的养老服务体系提供了政策方向,为配合该政策的落实,相应配套政策也陆续出台。2016年,民政部、国家发改委发布《民政事业发展第十三个五年规划》,强调把医疗和社会关怀服务结合作为建立中国多层次养老服务体系的一部分,形成居家、社区、机构与医养结合的社会养老服务体系框架。2017年,国务院印发《"十三五"国家老龄事业发展和养老体系建设规划》,民政部、国家标准委依据规划制定《养老服务标准体系建设指南》。十九大报告中提到要"构建养老、孝老、敬老政策体系和社会环境,推进医养结合,加快老龄事业和产业发展",为进一步维护老年人合法权益、推进全国养老服务标准化体系化奠定了基础。2019年3月,国务院办公厅印发《关于推进养老服务发展的意见》,从六个方面对当前养老服务中存在的重难点问题提出了针对性意见。同年11月,国务院印发《国家积极应对人口老龄化中长期规划》,对养老服务体系做进一步定义——健全以居家为基础、社区为依托、机构充分发展、医养有机结合的多层次养老服务体系。

法律保障方面,2018年,国家再次修订《中华人民共和国老年人权益保障法》,明确指出不再实施养老机构设立许可,这意味着国家全面放开社会力量进入养老服务领域,政府职能从准入管理转向综合监管。2019年12月,我国养老服务领域首项强制性国家标准——《养老机构服务安全基本规范》发布,明确了养老机构服务的安全"红线",推动养老服务向更高质量发展。

(二)多元化养老服务体系的基本形成

这一时期,在养老服务政策顶层设计的推动下,以居家为基础、社区为依托、机构为补充、医养相结合的多元化养老服务体系基本形成。

首先,为推动居家和社区养老的深入发展,2016年以来,国家先后印发关于开展相关试点工作的文件,为推动政策落实,民政部和财政部共同建立中央专项彩票公益金,用以支持全国各地的服务试点。据统计,截至2020年底,全国社区养老服务机构和设施达29.1万个,其中全托服务型2万个,日间照料型10.9万个,互助型社区养老服务设施14.7万个,社区留宿和日间照料床位达332.8万张。[①]

其次,机构养老服务更注重服务质量的提升,国家在积极推动公办养老机构改革的同时全面放开养老服务市场,激发养老服务业发展活力。2013年以来,国家先后出台《养老机构管理办法》《养老院服务质量整治指南》等文件,并陆续开展一系列专项行动落实政策。2017年,民政部等6部门开展养老院服务质量建设专项行动,排查整治全国4万余家养老机构,推动养老机构服务质量的提升。

另外,医养结合、智慧养老建设初步发展,《关于加快推进健康与养老服务工程建设的通知》《智慧健康养老产业发展行动计划(2017—2020年)》等相关的政策陆续出台,智慧健康养老应用试点工作持续推进。

(三)阶段特征:政策体系更加完善,内容更为细分

十八大以来,我国养老服务政策明显呈现整体推进、快速发展的态势。与前一阶段相比,国家所发布的养老服务政策涉及的范围更加全面,内容更加细分,更加注重采用精准化措施解决养老服务体系建设中存在的重难点问题。随着积极应对人口老龄化口号的提出,政府在养老服务供给的要求上不仅注重"量"的增长,更注重品质的提升。政府鼓励建设更为丰富多元的养老服务体系,鼓励社会各界创新养老服务供给模式,力图全方位解决养老服务中存在的各项疑难杂症。在体系建设上,除传统的居家养老、社区养老和机构养老以外,政府积极鼓励医疗服务与养老服务相结合,从大健康的角度对养老服务进行顶层设计和决策部署,用以解决老年人的健康医疗与照护服务不足等问题,这也是这一时期养老服务政策制定所关注的重点之一。[②]

当前我国养老服务体系虽然在逐步向更完善的方向前进,但不可否认的是,新时代我国养老服务体系建设仍面临诸多挑战,现有的养老服务政策体系建设也还有很大的提升空间。2020年10月,中国共产党第十九届中央委员会第五次全体会议通过了《中共中央关于制定国民经济和社会发展第十四个五年规划和二〇三五年远景目标的建议》,提到了"十四五"时期仍要实施积极应对人口老龄化战略,在养老服务领域要"推动养老事业和养老产业协同发展,健全基本养老服务体系,发展普惠性养老服务和互助性养老,支持家庭承担养老功能,培育养老新业态,构建居家社区机构相协调、医养康养相结合的养老服务体系,健全养老服务综合监管制度",这为未来我国养老服务体系的发展及具体政策的制定指明了方向,我国未来的养老服务政策体系的规划建设也需随着现实情况做进一步的完善和调整。

---

① 数据来源:民政部《2020年民政事业发展统计公报》。
② 韩振燕,夏林.耦合视角下的医养:从机械结合走向有机融合[J].河北大学学报(哲学社会科学版),2018,43(5):126-133.

第三节 我国养老服务政策发展特点与趋势

一、养老服务政策发展特点

(一)政策定位:从隶属走向独立

新中国成立初期,国家百废待兴,政府关注重点主要集中于巩固政权和发展经济,国家对老年人的关注体现在救济城镇"三无"和农村"五保"之中,养老服务隶属于社会救助,并未作为独立的政策主体出现。伴随着国家对人口老龄化认识的不断加深及"社会福利社会化"构想的提出,养老服务开始走向独立发展。从1993年"养老服务"概念的提出,到2006年"养老服务业"概念的提出,到2011年养老服务体系概念的形成,再到2016年多层次养老体系框架的构建,养老服务作为一项单独制度从国家福利制度中独立出来,国家层面发布的养老服务政策也不再依附于社会福利政策,针对养老服务出台的政策也更加具体、明确。

(二)政策目标:从补缺走向适度普惠

新中国成立至改革开放初,我国养老服务相关政策面向的主要是城市"三无"和农村"五保",此时作为社会福利制度的一部分,养老服务是补缺托底性的。在经济发展和改革深化的作用下,传统养老保障已不能满足老年人的需求,补缺型的政策规划也已不再适用于社会现实,社会化养老成为大势所趋。2007年,民政部明确指出要改变从前"补缺型"的社会福利,转向"适度普惠型",便于满足人们多样化、多层次的需要,养老服务领域借此得到快速发展。国家对养老服务关注度显著提高,针对老年群体先后出台一系列政策,推动养老服务的发展与完善。我国养老服务政策目标从"补缺"向"适度普惠"的转变,不仅是形式的变化,更是涉及根本制度的、具有重大意义的社会转型,促使我国养老服务政策在适应经济发展水平的基础上不断发生新的演变。

(三)政策构建:从单一化走向综合化、体系化

回顾我国养老服务政策发展历程可以发现,我国养老服务政策的构建发生了重大转变。养老服务政策最初未作为独立的政策概念出现在政府工作中,且政策涉及方面单一,主要面向特定群体的生活救助。随着人口老龄化问题的突出,社会化养老需求不断增加,国家开始有针对性地制定较为正式的养老服务政策。21世纪以来,随着党和国家对人口老龄化认识程度的加深,国家发展规划内容开始涉及养老服务。2001年的《中国老龄事业发展"十五"计划纲要(2001—2005年)》首次将老龄事业囊括其中,养老服务体系概念形成,随后一系列的政策规划大量出台。2011年以来,国家在养老服务领域颁布《中国老龄事业发展"十二五"发展规划》《社会养老服务体系建设规划(2011—2015)》及《"十三五"国家老龄事业发展和养老体系建设规划》三个里程碑式的文件,在配合各类规划的基础上又出台更为细分的政策规划,养老服务政策构建从单一逐渐走向综合化、体系化。

(四)政策发展过程:突出阶段性和计划性

任何一项公共政策的制定和实施都必须从实际出发,政策制定要求源于政策环境的现

实需要,养老服务政策也不例外。新中国成立以来,我国在不同时期制定了不同的养老服务政策,且每一时期制定的政策都是以当时的政治、经济和社会环境为前提,具有一定的阶段性。同时,每一时期养老服务政策的制定和更新,都是在前一阶段养老服务政策取得经验成效及发现不足的基础上有计划地发展而来的。养老服务政策每发生一次变迁,都是对前期政策颁布后工作进展的总结,同时也引导着下一个阶段养老服务的发展及政策的制定,为未来养老服务的建设和发展提供方向。

二、养老服务政策发展趋势

(一) 政策对象凸显精准化

我国养老服务政策目标从"补缺"向"适度普惠"的转变,表明养老服务政策对象不再局限于"三无"或"五保"老人,同时也不是"大水漫灌"或"普惠全体"的格局。我国养老服务政策对象在普惠的基础上凸显精准化。

政府在制定养老服务政策前,应对老年人日益增长的养老服务需求不断细分,从而对其养老服务需求进行精准识别。只有精准识别,才能进一步有针对性地进行政策制定。意外防范、急难救助、生活照顾、健康保护、疾病治疗、心理慰藉和临终关怀等养老服务在老年生活中既具有一定的共性,也表现出一定的个性化差异。[①] 在细分老年人养老服务需求的基础上,针对不同老年人群体精准地提供相应的政策支持,可以使养老服务政策效果更加显著。如失能半失能老人和空巢高龄老人,相较于其他服务需求,其更需要基础性生活照料方面的服务,政府应当通过增加失能评估等方式为老年人享受相应养老服务提供便利,发展护理型床位及相关照料服务,确保满足最有需要者的需求,使社会养老负担得以减轻的同时,有效地推进健康老龄化。

(二) 政策内容立足高质量

养老服务政策内容的高质量既包括养老服务能有效满足老年人的养老服务需求,也包括老年人能以便捷的方式、合理的价格获得养老服务。同时,老年人在享受养老服务的过程中可以感受到舒适的氛围。这对养老服务政策的发展提出了以下要求。

一是建立一套适用的养老服务标准体系。养老服务政策应确定全国养老服务标准的底线,为养老服务高质量发展奠定基础。国家应综合考虑城乡差异、地区差异及老年人差异性诉求等情况,以确定养老服务的最低标准,提供服务基本规程,确保养老服务的安全性,维护老年人的尊严。养老服务行业可以根据实际发展情况制定超过最低标准的适度标准,不同地域、不同养老机构自发组成的行业性组织可以开发自己的养老服务标准体系。先进养老机构、护理院等专业机构可以根据自身实践和经验,形成优质标准体系,发挥引领效应。同时,针对社区居家养老服务,政府也应制定相应的养老服务标准,明确养老服务的目标对象、项目内容、提供方式、资金来源,构建统一的政府投入经费标准、设备配置标准、机构等级认

---

① 席恒. 新时代、新社保与新政策——党的十九大之后中国社会保障事业的发展趋势[J]. 内蒙古社会科学(汉文版),2019,40(1):24-30.

定标准、工作人员数量配备比例标准、护理人员资格认证标准、服务质量标准等。①

二是加快培育壮大一支合格的专业护理员队伍。首先,将养老服务专业人才培养列为职业教育政策的重点,有序推进养老服务高等教育的发展是充实专业护理员队伍后备军的有效方法。其次,通过相关政策促进养老服务专业人才职业上升通道的畅通,确保其收入不低于社会平均工资,提升其社会地位是留住现有专业护理员的重要方式。最后,大力挖掘老年人力资源,激发老年人自立自强意识,提升家庭成员的服务能力和护理技能,鼓励志愿者参与专业护理培训等是填补专业护理员队伍人员不足的有益选择。

三是以人文关怀精神塑造新型制度体系和社会氛围。构建真正将养老、孝老、敬老融为一体的政策体系与社会环境有利于维护老年人的自尊,从而促进养老服务质量的提升。因此,在养老服务相关政策制定时不能只关注硬件设施的建设,还应该以老年人为中心,重视养老服务全过程的人文关怀,如尊重老年人的主体性,提高老年人的参与度,在服务提供过程中维护老年人的体面,不损害老年人的尊严等。唯有如此,才能真正满足老年人的精神诉求,维护老年人的尊严,进而促使养老服务持续健康发展。

（三）政策体系注重协调性

养老服务政策应着力为构建居家社区机构相协调、医养康养相结合的养老服务体系提供政策支撑。一是聚焦居家养老,为老年人在家安享晚年提供有力支持。养老服务政策设计应充分尊重老年人意愿,以支持和帮助老年人居家养老为主攻方向,尽可能地通过养老服务机构和社区服务中心将老年人需要的相关服务送入家中,如开设老年人日间照料中心。二是坚持立足社区,促进养老服务机构连锁化。养老服务政策应当加大对社区养老服务机构或设施的支持力度,强调养老服务机构建设应当立足社区,满足老年人居家或就近养老的意愿。同时,引导市场主体和社会力量举办的养老服务机构或设施走向连锁化、规模化,最好能够形成有生命力的中国特色养老服务民族品牌。三是推广公建民营,借助社会力量提供多层次养老服务。要解决养老服务供需不平衡的困境,就必须走出具有中国特色的养老服务发展之路,大力推广公建民营模式,由政府建设养老设施并委托民营机构经营养老服务,或者由政府直接补贴民营机构将社区中的废旧闲置房屋改建成养老设施,以此减轻投资者的成本压力,增强投资者进入养老服务领域的信心。

（四）政策理念强调公平性

养老服务是基本公共服务的重要内容,人人都应享有同等、同质的基本养老服务,这要求养老服务政策坚持公平的政策理念,促进城乡协调发展的养老服务体系的建设。但与城镇相比,农村老年人居住分散,既缺乏养老服务公共资源,也缺乏人力资源,医疗卫生条件也普遍较为落后,因此,解决农村养老问题是政策理念公平性的集中体现。

首先,政府应尽早制定乡村养老服务发展纲要并纳入乡村振兴之中,以满足重点人群需要为目标,增加专项投入,有组织、有计划、有步骤地充分利用乡村闲置或废旧房屋,为农村养老服务发展提供低成本场所。其次,政府应与时俱进,合理利用原有资源,尽量

---

① 韩艳.中国养老服务政策的演进路径和发展方向——基于1949—2014年国家层面政策文本的研究[J].东南学术,2015(4):42-48,247.

减少政策相较于社会发展的滞后性带来的影响,例如逐步将特困人员供养服务设施(敬老院)转型为区域性养老服务中心,鼓励符合规划用途的农村集体建设用地依法用于医养结合机构建设等。最后,政府应通过相关政策强化农村的组织化程度,使老年人有相应的组织依托,并建立新型互助机制,发动农村健康、低龄老人照顾失能、空巢、高龄老人,例如农村幸福院模式、农村长者照护之家模式、农村时间银行模式等,不断拓展互助养老的范围。

延伸阅读

《国务院办公厅关于推进养老服务发展的意见》摘选

党中央、国务院高度重视养老服务,党的十八大以来,出台了加快发展养老服务业、全面放开养老服务市场等政策措施,养老服务体系建设取得显著成效。但总的看,养老服务市场活力尚未充分激发,发展不平衡不充分、有效供给不足、服务质量不高等问题依然存在,人民群众养老服务需求尚未有效满足。按照2019年政府工作报告对养老服务工作的部署,为打通"堵点",消除"痛点",破除发展障碍,健全市场机制,持续完善居家为基础、社区为依托、机构为补充、医养相结合的养老服务体系,建立健全高龄、失能老年人长期照护服务体系,强化信用为核心、质量为保障、放权与监管并重的服务管理体系,大力推动养老服务供给结构不断优化、社会有效投资明显扩大、养老服务质量持续改善、养老服务消费潜力充分释放,确保到2022年在保障人人享有基本养老服务的基础上,有效满足老年人多样化、多层次养老服务需求,老年人及其子女获得感、幸福感、安全感显著提高,经国务院同意,现提出以下意见。

一、深化放管服改革

(一)建立养老服务综合监管制度。制定"履职照单免责、失职照单问责"的责任清单,制定加强养老服务综合监管的相关政策文件,建立各司其职、各尽其责的跨部门协同监管机制,完善事中事后监管制度。健全"双随机、一公开"工作机制,加大对违规行为的查处惩戒力度,坚持最严谨的标准、最严格的监管、最严厉的处罚、最严肃的问责。市场监管部门要将企业登记基本信息共享至省级共享平台或省级部门间数据接口;民政部门要及时下载养老机构相关信息,加强指导和事中事后监管。加快推进养老服务领域社会信用体系建设,2019年6月底前,建立健全失信联合惩戒机制,对存在严重失信行为的养老服务机构(含养老机构、居家社区养老服务机构,以及经营范围和组织章程中包含养老服务内容的其他企业、事业单位和社会组织)及人员实施联合惩戒。养老服务机构行政许可、行政处罚、抽查检查结果等信息按经营性质分别通过全国信用信息共享平台、国家企业信用信息公示系统记于其名下并依法公示。

(七)做好养老服务领域信息公开和政策指引。建立养老服务监测分析与发展评价机制,完善养老服务统计分类标准,加强统计监测工作。2019年6月底前,各省级人民政府公布本行政区域现行养老服务扶持政策措施清单、养老服务供需信息或投资指南。制定养老服务机构服务质量信息公开规范,公开养老服务项目清单、服务指南、服务标准等信息。集中清理废除在养老服务机构公建民营、养老设施招投标、政府购买养老服务中涉及地方保护、排斥营利性养老服务机构参与竞争等妨碍统一市场和公平竞争的各种规定和做法。

三、扩大养老服务就业创业

（十一）建立完善养老护理员职业技能等级认定和教育培训制度。2019年9月底前，制定实施养老护理员职业技能标准。加强对养老服务机构负责人、管理人员的岗前培训及定期培训，使其掌握养老服务法律法规、政策和标准。按规定落实养老服务从业人员培训费补贴、职业技能鉴定补贴等政策。鼓励各类院校特别是职业院校（含技工学校）设置养老服务相关专业或开设相关课程，在普通高校开设健康服务与管理、中医养生学、中医康复学等相关专业。推进职业院校（含技工学校）养老服务实训基地建设。按规定落实学生资助政策。

四、扩大养老服务消费

（十四）建立健全长期照护服务体系。研究建立长期照护服务项目、标准、质量评价等行业规范，完善居家、社区、机构相衔接的专业化长期照护服务体系。完善全国统一的老年人能力评估标准，通过政府购买服务等方式，统一开展老年人能力综合评估，考虑失能、失智、残疾等状况，评估结果作为领取老年人补贴、接受基本养老服务的依据。全面建立经济困难的高龄、失能老年人补贴制度，加强与残疾人两项补贴政策衔接。加快实施长期护理保险制度试点，推动形成符合国情的长期护理保险制度框架。鼓励发展商业性长期护理保险产品，为参保人提供个性化长期照护服务。

案例思考

国外社区居家养老政策执行

一、瑞典

自1913年《养老金法案》之后，瑞典先后出台涉及居家养老制度的《社会保险与年金制度》等政策文件；1998年，提出了养老改革政策文件；2003年，瑞典议会就专门成立了"老人委员会"，并出台了《未来老人政策》。瑞典一系列先进养老政策在执行过程中主要包括以下三方面内容。① 入户服务。瑞典为老年人提供养老服务的专业服务者占瑞典人口的十分之一，所提供的服务可以是免费的，也可以根据需求收费。老年人可以选择性接受入户提供的各项服务。② 巡回服务。负责为老年人提供服务的组织会定期采用合适的交通工具，为一个城市或者区域老人提供流动服务。不只是社区养老服务人员，城市的邮递员也可以参与到该项服务当中，定点定期为不同地区的老年人提供所需的生活服务、精神服务。瑞典的社区养老服务形势比较独特，一个家庭的家属负责照顾老年人，可以获得瑞典政府发放的部分薪酬，以此鼓励人们积极主动赡养老年人，是激励政策的一种。③ 资源共享服务。在饮食起居方面，社区的教堂、学校食堂等机构都可以为老年人提供生活所需食粮，保障老年人的基本生活。与此同时，社区内部还会设置一些专门供老年人进行活动的设施和娱乐场所，实现人性化的老年人社区养老服务。具体包括安排购物、清洁、做饭、洗衣和个人护理服务等。

在政策执行过程中，瑞典相关政府提倡依照自愿参与的方式展开养老服务，并且老年人有权选择接受服务或者拒绝服务，具有明显的人性化特征，值得我国社区居家养老执行部门学习借鉴。从瑞典养老政策执行经验可以看出,瑞典社会福利政策的发展并不是单一形式的,而是包括不同经济目标和政策对象,同时还可以促进国家经济发展与国家社会行业发展。

二、日本

1959年的《国民年金法》解决了日本老年人生活的经济来源问题;1963年的《老人福利法》和1982年的《老人保健法》解除了日本老年人医疗保健方面的后顾之忧,并确定了居家养老的老年福利方向;1989年制定的《推进高龄者保健福利年战略计划》及之后的金色计划、新金色计划都明确规定了在本社区老年服务中各级政府、服务提供者、被服务者之间具体的权利与义务,规定了相关的管理制度,也规定了社区老年服务的经营、组织办法,使得社区老年服务在规范的环境中开展起来;2000年的《护理保险法》解决了日本老年人护理照料问题。1963年之后,日本出台的《老人福利法》《老人保健法》《护理保健法》等养老相关政策条例,切实解决了日本老年人在养老中遇到的生活及健康问题。

日本执行社区养老政策时采取的模式具体如下。① 引导照顾。日本比较注重心灵方面的照顾,而不是单纯身体上的照顾。因此,主要的照顾对象是不能独立生活、生存能力不高、患有老年疾病、日常生活比较孤单的老年人,以及缺失家庭的社会成员,日本社区居家养老服务工作者会在了解老年人基本情况后,引导老年人进行包括外在的耳鼻喉、眼睛等方面,以及内在的表达能力、理解能力、行为举止等方面在内的身体检查,录入档案,并定期对老人进行生活辅导、康复服务和心灵引导。② 护理照顾。对老年人进行的护理服务一般由社会专业团体提供,在明确需要护理的对象之后,医疗组织的人员会提供老年人上门护理服务,包括送药、用药、打针、检测、长期病情护理等方面。③ 身体训练。身体训练服务主要是针对有轻微自闭症、孤独症的老年人,定期对其进行身体机能、部位功能、体格机能、社交活动、饮食行为的观察,并且长期陪护老年人进行身体锻炼,以帮助老年人更健康地生活下去。不仅如此,日本还通过出台各项配套政策法规来落实老年保护体制,保障社区居家养老体系的正常运作,而日本政府也负责为日本社区养老服务事业提供拨款及财政支持,以及面向日本社会各界发动募捐活动,这些为本社会养老政策在社会上的推行,以及日后对社区居家养老政策不断完善提供了良好社会条件。

(摘自《山东社会科学》2019年第2期《典型福利体制下社会养老服务国际比较与启示》,作者徐倩、陈友华;《经济体制改革》2019年第5期《国外养老服务管理体制对比及启示——以典型福利国家为例》,作者谷甜甜、李德智、徐萍。)

问题:1. 国外社区居家养老政策执行中有哪些共同之处?
    2. 国外典型经验对我国社区居家养老政策的发展有何启示?

本章关键术语

养老服务政策;养老服务政策制定;养老服务政策执行;养老服务政策评估;养老服务政策监控;养老服务政策终结;政策工具;养老服务政策主体;养老服务政策客体;养老服务政策内容;政策目标

本章思考题

1. 养老服务政策制定的基本原则是什么?
2. 政策工具的分类方式有哪些?
3. 养老服务政策的主要内容是什么?
4. 我国养老服务政策发展历程及各阶段的主要特征是什么?
5. 我国养老服务政策历程的发展特点是什么?
6. 我国养老服务政策的发展趋势是什么?

第四章　养老服务管理体制

本章学习引导: 本章介绍养老服务管理体制的相关概念、理论基础、主客体分析等基础知识,在此基础上介绍养老服务管理体制的发展历程、改革理念、影响因素、发展趋势,为后续的学习与实践奠定了基础。

本章学习重点: 养老服务管理体制的概念界定;养老服务管理体制的构成;养老服务管理体制的改革趋势

第一节　养老服务管理体制的基本概念

一、制度、体制及机制的概念界定

(一) 制度

《现代汉语词典》(第7版)对"制度"的解释之一为"要求大家共同遵守的办事规程或行动准则"。广义上的"制度",一般是指人们日常生活中经常遇到的由不同产业与部门制定的特定规则与法规,也包括非正式组织制定的临时性规则等,它们均适用于"制度"范畴。而词典上的另外一种解释则显示出"制度"的另外一层意思,即"在一定历史条件下形成的政治、经济、文化等方面的体系"。换言之,"制度"并不是意味着规范与习惯,它还指一种有组织的、完整的社会规范体系。所以,"制度"一词在使用时常常会加"经济""政治""法律"之类具有社会组织性质或"封建主义""资本主义"之类具有社会体制性质的前缀词语。这就决定了我们在运用"制度"一词时,其主体是不可忽略的实体。它说明了制度不只是制定法律与标准,还包括是由谁制定,制定过程有哪些,采取了哪些政策,怎样执行,由谁进行监督,以及由谁进行奖励与惩罚等问题,这些问题都构成了制度中的内容。从这一意义上看,制度不应该被单纯理解为"规范与规则"。虽然"规范与规则"是制度概念中的核心内涵,但是并不代表制度的全部内涵。制度不是普通的准则、风俗或惯例,它是一项严格的、连续的、系统性的、可管理的准则。与此同时,制度也不可能与组织简单画上等号,虽然当代多数社会制度都是通过特定的组织或者机构得以被执行,但是不能把制度与实体单位及集合体画上等号,从而忽略了制度所具备的核心内涵——"规范"。就研究取向而言,各学科不断运用综合性角度对制度进行研究,这也解释了制度一词蕴含的丰富意义。为此,从人文科学研究角度来看,"制度"一词主要是指正式的制度,非正式制度只是制度的附带物。因此,本书所讨论的制度是指以法度、规范、习惯为核心,依一定的程序由社会性组织来颁布和实施的一整套规范体系和社会运行机制的总和。

(二) 体制

体制与机制是较易混淆的一对词语。按照《辞海》(第7版)的解释,"体制"是指"国家机关、企业事业单位在机构设置、领导隶属关系和管理权限划分等方面的体系、制度、方法、形式等的总称"。而机制则具有多样性和灵活性,泛指一个工作系统的组织或部分之间相互作用的过程和方式。管理的体制是规定中央、地方、部门、企业在各自的管理范围、权限职责、利益及其相互关系方面的准则,它的核心是管理服务管理体制的设置、各管理服务管理体制职权的分配,以及各服务管理体制之间的相互协调。它的强弱直接影响到管理的效率和效能,在中央、地方、部门、企业整个管理中起着决定性作用。①

（三）机制

"机制"一词最早应用于机械科学,指机械系统中各个零件或部件之间的连接方式和原理。后来,机制概念又被广泛地应用于经济学、伦理学、社会学、管理学、文化学、政治学等领域中,以概括并揭示该领域中具体对象的整体各结构要素的联结与制约模式,并根据具体目标来实现其整体功能。上述对机制内涵的理解大体可归为三点。①"机理"论。认为机制是一定的客观规律。②内在结构论。认为机制属于系统范畴,它指系统运动发生的机制,系统运动所依赖的制度、动因和控制方式。③运行模式论。所谓机制,就是以系统内部诸要素间相互联系、相互作用、相互制约为纽带,以工作体制、管理规范、工作方式等为内容所建构的机制。概括地讲,"机制"就是遵循并运用一定的客观规律,使有关主体之间的关系得到维持或调节以达到预期效果的过程。

二、养老服务管理体制的含义

为了管理好繁杂的养老服务工作,需要建立起一套完整的管理与服务体制,并依据法定的途径与流程,运用一定的方式、方法与手段,对养老服务工作实施规划、组织、领导、协调、控制与监督。社会管理体制是指国家依据社会生活、社会事务及社会关系等各社会管理主体的地位、角色、相互联系及其运作方式所制定的,以整合社会资源合作解决社会问题为宗旨,以调节社会运行、维持社会秩序为手段的具有约束力的系列规则与程序安排。社会管理体制中制度要素主要有社团管理体制、社会保障体制、社会治安体制、社会应急体制、社会服务体制、社区管理体制、社会工作体制、社会政策决策体制。

养老服务管理体制的相关概念是老年保障体制。通常情况下,工业化阶段的老年保障体制主要包括社会养老保险体制和社会养老服务体制（或称养老社会体制）,这两种制度分别解决了经济保障与服务保障问题。社会养老保险体制是指国家和社会通过相应的制度安排,为劳动者在达到国家规定的解除劳动义务的劳动年龄界限或因年老丧失劳动能力退出劳动岗位后提供相应的收入保障,以保障其基本生活的一种社会保险体制,目的是增强劳动者抵御老年风险的能力。社会养老服务体制是指为适应经济社会发展水平,满足老年人养老服务需求,提高老年人生活质量,为全体老年人提供由生活照料、康复护理、精神慰藉、紧急救援、社会参与所需的设施、组织、人才、技术要素构成的网络,以及相应的服务标准、运行机制、监管制度。养老服务管理职能、隶属关系、权限划分、管理机制等方面的总和构成了养老服务管理体制。同国家立法体制和行政管理体制相对应,养老服务管理体制也包括立法

---

① 陈际华,黄健元,宋冬梅.社会养老服务体制:内涵、模式与发展——基于江苏三县(市)的调查[J].江苏社会科学,2015(6):102-108.

层次、行政主管层次和业务经办层次三个层面,并各自发挥不同功能。[①] 基于此,本书认为养老服务管理体制是指政府以国家政策为基准,引导社会各方力量参与的,针对养老服务的具体情况制定并实施的一系列方案设计、养老模式、养老政策等。

三、养老服务管理体制的核心理论基础

(一)治理理论

治理理论源于西方发达国家针对社会资源分配过程中政府管理失灵、市场机制失灵现象所提出的变革。1995年,全球治理委员会在《我们的全球伙伴关系》中简明扼要地概括出了治理的内涵,"认为治理是各种公共的或私人的、个人和机构管理其共同事务的诸多方式的总和,是使相互冲突的或不同的利益得到调和并且联合行动的持续过程"。治理有四个特征:一是"治理"并非一套规则或一项活动,而是一个进程;二是"治理"的进程建立在控制而非协调之上;三是"治理"涉及公共部门和私人部门两个方面;四是"治理"并非一个形式上的制度,而是一个不断相互作用的系统。

治理理论注重政府、社会组织和公民之间的互动与合作,打破了政府一家独大垄断的局面,形成了多元主体共同参与的治理架构。这一管理活动过程需要确立共同利益目标,由此使得政府、市场与社会之间以合作协商的形式实现多元化主体上下互动治理。治理理论应用于养老服务,是把政府、社会组织和老年人的不同购买利益主体有机结合,以达到多元主体参与老年人养老服务和多元互动治理的目的。

(二)新制度经济学理论

20世纪70年代,道格拉斯·C.诺思、科斯等新制度经济学家把制度问题推到了经济学前沿。他们分析制度及制度变迁同经济增长之间的关系,研究国家及意识形态在制度及制度变迁中的作用,尤其是针对制度变迁史做了大量实证研究,并在承继旧制度学派所关注的制度因素之上,发展出了一个分析制度演化成因、动力与形式等问题的综合理论模型,还借此探讨了以往制度选择对于当下与将来所产生的有利影响。

新制度经济学认为,"制度变迁是指制度创立、变更及随着时间变化而被打破的方式"。制度变迁是由于现行制度不能满足需求而引发的,但通常发生于判断预期收益会超过制度变迁所需成本的情况,同时,制度变迁沿着需求与供给这两条主线,随着环境变化和人们自身理性程度的提高,对制度提出新的要求,使其不断调整、发展与完善。一般而言,制度存在均衡和非均衡两种状态,而非均衡状态作为制度存续过程中的常态,通常是制度变迁的诱因。诺思认为,"制度变迁的诱致因素在于主体期望获取最大的潜在利润"。在制度变迁过程中,存在强制性制度变迁和诱致性制度变迁两种模式:强制性制度变迁即"自上而下的、以政府命令和法律引入而实施的变迁,由政府发挥主导作用";而诱致性制度变迁即自下而上所组织实施的变迁。诺思认为,要经过无数次具体的微小变化,制度才会随着行为主体双方的合约而变化,正是这些微小的变化在整体上构成了制度变迁,并使制度沿着某一路径延续下去。

[①] 单大圣.中国养老服务管理体制的改革与发展[J].经济论坛,2011(9):192-196.

制度变迁作为理解历史变迁的关键,使我们能够清晰地认识和理解某一制度安排演进的全过程,并直接影响现在及未来的制度选择。新制度经济学作为解读制度变迁的有力工具,为研究我国养老管理体制的制度变迁提供了新的视角。以新制度经济学为视角,分析正处于开放性、系统性、创新性建设新阶段的养老服务管理体制,其制度变迁既是一个养老服务从家庭走向社会且社会服务融入家庭的过程,也是一个制度供求不断调整、由不均衡向均衡转变的过程。①

(三) 政府规制理论

丹尼尔·F.史普博指出,"规制是由行政机构制定并执行的,直接干预市场配置机制或间接改变企业和消费者的供需决策的一般规则或特殊行为"。在公共管理学中,政府规制是指在市场经济条件下政府干预经济政策的重要组成部分,是政府为实现既定的公共经济政策目标,对微观经济主体进行的规范与制约,对特定产业和微观经济活动主体的进入、退出、价格、投资,以及对涉及环境、安全、生命、健康等行为进行的监督与管理。

从历史上看,规制是伴随着政府对经济的干预得到普遍认可与现代市场经济理论的确立,从新制度经济学和产业组织经济学中发展起来的,主要研究政府在市场失灵的情况下需要干预的问题、干预的原因、干预所要采取的措施、干预的有效性,以及最优的干预方案。从公共管理学的角度来看,作为国家干预经济社会的一种微观手段,政府规制可分为经济性规制、行政性规制和社会性规制,并通过立法、执法、规制的放松或解除三种途径,利用标准制定和规则认证、行政许可、行政处罚、合格评定、行政裁决等手段,对一定行业或领域进行主动干预的活动,以解决"市场失灵"这一问题。② 政府规制逐渐成为调控经济、政策、社会、环境协调发展的重要手段,目前已得到广泛运用。

无论是基于当前形势发展的需要,还是借鉴其他国家的实践,我国都要在完善和健全市场经济体制的过程中,通过完善规制法,保障规制法的灵活性,拓展规制方法,加快发展政府规制,运用政府规制理论对我国经济社会活动实施科学合理的规制,以适应政府职能转变的要求,改善政府宏观调控的效果,促进政府规制的规范化,保证资源合理高效利用。③ 按照日本学者植草益的划分,养老服务属于社会性规制中"确保教育、文化、福利"下的"提高福利服务"类。④ 我国学者林闽钢认为,养老服务业政府规制是指政府为促进社会整体福利的提升,对养老服务业中多元主体的参与行为进行的调整和规范,从其本质上来说属于社会性规制范畴。具体而言,规制主体是政府;规制客体是养老服务业的多元主体,包括养老服务营利性组织、非营利性组织等;规制的依据是法律、行政法规和政府规章;规制的目标是提高养老服务业的运行效率,增进社会公平,促进社会整体福利的提升。⑤

---

① 施巍巍,任志宏.北京市居家养老服务制度的变迁与走向——以新制度经济学为视角[J].北京行政学院学报,2020(5):73-80.
② 韩中华,付金方.西方政府规制理论的发展及其对我国的启示[J].中国矿业大学学报(社会科学版),2010,(1):38-40,52.
③ 陈杰琼.我国体育产业政府管理体制改革的思路与对策研究[D].东南大学,2017.
④ [日]植草益.微观规制经济学[M].朱绍文,胡欣欣,译.北京:中国发展出版社,1992:22,284.
⑤ 林闽钢,王锴."放管服"改革背景下养老服务业的政府规制研究[J].中国行政管理,2019(12):16-21.

第二节　养老服务管理体制的组织架构

人类社会就是人类关系的总和,对于养老服务管理体制而言,更是涉及两个甚至更多个主体与客体,如何处理好主体与客体的关系显得尤为重要。养老服务管理体制是人类社会生态系统的重要组成部分,本书将从养老服务管理体制的主体、客体对其进行解析。

一、养老服务管理体制的主体

养老服务具有准公共物品的属性特征,政府在其供给过程中的责任无可替代。国家发布的各项养老服务政策对于化解养老服务供需矛盾、引导和规范养老服务提供了有力支撑,是保障养老服务管理体制有序发展的关键。自我国进入老龄化社会以来,养老服务管理政策便随即进入了快速发展期,国家各部委陆续出台多项政策支持和引导养老服务的发展。通过对多项政策的研究分析可以看出,养老服务政策由政府多部门合力制定,同时政策内容趋于全面,保障性政策增多,对老年人的保障不断加强。

进入老龄化社会后,养老服务事业的地位逐渐提高,在老龄事业管理机构设置、养老服务重要性、社会建设纳入我国特色社会主义事业总体布局等方面,养老服务完成了由"配角"到"主角"的转变。1949年,我国设立内务部,主要管理民政工作;1978年,设立"中华人民共和国民政部",负责民政等社会建设,具体指导我国养老服务的管理与发展。1983年,国务院批准"中国老龄问题全国委员会"为常设机构,至此老龄工作拥有了正式的管理机构。1995年,"中国老龄问题全国委员会"改名为"中国老龄协会",成为国务院副部级事业单位,并由民政部代管。2005年,全国老龄工作委员会办公室与中国老龄协会实行合署办公,以全国老龄工作委员会办公室的名义开展相关工作,并在民政部下设办公室。至此,我国养老服务体系发展有了明确的政府管理部门,老龄工作及养老服务的发展被纳入国家统一规划的系统,由此可见,老龄工作发展地位已上升到国家层面。养老服务管理体制下的各部门管理机制如图4.1所示。

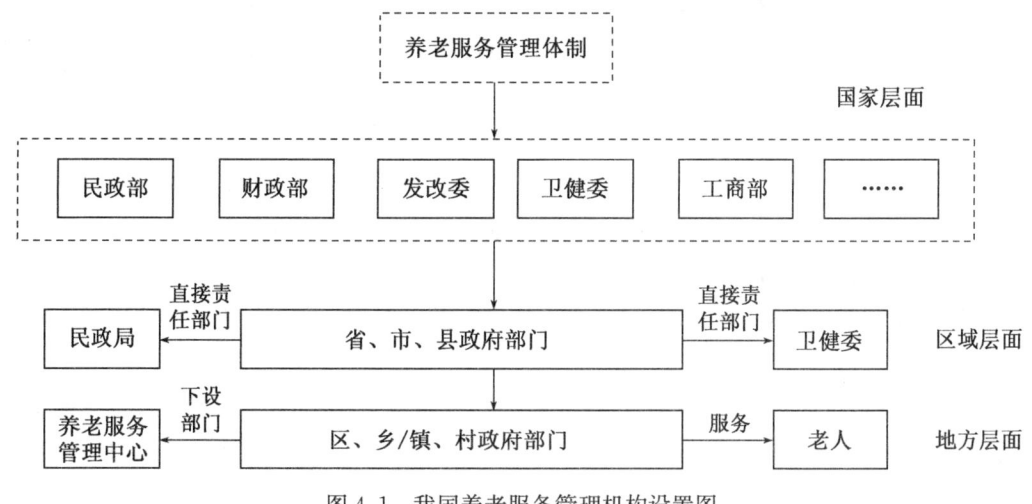

图4.1　我国养老服务管理机构设置图

发展改革部门依法对中央预算内投资支持的养老服务项目建设资金管理和普惠性养老项目实施考核工作。

民政部门依法组织开展养老服务机构服务质量评价工作,并对养老服务机构的安全和运营进行监督管理,推动养老服务标准化体系建设,加强养老服务机构信用监管,规范养老服务领域的社会服务机构行为,指导养老服务机构登记管理工作,并对其管理进行指导和监督。

财政部门负责会同发展改革部门、民政部门对养老服务机构给予建设补贴或运营补贴资金支持,并对政府购买养老服务进行监督管理,引导和扶持养老服务的发展。

人力资源和社会保障部依法负责会同民政部制定和完善养老服务行业从业人员国家职业技能标准,对各地区、各有关部门和各行业组织落实职责,以及对技工院校内外的职业技能等级证书进行监督和管理;推动社会保障卡在养老服务领域的广泛应用,实现老年人社会保障公共服务的信息共享。

自然资源部门依法负责对养老服务机构的规划用地等进行审查和监督检查。

生态环境部依法负责审批或备案养老服务机构的环境影响评估,并对养老服务机构的污染物排放情况进行监督和检查。

住房和城乡建设部门依法负责组织开展养老服务设施建设的工作,并制定养老服务设施建设相关标准规范。

卫生健康部门依法负责审批或备案养老机构中设立的医疗机构,对其医疗机构的执业活动和医疗卫生服务质量进行监督管理;依法负责建立并实施统一的老年护理保险制度;依法负责指导养老服务机构应对聚集性传染病等突发公共卫生事件及医疗卫生救援和应急处置工作;依法负责组织老年人基本健康医疗数据的采集、汇总、存储、应用和共享工作。

公安部门依法负责查处扰乱养老服务机构运行的违法犯罪行为,坚决查处故意伤害和虐待老年人等侵害老年人人身权利的违法犯罪行为,坚决查处利用养老服务名义进行非法集资、诈骗等侵犯老年人财产权利的违法犯罪行为;加强人口管理信息的共享和应用,提升行业的监管能力和服务管理的有效性。

应急管理部门负责提请本级安全生产委员会将养老服务设施安全生产监督管理工作按程序纳入对本级政府相关部门和下级人民政府的年度安全生产考核;消防救援机构负责依法开展对养老机构消防的监督检查。

审计部门依法负责监督检查财政资金的使用情况和政府购买养老服务的情况等。

市场监管部门依法负责查处未实行政府定价、政府指导价及不按规定明码标价的养老服务机构的价格违法行为,以促进养老服务标准化建设,并对营利性养老机构进行登记管理,对养老服务机构特种设备安全和食品安全进行监督检查等。

医疗保障部门负责对纳入医保定点的养老机构的运行、医疗保险基金的使用情况进行监督和管理。

银保监部门负责监督和管控银行、保险机构等金融机构依法进入与老年人服务有关的市场,指导和监督银行、保险机构的资金使用情况,以确保对涉嫌非法集资的风险进行充分排查。

事业单位登记管理机关依法负责对公办养老机构的登记和管理工作。

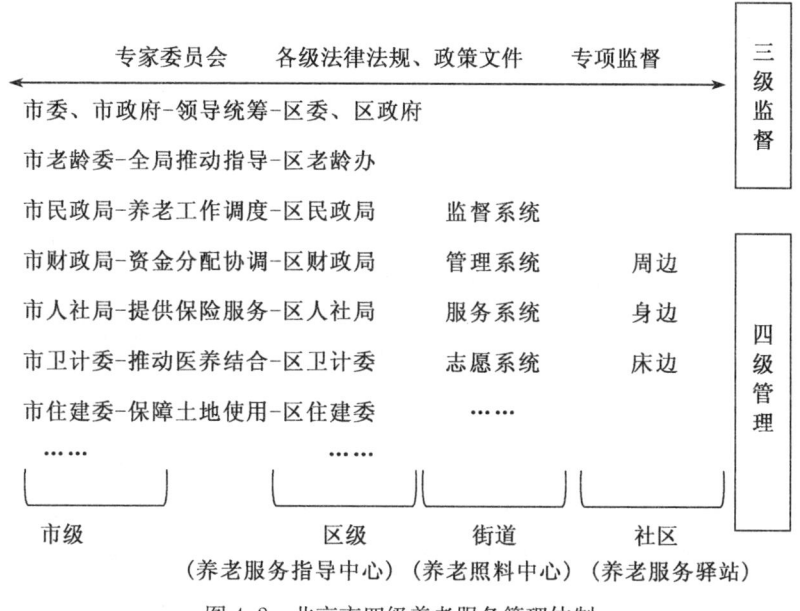

图 4.2　北京市四级养老服务管理体制

目前,我国已基本形成了"市—区—街道—社区"四级养老服务管理体制。以北京市为例(见图4.2),在北京市的四级养老服务管理体制中,以各级法规政策文件、专项检查及专家委员会等作为监管评估机制,从而可以全方位地对系统内部可能存在的违法违规现象进行全面监控。分别在市和区层面形成市委、市政府和区委、区政府统筹,民政局、财政局、人社局、卫健委、住建委及有关部门对养老服务的各环节提供保障机制。在街道层面,建立养老照料中心并制定管理制度、服务制度、志愿制度及监督制度,分别对其进行具体的管理与监督工作等。在社区层面,设立养老服务驿站,把养老工作做到"周边""身边""床边"。综上所述,我国养老服务管理体制已由顶层设计走向具体制度的落实,并已基本形成良性质量体系。①

二、养老服务管理体制的客体

养老服务管理体制主体在养老服务业中占有重要地位,也是实现养老服务业协调发展的关键所在。养老服务管理体制客体,即养老过程中的参与者。我国养老服务历经了以家庭作为供给主体和以政府兜底鳏寡孤独、"三无"老人为主的供给模式,向由国家、市场、社会力量、家庭等多元化供给格局转变,实现了供给主体从"一元"走向"多元"。

尊老爱老是我国自古以来的传统美德,孝道伦理亦是深入人心。新中国成立初期,我国经济萧条,百废待兴,国家发展的大方向都聚焦在经济建设上,老年人便主要依靠家庭来完成养老。国家建立的各类福利机构仅负担无劳动能力、无依无靠、无法维持生活的残、老、孤、幼人员。② 2021 年,《中共中央国务院关于加强新时代老龄工作的意见》中提出要坚持党委领导、各方参与。由党委牵头,发挥政府引领作用,主要提供基本公益性产品和服务,并推

---

① 陆杰华,周明明.北京居家养老发展报告(2018)[M].北京:社会科学文献出版社,2018:59-116.
② 常峰.费边社会主义思想研究[D].华中师范大学,2018.

动老龄事业发展以促进社会参与,全民行动。充分发挥市场机制作用,提供多样化产品和服务。注重发挥家庭养老和个人自我养老的功能,形成多元主体责任共担,梯次应对老龄化风险,全民参与老龄事业的新局面。

(一)家庭:养老服务的基础

养老服务管理应突出家庭的职责。现实国情决定了家庭养老在中国社会养老模式中的重要地位,不论采取何种形式发展养老服务,其根本目的都在于对传统家庭养老服务进行补充,在于强化传统家庭养老功能,绝不能取代家庭养老服务的地位。[①] 家庭养老具有稳固的社会文化根基,其情感价值不可替代,社会养老发展的不成熟对家庭养老提出了更高的要求。与此同时,家庭养老在国外的重新回归也要求我们对其给予更多的关注。[②]《中华人民共和国老年人权益保障法》(2018年修订)中明确规定:"老年人养老以居家为基础,家庭成员应当尊重、关心和照料老年人。赡养人应当履行对老年人经济上供养、生活上照料和精神上慰藉的义务,照顾老年人的特殊需要。"《"十四五"国家老龄事业发展和养老服务体系规划》指出,"巩固和增强家庭养老功能,在全社会开展人口老龄化国情教育,积极践行社会主义核心价值观,传承弘扬'百善孝为先'的中华民族传统美德。完善家庭养老支持政策体系"。这意味着,家庭养老的基础地位在我国具有法律和政策上的双重依据。在新的时期,家庭养老的内涵和内容也发生着改变。要加快制定家庭养老支持的政策体系,深挖家庭养老支持的社会资源,强化支持家庭养老的文化体系建设。

(二)社区:养老服务的供给平台

"社区"这一概念,最早是在19世纪末由德国社会学家滕尼斯提出来的。20世纪20年代,英国率先开始发展社区福利(Community Welfare),其主要内容是社区照顾、居家照顾和发展福利非营利组织等。20世纪60年代,美国、日本等其他发达国家受到英国的影响,也纷纷引入社区福利。社区福利是在人口老龄化、家庭核心化和福利社会化等多重背景下应运而生的。福利社区化自然地形成了一种由政府、企业和非营利部门等多方参与,为社区提供最广阔发展空间的合作机制。它将社区中各类人力、物力和财力资源有机地结合在一起,以较低的政府投入推动高质量社会保障的实现,并兼顾市场多元化需求保障和一元化最低生活保障。

从养老服务供给上看,社区拥有天然的地理优势。社区养老是解决我国人口老龄化问题的重要举措和必然趋势,从社区层面建构整体性养老服务体系,是社区养老发展与福利社区化建设的必要路径。我国基层社会治理以社区为基本单位,社区中老年人的居住、生活、社会参与是基层治理的重要组成部分,基层治理方式对养老服务的提供模式、成本构成、监督管理和权益维护等都产生影响。伴随着劳动工资、社会福利及退休制度的变迁,人在退休后,由"单位人"转变为"社会人",而生活照料、休闲娱乐、社会参与等都需要围绕在社区及居住地周边来进行,"社会人"同时又变成"社区人"。为此,社区需要协调好政府、社会、市场、家庭各行动主体在养老服务中的职能,并借助服务平台整合多种社会力量,为社区内的老年

---

① 吴玉韶. 重新审视家庭养老的地位[J]. 中国老年,2014(19):1.
② 黄健元,贾林霞. 家庭养老功能的变迁与新时代家庭养老功能的发挥[J]. 中州学刊,2019(12):86-88.

人提供全方位、多层次、专业化、精准化的养老服务,使社区成为一个整合、组织化的养老服务资源平台。这也是满足《"十四五"国家老龄事业发展和养老服务体系规划》中提出的"强化包括老年健康、城乡老年助餐服务、助浴助洁和巡访关爱服务、生活性为老服务业等居家社区养老服务能力建设"的具体要求。

(三)市场:养老服务的主要力量

从新中国建立到改革开放之初,城镇"三无"老人和农村"五保"老人,都是由国家兴办福利院进行集中供养,养老服务全部事务由政府直接负责,突出政府在养老服务中的责任。改革开放以后,特别是中国自1999年步入人口老龄化之后,由于老年人口的逐步增加,政府财政负担也越来越重,被迫开始将一部分养老责任推向社会。这一时期的多份政策文件中都提出要坚持"政策引导、政府扶持、社会兴办、市场运作"的原则,引导和鼓励社会力量参与养老服务。尤其从2011年开始,中国的养老服务市场步入全面发展的新阶段。养老服务的定位开始由福利性事业向市场化与社会化转变,养老服务业作为产业调整与经济转型的重要力量进入政策议程。政府则本着"保基本、兜底线"的原则,从顶层设计、政策制定、政策实施和政策支持等多个方面推动养老服务市场化改革。

养老服务在市场化、社会化进程中,存在着"养老服务资源配置效率低下和供需结构不匹配"等问题,这些现象的产生与政府配置资源的行政主动性密切相关。政府行政手段与资源不足造成养老服务供需双方的对接错位,极大地影响了资源配置效率。以市场作为养老服务管理体制的主体,其核心是利用供求、价格及竞争机制对养老资源进行有效分配,以提高养老服务的效率和质量。市场对于需求的敏感度是资源配置的内在优势,可以自动调节养老服务的供需矛盾。同时,市场机制以等价交换为基本准则,其内在逻辑要求参与者的权利和义务相结合,从而能够更好地体现福利权利与责任相统一的特征。

(四)社会组织:养老服务的重要力量

社会组织作为社会力量的重要载体,在吸收公共资源,利用市场资源,有效弥补"政府失灵"与"市场失灵"等方面功能优势显而易见。因此,社会组织能够在政府与市场之间架起桥梁,最大限度地动员所有利益相关者的力量,尽可能地整合各方面资源。一方面,市场在配置资源过程中存在"马太效应"、信息不对称等弊端,因此,完全寄希望于市场对养老服务资源配置进行自发调节,无论在理论上还是现实中都是行不通的;另一方面,凭借政府有力的行政干预虽然可以在一定程度上弥补市场机制的缺陷,但是在政府作为主要实施主体推进养老服务的进程中,也暴露出了供给效率低下、服务专业化程度不足、人力资源不足等问题。在政府与市场双重失灵背景下,通过引进并借助政府、市场之外的第三方力量——社会组织,来实现养老服务高效且专业的供给,成为社会化养老服务的必然选择。

人口老龄化时代下,任何一个国家都不可能单纯依靠政府解决养老问题,这就要求政府、家庭、社会和个人全方位地介入,并在厘清各自责任边界的前提下,形成多主体协同参与养老服务管理的共担机制。党的十九届四中全会强调加快建设养老服务体系以完善民生保障制度,强调发挥社会组织作用和加强社会组织制度建设。近年来,中央和地方纷纷出台相关政策,降低社会组织参与养老服务的门槛,鼓励社会组织通过公建民营、民办公助、承包经营、合资合作等多种方式提供养老服务。目前,在一些大城市,社会组织参与养老服务已经有了一定的实践。社会组织将成为积极应对老龄化和提供养老服务的重要社会力量,并在推进国家治理体系和治理能力现代化方面发挥重要作用。

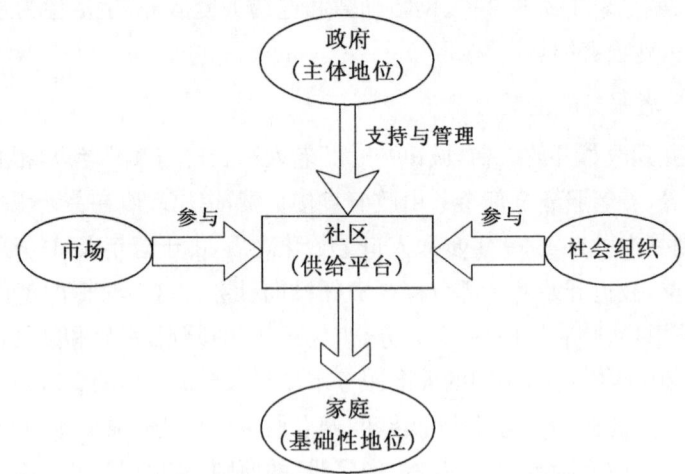

图 4.3　养老服务管理体制主体和客体

第三节　养老服务管理体制的发展历程

一、计划经济时期发展受限

新中国成立之初,百废待兴,国家养老工作也需要重新起步。这一时期,我国采取的是计划经济体制,并出现了城乡二元结构。在农村地区,绝大多数老年人都是在家庭内部解决养老问题。1956年,全国人大颁布的《高级农业生产合作社示范章程》标志着我国农村"五保"的建立。随后,1957年的《1956年到1967年全国农业发展纲要(草案)》中又明确提出要推行"五保"政策,供养和尊敬老人。因此,农业生产合作社及后来成立的人民公社都是通过吸纳老人入社,并对老人进行照顾等方式来保障农村老人养老。在农业生产合作社兼顾养老的同时,政府还积极出台了修建敬老院的相关政策。1951年,国家内务部通过推广河南省唐河县自愿联合安置孤老残幼的办法,开创了我国敬老院的先河。在这种模式下,被安置者将自己的房屋、土地和财产带到安置者家中,死后遗产归安置者所有,而其生养死葬全部由安置者负责承担。1956年,黑龙江省拜泉县兴华乡为了解决实行合作化后年老体弱的"五保"对象的生活照料问题,在全国办起了第一个敬老院。

在城镇中,为了维护社会稳定,安置城镇流离失所人员,政府以原有的社会救济机构为依托,设立生产教养院,对这些人实施救济和教育改造。单位制是从20世纪50年代以后开始实行的一种制度,即以企事业组织为单位,承担政府的社会分工目标,并对其成员进行综合管理,而执行这种制度的企事业组织被指定为"单位"。在中国,单位制在城镇普遍建立,城镇居民一旦进入单位,就能够在工作和生活方面受到"单位"制度的全方位保障。因此,城镇老年人的养老问题主要由单位负责。

在管理体制上,新中国成立之初是以内务部为主体负责老龄工作,此时还未设立专门的民政部门,具体的养老工作主要由城乡单位与人民公社共同承担。这一时期管理体制的内容比较单一,仅负责老年人的基本生活保障。随着国家政治形势的变化,内务部在20世纪60年代被撤销,老龄工作失去了主管部门。20世纪70年代末,国家成立了民政部,并作为老龄工作的主管部门。

二、改革开放时期逐步探索

改革开放以来,计划经济时期所确立的单位制度已经被取消,社会上出现了大量的失业人员和下岗人员。此时,人们已经不能再从单位获得全面的资源。因此,养老压力也从单位和家庭向社会转移,社会养老需求逐渐加大。同时,在西方国家为了走出福利国家危机所实行的福利提供主体和来源多元化变革的冲击下,结合国内企业改革不断深化及国家产业政策不断调整等因素,国家民政部门开始探索"社会福利社会化"的改革,力图改变传统的政府包办社会福利和企业办社会的模式,以形成由政府、市场、家庭及第三部门等多方参与社会福利运作的新局面。

在管理体制方面,1978年3月5日,第五届全国人民代表大会第一次会议设立中华人民共和国民政部。民政部作为全国民政工作主管机构,它的成立标志着中国的民政工作即将进入新时期,养老工作也将随之获得新的发展。1982年3月,经国务院批准成立中国老龄问题全国委员会,1995年3月更名为中国老龄协会。中国老龄协会成立后,就着手调查研究我国老龄事业发展的方针、政策、规划及老龄工作中的相关问题,并提出相关建议。1999年10月,国务院成立全国老龄工作委员会,全国老龄工作委员会作为国务院主管全国老龄工作的议事协调机构,负责老龄事业发展战略及重大政策研究,以及老龄工作的宏观指导和综合管理的任务。这一时期,国家通过并出台了一系列的政策法规,将养老工作从国家完全控制的模式转变成政策激励和开放社会市场相结合的模式,从而使得养老领域发生了许多新的变化,主要表现为服务人群的扩大、服务主体和服务机制变化等。政府在养老服务管理中的责任也将发生变化,逐渐从服务提供者转变为市场监管者。

三、新世纪初期发展成型

进入21世纪,我国老龄化进程不断加剧,2000年第五次全国人口普查数据显示,中国65岁以上人口占总人口的比例达6.96%,意味着中国已加入老龄化国家的行列。日益扩大的老年人口规模为养老服务的发展奠定了极为重要的人口基础。同时,面对日益严峻的老龄化形势,中国政府强烈认识到应对人口老龄化问题的迫切性,并开始发展新兴的养老服务产业,主要从发展理念、管理体制、发展规划、政策措施及法律建设等方面推动和扶持养老服务业的发展。在这一阶段,中国的养老服务进入了开拓阶段。我国逐步确立了要建设以居家为基础、以机构为支撑、以社区为依托的社会养老服务体系,不断明确养老政策制定的原则和思路,鼓励多个政府部门联合制定政策,并强调政策制定过程中的科学规划和积极引导。

在管理体制方面,2005年8月,经中央编委批准,全国老龄工作委员会办公室与中国老龄协会实行合署办公,中国老龄协会为国务院副部级事业单位,由民政部代管。2010年,中国老龄产业协会成立,该协会是由关注老龄产业的企事业单位、社会组织和相关行业的专家自愿组成的全国性及行业性的非营利性协会。一方面,协会通过建立行业自律机制,提高行业整体素质,依法保护会员和行业的合法权益;另一方面,协会还参与制定国家老龄产业发展规划,向政府部门提出产业政策和经济立法等相关建议。然而,在实践中,全国老龄委议事协调功能作用并没有得到充分的发挥。究其原因,一方面,老龄委是一个"松散型"组织,缺乏规范化制度;另一方面,老龄委缺乏检查和监督其成员单位及地方老龄委履职和工作开展情况的机制,特别是对一些工作做得较差的单位和地区没有及时发挥促进作用。

四、新时代以来不断完善

2012年11月,党的十八大明确提出,积极应对人口老龄化,大力发展老龄服务事业和产业的要求。这一要求首次被写进了党的重要文件,也标志着大力发展老龄产业已经上升到国家战略层面,成为全党和全社会的行动指南。主要原因在于两个方面:一方面,随着我国市场经济及城镇化的发展,人口流动与迁移日益频繁,家庭"空巢化"现象加剧,家庭养老服务的功能逐步弱化,社会化、专业化的养老服务需求日益增加;另一方面,伴随着养老保险的改革与推广,当前我国老年人医疗费用不断攀升,老年人健康状况堪忧,老年期之前的健康问题与晚年健康状况恶化之间的矛盾日益突出,养老事业的重心逐步向健康问题转移,医养结合已成为养老服务最核心的部分。

然而,目前我国养老服务实践中,往往存在着养老服务内容同质化严重、服务质量良莠不齐、公办养老机构对政府补贴依赖性过强等问题。因此,为了缓解养老服务的压力和问题,创新养老服务模式,提高养老服务效果,协同治理已成为我国发展社会养老服务的重要途径之一,即从"单一"治理主体——政府,转变为政府、社会和市场等多个主体共同参与的治理模式,养老服务政策更加重视市场监管和服务质量,这与养老服务管理体制的变化相辅相成。多元主体协同参与的社会养老服务不仅是新时期政府职能转变的具体方式,也是有效应对我国老龄化需求多样性、多层性问题的正确思路。

在管理体制方面,2016年5月27日,习近平总书记就中国人口老龄化的形势和对策在中共中央政治局第三十二次集体学习上发表了重要讲话。习近平总书记在讲话中始终强调要在老龄工作中坚持党委领导、政府主导、社会参与、全民行动相结合。随着《"健康中国2030"规划纲要》的出台,2018年3月27日,国家卫生健康委员会正式揭牌,同时,全国老龄工作委员会的日常工作从民政部移交给国家卫生健康委员会,民政部代管的中国老龄协会也改由国家卫生健康委员会代管。民政部与卫健委"管办分开":由全国老龄委承担的职能将由国家卫健委牵头主管。民政部仍负责城镇"三无"老人和农村"五保"老人等弱势群体的供养工作等民生兜底事业,而民非性质的养老机构等社会组织的设立、许可、认定等业务仍归民政部负责。民政部的职责更加专业化,并偏向服务性质。这既符合《"十四五"国家老龄事业发展和养老服务体系规划》中"深入推进医养结合"的要求,也落实了健康中国战略的重要举措。

第四节 养老服务管理体制的改革趋势

一、养老服务管理体制的改革理念

(一) 养老服务管理体制的改革目标

养老服务是为老年人提供生活照顾和护理服务、满足老年人生活和精神需求的特殊服务,它主要通过提供相应服务和产品来满足老年人的养老需求。养老服务既是一个产业,又是一项事业;养老服务业的发展不仅可以促进民生幸福指数的提高,更能促进经济发展的转型与升级。养老服务业的发展和养老服务管理体制的建立,应以"提供有效服务"为核心目标,考虑服务数量、服务质量和效果、组织效率等各种因素。养老服务作为一项公共服务,养老服务管理体制的目标又可以分为社会效益目标和经济效益目标。

1. 社会效益目标

从政府职责来看,政府要给老年人提供公共资源和服务,并进行有效资源配置管理,满足老年人的多样化需求;政府要出台养老服务管理政策和法律法规,协调部门利益,寻求政策合力,使每一个老年人都享有国家社会保障的平等权利。养老服务作为民生事业的重要内容之一,事关老年人群体的切身利益,也事关亿万家庭福祉。养老服务资源的多与少,反映了养老服务的数量问题。

随着社会的不断发展,无限的发展与有限的资源之间的矛盾更加突出。由于市场经济体制在资源分配时倾向于高利润的行业和部门,养老服务业作为新兴的产业,并不属于传统意义上的高利润行业,也就不具备这种优势。如果更多的社会资源能够被应用于养老服务业,也就意味着养老服务拥有了更多的资源与物质保障。这是发展社会养老服务体系的一个关键目标。为了实现这一目标,有必要发挥政府的领导作用和市场的调节作用,并处理好政府和市场在资源配置中的关系。养老服务的质量和效率越高,在资源有限的情况下为老年人提供的服务就越有效,老年人对服务的满意度也就越高。优质的养老服务必须建立在充足的服务数量之上,而充足的服务数量是提供优质服务的必要条件。然而,足够数量的服务有时并不能保证养老服务质量。机构的人性化程度、工作人员的态度及服务的水平和质量是评估养老服务质量的重要因素。优质的养老服务是养老服务管理体制建立的高层次目标。

2. 经济效益目标

从国家层面来看,养老服务业的经济效益正逐渐凸显,未来我国将成为全球老龄产业市场潜力最大的国家。我国养老服务管理也势必随着政策发展环境的优化而逐步完善,在兼具社会效益和经济效益的同时,必将进入快速、良性的发展轨道。对于养老服务管理体制的市场力量来说,经济效益往往是其首要目标。以公立养老机构为例,虽然营利不是其最高目标,但在政府投入不足、相关优惠政策难以落实到位、服务对象收入来源有限及养老服务市场竞争激烈的背景下,公立养老机构要提供更好的服务,也需多措并举,重视经济效益的提高。能否理顺组织管理体制事关养老服务提供的组织效率。一个有效的组织管理体制要求能够以较低的运行成本来动员和组织社会资源。组织管理体制越通畅,动用社会资源提供养老服务的成本就越低。为实现这一目标，除了需要正确处理好政府与市场之间的关系，政府职能转变也是重要方面。

（二）养老服务管理体制的原则

我国的养老服务管理体系建设应按照城乡一体化和区域统筹发展的要求，建立和完善与我国养老服务需求增长相适应的养老服务设施、服务网络、服务内容、服务方式、服务队伍和管理制度，加快建立和发展以居家养老为基础、社区养老为依托、机构养老为补充、各类养老服务设施协调发展的养老服务体系。为老年人提供生活照料、居家养老、康复护理、心理关怀、文化生活、社会参与等多层次、多样化的养老服务，促进老年消费，吸纳社会就业，促进社会和谐，为基本养老服务体系的全面突破和快速发展做出贡献。为此，应遵守以下基本原则。

1. 公平性原则

在养老服务管理体制的改进与完善过程中，应注意公平性原则，包括实现市场环境的公平、改革机制的公平等。特别要注意由于地域间发展不均衡而引发的规划或政策扶持的不公平现象。要结合当地情况，有理有据地开展养老服务管理体制搭建和发展的工作。养老服务均等化是实现老年人公平享有社会发展成果、促进社会公平正义的体现，推进养老服务均等化应充分认识到养老服务的社会公平目标。

对老年人的平等照顾意味着生活在不同地区的老年人有同样的机会获得大致相同的服务，即实现养老服务均等化。中国的养老服务价值理念已经从有限的公平转向了服务效率，最终形成了目前以公平为先的制度设计理念。在国际层面上，促进建立老年人社会服务体系，确保所有老年人平等获得基本服务，是解决"老有所养"问题最重要的社会目标之一。公平地获得公共服务已经成为当地学术界的一个挑战。"十四五"期间，公平和共享的概念将成为改善社会、保障治理的一个内在机理，必须按照促进社会公正的目标，实现制度的公平和可持续运行。推进养老服务均等化，既是对以人为本理念的正确贯彻和对公民基本权利的保护，也是强化政府社会治理和公共服务职能的重要体现，是建设服务型政府的一项重要任务。

2. 专业性原则

专业化管理原则主要包含人才专业化和服务标准化两个方面。在人才专业化方面，《中华人民共和国老年人权益保障法》第四十七条规定，国家建立健全养老服务人才培养、使用、评价和激励制度，依法规范用工，促进从业人员劳动报酬合理增长，发展专职、兼职和志愿者相结合的养老服务队伍；国家鼓励高等学校、中等职业学校和职业培训机构设置相关专业或者培训项目，培养养老服务专业人才。

在服务标准化方面，根据《中华人民共和国国民经济和社会发展第十三个五年规划纲要》《"十四五"国家老龄事业发展和养老体制建设规划》及《民政部国家标准委关于印发〈养老服务标准体系建设指南〉的通知》，养老服务标准体制建设的总体目标是：到2020年，基本建成涵盖养老服务基础通用标准，机构、居家、社区养老服务标准，管理标准和支撑保障标准，以及老年人产品用品标准，国家、行业、地方和企业标准相衔接，覆盖全面、重点突出、结构合理的养老服务标准体制；基本形成规范运转的养老服务标准化建设工作格局；标准制定、实施和监管水平明显提升；标准化试点示范工作和专业人才队伍建设逐步完善，行业标准化意识和规范化意识显著增强;安全、便利、诚信的养老服务消费市场环境基本形成。

3. 精准性原则

推动养老服务业均衡协调发展是积极应对人口老龄化的重要举措。在养老服务管理的实践中,存在场地资源、政策举措、服务能力三方面发展不充分、不平衡的"供需差"现象,"具体而言,就是场地资源的供给相对滞后于需求;在政策举措上,养老服务多头管理、资源分散、政策碎片化等现象依然存在,养老服务体系与医疗卫生体系分属民政部门和卫健部门,部门之间职责界定仍然不够清晰,多头治理下的相关政策及时性、协调性有所欠缺,合力不足"。

为此,我国养老服务管理政策法规明确按需管理原则,特别关注人文、跨界、个性、可持续等需求要素。各级政府要根据养老服务需求,对护理、康复、自理、托养、居家及文体等各类养老服务机构的建设和布局统筹考虑、整体规划、统一部署、分步实施。依据养老需求特性及空间分布规律,确立有助于强化"需求足够响应"宏观决策的理论依据或决策原则,提高实现"需求足够响应"的能动性,大幅降低养老服务决策过程中的政府失灵现象。

4. 高效性原则

养老服务信息化是社区、养老服务机构、社会组织和企业利用物联网、移动互联网和云计算、大数据等信息技术,开发应用智能终端和居家社区养老服务智慧平台、信息系统、APP、微信公众号等,以提高管理的水平和效率。

高效性原则是解决我国人口老龄化快速发展背景下养老服务资源结构性短缺、劳动密集型养老方式困难重重的必然选择,具有规范、高效、透明的特点。对于养老机构而言,信息化的高效管理可以缓解全国养老服务人才短缺的现状,提供更加及时、精准的服务,减少安全事故的发生。对于养老服务行业来讲,可以有效整合资源,全面了解养老服务行业现状,为行业研究、行业机构考核评估和资质认证、专业队伍建设提供信息支持,也为行业管理、质量监督提供基础依据,有力促进养老服务行业标准化水平的提升。对于社会公众来讲,信息化的高效管理为公众开辟了了解和选择养老服务机构、服务方式或老年用品的便捷途径。政府要兜底解决基本服务对象的保障问题;通过适度普惠、建设公共养老设施等方式改善养老服务福利,使老年人能够分享改革发展成果,并通过政策扶持等方式推动养老服务市场的成熟与产业发展。要完善养老服务体系,构建以居家为基础、社区为依托、机构为支撑的多层次养老服务体系;强化基层医疗机构作用,积极拓展医养结合模式;加强人才培养,提升服务水平;优化资源配置。建立以政府为主导、政策为导向、社会为主体、市场为驱动的投资与运行机制,结合实际需求,推动城乡及不同区域各类养老服务机构和谐发展,促进养老服务事业与老年人服务需求衔接优化。

二、养老服务管理体制改革的影响因素

根据道格拉斯·C.诺思[①]的理论和已有研究,养老服务管理体制改革所研究的正式制度包括养老服务的法律制度(法律法规、政策)、养老服务的组织制度(组织结构、组织行为)等,非正式制度包括区域人文地理特征(经济、人口、文化观念)、利益主体之间的博弈关系等。

---

① 道格拉斯·C.诺思.制度、制度变迁与经济绩效[M].杭行,译.北京:格致出版社,2014:43-55.

(一)影响养老服务体制改革的正式制度因素

1. 养老服务的法律制度

一个好的法律法规体系,可以对养老服务工作的开展起到有效保障作用。近年来,伴随着国家养老服务体系的政策和法律体系日益完善,许多与养老事业有关的政策法规在国内密集颁布,并取得了一定的社会效益。政策内容由原来法律起步阶段向规范阶段转变,进而向养老服务业支持方向发展,各地区养老服务管理体制和政策法律体系已见雏形。其中,《中华人民共和国老年人权益保障法》是当前最主要的一部法规文件,它对于推动我国养老服务体系立法起到重要作用。但是从整体上看,我国养老服务缺乏专门的法律法规为其提供基本的发展保障。法律法规滞后使各利益主体在产业发展中责任共担,在配置养老服务资源、规范企业运营、维护为老服务市场秩序等问题上欠缺基础。有政策偏重于原则性、倡导性条款,既缺乏根本约束力,权威性大减,又缺乏针对性、可操作性。总体上看,目前,中国养老服务政策体系建设速度严重落后于老年群体养老服务需求增长速度与养老服务市场发育程度。

2. 养老服务的组织制度

养老服务管理体制改革的实施离不开相应的组织制度。良好的组织制度可以规约政策实施,因为组织制度为政治执行提供基本平台的同时,其本身就是政策实施的产物和结果,从而反过来影响养老政策的实施效果。具体而言,组织结构、组织行为、组织动力等构成一个完整的组织制度,任一环节的缺位都会制约政策实施及效果达成。

影响组织管理体制运转的因素主要表现在三个层次:养老服务机构/中心内部、政府与养老服务企业或组织之间、政府部门之间。从养老服务机构/中心内部层次来看,组织属性是重要影响因素,由于养老服务往往兼有"公益"和"盈利"的双重性质,组织属性的模糊不清往往会造成内部组织管理体制规范性的缺失。

从政府与养老服务企业或组织层次来看,这种定位的模糊性往往又影响着政府与养老服务机构/中心的关系。如何发挥政府的引导作用?如何借助民间力量发展养老服务业?如何使对养老服务机构/中心的优惠政策不打折扣?这些都影响着政府与养老服务机构/中心之间的关系,进而影响着管理的科学性。

从政府部门之间关系的层次来看,由于对养老服务业的管理不仅仅是民政和卫健部门的事情,还涉及人社、税务、财政、土地、水电等部门,各部门之间的协调配合往往又会影响到管理的有效性。各部门之间性质不同、隶属不一,资源分散,部门之间职能的交叉和缺位现象并存。而各部门各自为政,缺乏有效的配合和沟通协调,导致工作效率低下,不能形成合力,制约着管理体制的职能发挥。

(二)影响养老服务管理体制改革的非正式制度因素

1. 不同区域的人文地理特征

首先,从空间格局来看,城乡之间的养老服务管理体制改革存在着明显的差异。由于城镇与农村之间的养老服务体系有一定差异,农村养老仍然有较大的发展空间,尚未形成较为系统、成熟的体系,在进行管理体制改革时会存在不同。其次,从经济发展水平来看,一般而言,经济发达的地区养老服务也比较发达,管理体制的发展也相对成熟,这些地区拥有区位优势:政策的支持、人才的聚集、资金的充足等。如上海、江苏、浙江等地区,外部条件的优越使其可以更好、更快地响应养老服务管理体制改革举措。再次,一个地区的人口结构对于该地区的养老服务业的发展也有着重要的影响,尤其是老龄化的程度,老龄化程度较高的地区,相应的养老服务配套措施相对完善,改革时往往也更具挑战性。最后,在文化观念上,中国的养老文化体系具体表现为以孝文化为概念的家庭养老文化模式。家庭养老文化模式一方面保证了老年人的晚年生活,另一方面构建了中国独特的养老文化体系。家庭养老不仅反映了家庭内代际间的互动,更反映了人们对家庭养老行为的认识和赋予的意义。在进行养老服务管理体制改革时,必须考虑到这一文化的特色,发展以家庭养老为中心的养老服务体系。

2. 相关利益主体之间的博弈关系

在老年人口数量高速攀升的情形下,政府为实现社会效益最大化,必须通过购买养老服务、加大对养老机构及其他养老组织的支持力度来提高有限的供给能力;但社会服务组织以盈利为目标,实现高收益、低成本的生产养老服务是其考虑与政府合作的前提条件。

政府与社会服务组织在养老服务提供与生产中存在相互博弈的关系。政府与相关养老服务组织所建立的合作关系建立在政府与养老服务机构信息对称的基础上,双方经过协商沟通实现彼此共赢的局面,即政府与养老服务组织可以明确各自的职责与分工,政府为社会养老服务发展提供政策导向作用,而养老机构可以提供老年人真正需要的养老服务。但是,在现实发展过程中,政府所给予养老机构的补贴会存在不合理利用的现象,养老服务机构可能存在投机行为,将自身与政府之间存在的信息非对称优势利用到双方合作中。此时,政府由于处于信息弱势的地位,易造成对养老服务机构监管不力的后果,进而影响对社会养老服务的有效供给,降低资源配置及效率,阻碍养老服务政策的顺利推行与落实,不利于老年人真正享受普惠便捷的社会养老服务。

三、养老服务管理体制的发展趋势

(一)强化顶层设计,实现多元主体的有效合作

养老不仅是家庭应尽的义务,更是政府应着力解决的重要社会问题之一。要解决这个问题,企业及专业化机构的共同参与不可或缺。目前,养老服务产业的整体格局为:光靠政府包不住、光靠家庭吃不起、光靠企业赔不起。在这种情况下,解决矛盾的核心,就是要理性地建立政府、企业/机构与居民之间的合作关系,并明确其应该扮演的角色,大方向就是要建立一个以政府为主导,以家庭为基础,以政府、企业和社会为依托的养老服务管理模式。但是,我国现阶段养老服务体系建设仍处于起步阶段,与发达国家相比还存在较大差距,特别是社区居家养老模式尚未形成规模效应,其主要原因在于缺乏有效的组织保障、制度体系支撑等。政府需充分发挥主导作用,重视市场和社会力量作为居家养老服务主体的作用,同时增加养老服务的投入。

(二)协调管理体制中市场化与非市场化部分的关系

现行管理体制下,政府还不能精确地划清"管"与"不管","管得多"与"管得少",政府与市场之间界限不清,政府的权力使用难以把握轻重。各级管理体系要明确政府是养老服务发展的主导者而非直接提供者。政府应正确把握居家养老服务的大方向,减少直接介入养

老服务各具体业务的操作,鼓励养老服务产业化。政府可以通过出台相应政策扶持居家养老服务事业的发展。要建立以社区为依托、家庭为主干的新型养老服务体系,实现"以老养老"模式向"老有所乐"模式转变。还应关注社会组织参与养老服务时过度市场化的趋势,避免社会组织商业运作损害公益性。在此过程中,应始终坚持市场对资源配置的决定性作用,并保证社会力量是养老服务业的发展主体。

(三) 完善监管系统及相关法律法规

完善的监管体制是养老服务管理体制高效运行的重要保证,因此,建立全方位、多角度的监管机制是十分必要的。目前的监管仅着重考察部门职能,难以单独针对养老体系中的具体而微的模块进行分析。监督系统应打通四级,实现横向和纵向双向监督。

养老服务体系监督、评价和管理制度的建立是当前管理体制建设的重点,单纯地依靠道德的力量难以实现有效约束,标准的不完善也容易导致各地在具体执行上存在较大差异。因此,应加快制定明确各主体责任的法律法规,以实现部门间的协调管理,总结国外及国内各试点地区的实践经验,结合当前各部门法律法规的制定情况,考虑各区特色,既制定符合国家政策的法律法规,也确定通行全市的法律法规及行业标准。

(四) 同级各部门之间需形成改革合力

目前,政府给予的养老服务政策支持涉及投融资支持、土地供应、税费减免、补贴支持、人才培养和教育等方面,具体政策的落地实施也对应到不同部门,为减少部门与部门之间的"踢皮球"行为,一方面,部门之间应加强合作沟通,形成合力;另一方面,政府文件应进一步落实明确责任方,提高管理办事效率;对于有职责重叠的部门,要完善相应的协调管理制度。为促进行业的发展,各部门应在管理上适当精简养老服务的行政审批,优化政府职能。

(五) 强化信息建设等核心基础工作

信息技术应用于养老服务管理对于增进信息的互通互联有较大作用,可以提高管理的服务效率,从而提升养老服务的质量与水平。在了解并收集老年人的基本统计数据的基础之上,一方面,可以根据收集到的基本数据情况和老年人拉近距离,提升沟通的效率,从而进一步与老人探讨并提供他们所需求的生活资料;另一方面,有助于管理层开发构建更加精准地反映老年人总体需求变化的数据库和信息管理系统,并逐步实现不同区、市之间的信息共享,最终发展至国内联网。在建立老年人需求信息管理系统时,要向弱势群体倾斜,优先考虑建立失能半失能老人需求统计制度,并完善基础性信息核验和研究工作,归纳整合所收集的需求信息,推进社区和城市环境适老化改造等基础工作,由政府牵头并承担主要职责。

延伸阅读

典型福利国家养老服务管理体制

养老服务体系的内容通常包括社会服务、初级护理和中级护理。社会服务指家政服务、日常照料和精神关怀等居家养老方面的服务;初级护理服务通常是指在各种医疗卫生保健机构中针对治疗急性和慢性疾病、疾病预防、咨询和病人教育等内容开展的首诊制,可以由初级卫生保健医生和护士或其他类型的专业人士提供;中级护理通常指专家提供的医疗护理服务或者由初级护理医师根据转诊病人的情况提供的服务,需要拥有更专业的知识、技能或者设备。养老服务体系内容的核心是连接健康护理和社会服务,它的长足发展离不开各国养老服务管理体制。而厘清各级政府部门在养老服务上的参与度,了解健康护理和社会服务的不同传递路径有助于从宏观上了解各国养老服务管理体制,进而明确养老服务体系的管理框架。哥斯塔·埃斯平-安德森从社会保障的角度出发,将福利国家划分为3种典型的体制类型(社会主义型、自由主义型和保守主义型)及2种交叉类型(社会主义和自由主义混合型、自由主义和保守主义混合型),瑞典和美国分别对应社会主义型和自由主义型,英国兼具社会主义和自由主义的特征,法国对应保守主义型,而日本则对应自由主义和保守主义的混合类型。5国在所属的福利类型中具有较好的代表性,养老服务管理体制较为完善。因此,本文以5国为案例,对各国的管理机构设置和权限划分进行研究。

1. 瑞典的养老服务管理体制

在瑞典,国家层面的养老服务管理机构是卫生与社会事业部(Ministry of Health and Social Affairs),下设瑞典照护服务分析机构、医疗责任委员会(HSAN)、全国卫生与福利委员会(the National Board of Health and Welfare)和瑞典医疗技术评估委员会(SBU)等职能机构;区域层面的管理机构是21个郡议会,负责中级和初级护理;居家养老等社会服务由地方层面的290个市养老相关部门提供,具体的管理机构设置如图4.4所示。

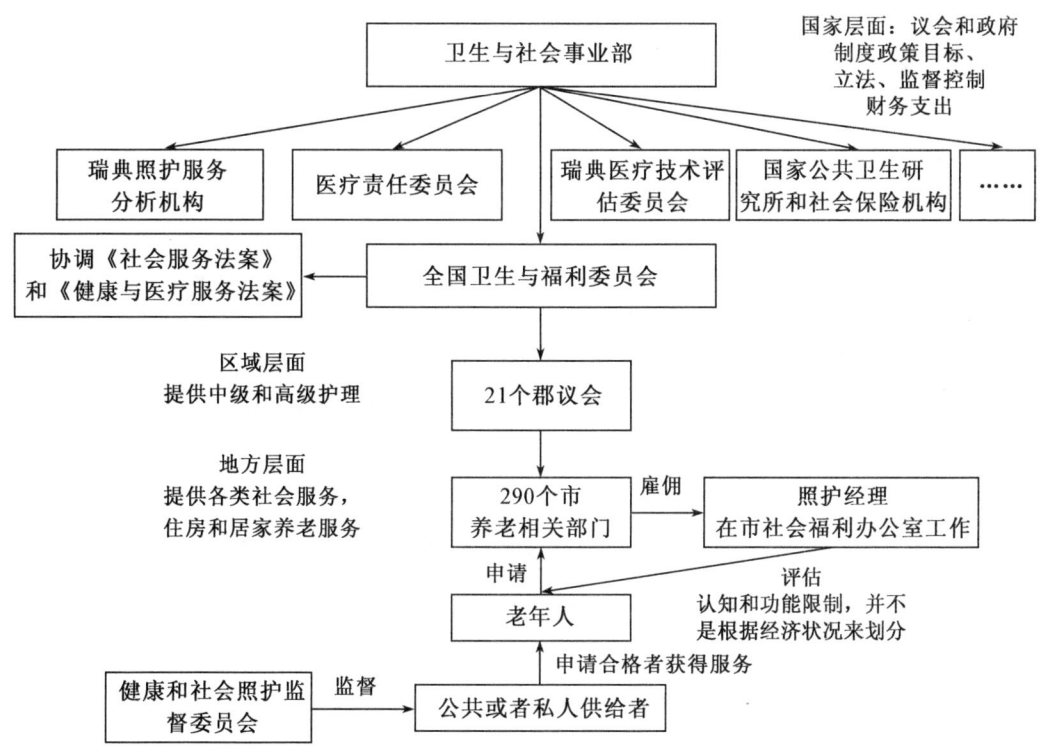

图4.4 瑞典养老服务管理机构设置图

瑞典养老服务管理的权利由国家下放到了地方,中央政府并不直接提供具体的照护服务,而是制定政策及监督地方政府相关照护服务的提供与实施。瑞典的卫生与社会事务部统筹全国养老服务事务,其下属部门全国卫生与福利委员负责协调《社会服务法案》(Social Service Act)和《健康与医疗服务法案》(The Health and Medical Service Act)这两部纲领性的养老法案,290个市则负责照护老人的具体事宜,由当地市提供健康护理和社会服务。老年人可以向市级层面申请养老服务,由市级社会福利办公室的照护经理根据认知和功能限制对老年人进行评估,决定是否可以接受养老服务,以及接受何种服务,之后由公共或者私人供给者为申请合格的老人提供服务,健康和社会照护监督委员会对其进行监督。近年来,瑞典不断尝试对养老服务进行整合,建立健康和社会服务协调发展的机制,并且在6个市进行实践,取得了不错的效果。

2. 英国的养老服务管理体制

英国的养老服务体系由成人社会服务体系(Adult Social Care,ASC)和国民医疗服务体系(National Health Service,NHS)组成。在国民医疗服务体系下,管理机构由上至下分别为议会、卫生部(Department of Health)、NHS董事会、经济监管部门(EM),以及质量管理委员会(CQC),国家层面的卫生部和各区养老服务相关的行政机构主要负责中级和初级护理。在成人社会服务体系中,管理机构是地方委员会联盟、地方质量管理委员会等地方养老服务管理部门,主要负责养老社会化服务。具体的管理机构设置如图4.5所示。

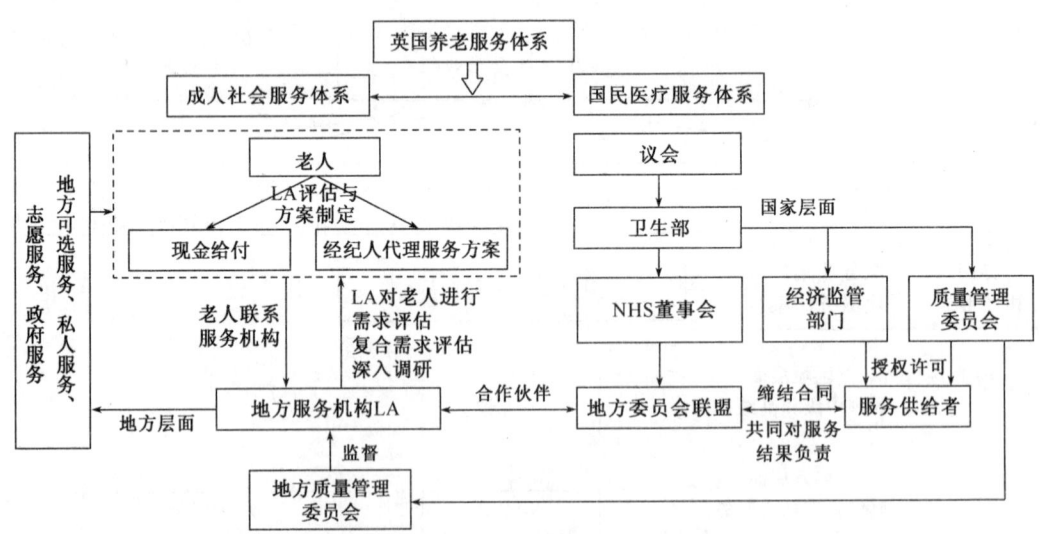

图4.5 英国养老服务管理机构设置图

英国的养老服务责任在地方社会服务部门(LA)成立之后,逐渐地从中央转移到地方。在国民医疗服务体系中,英国关于老年人健康护理的相关政策制定、管理和监督等主要由卫生部负责,经济监管部门和质量管理委员会对养老服务提供者进行授权,NHS董事会管理地方委员会联盟。在成人社会服务体系中,地方委员会联盟、地方服务机构和地方服务供给方承担着具体的社会化服务供给工作,地方委员会联盟与服务供给者签订服务合同,为服务供给者提供资金补贴,同时双方负责供给服务的质量。另外,作为地方监督部门的质量管理委员会(CQC)与其下派的健康监督人员(Local Health Watch)负责对地方服务机构进行第三方调查评估。成人社会服务体系主要满足老年人的日常生活照料需求，老年人可以向地方服务机构申请服务，符合条件的老年人可以选择现金给付或者经纪人代理服务方案，之后相关机构会向老人提供可选择的养老服务。

3. 美国的养老服务管理体制

1965年，美国约翰逊总统签署了一个具有里程碑意义的立法——《美国老年人法案》(Older Americans Act)，卫生健康行政体系和服务网络体系逐渐形成。美国国家层面的养老服务管理机构是卫生及公共服务部(Department of Health and Human Service)，区域层面的管理机构是56个州老龄机构，中央（联邦）部门和州机构负责社会服务、初级护理和中级护理，而655个地方老龄机构负责初级护理。具体的管理机构设置如图4.6所示。

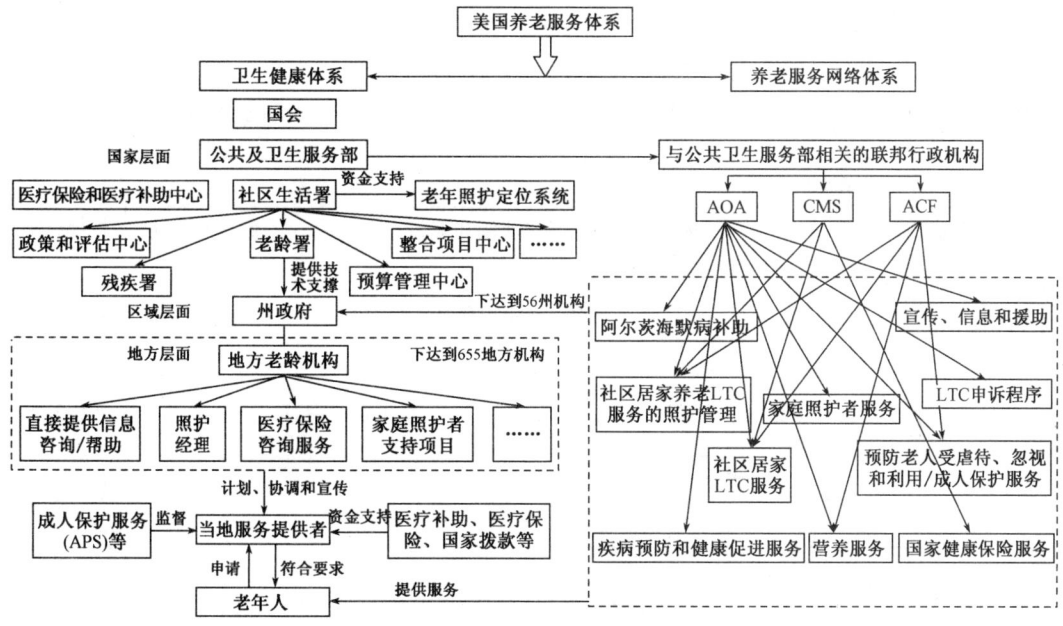

图4.6 美国养老服务管理机构设置图

在美国的养老服务行政网络中，美国公共及卫生服务部下设老龄署(Administration on Aging, AOA)，其后被健康与人类服务部下的社区生活署(Administration for Community Living, ACL)合并，成为社区生活署的一个部门并把更多的权利授予州政府，执行州计划的责任也因此落在区域性老龄机构，由这些机构对当地服务提供者进行计划、协调和宣传，并向老年人直接提供养老服务，例如，信息咨询和帮助服务。老年人可以向服务机构提出申请，符合要求的老年人可以从服务提供者处获得服务，由成人保护服务(Adult Protective Service, APS)等组织对服务提供者进行监督，利用"医疗保险""医疗补助"和国家拨款等方式对服务供应商进行资金支持。而在美国的养老服务网络中，与公共及卫生服务部相关联邦层面的行政机构有老龄署(AOA)、医疗保险和医疗补助服务中心(Centers for Medicare and Medicaid Services, CMS)和儿童及家庭署(Administration for Children and Family, ACF)，这三个组织交叉负责养老服务相关项目，如三个机构共同负责社区居家长期照护服务。之后，这些养老服务项目下达到56个州机构和655个地区机构，使得服务计划能够从制定到执行快速落实。联邦政府每年都会调整《美国老年人法案》中规定的拨款金额和相关项目的权力。2016年4月，美国总统奥巴马签署了最新的老年人法修订案，要求不断丰富社区居家养老服务的内容，加大对养老服务的监督，让老年人享受高质量的健康生活。

4. 日本的养老服务管理体制

自2000年介护保险制度开始实施，日本的养老服务就正式从社会福利及医疗保险制度中分离出来，作为一项独立的社会辅助事业而推向市场。日本的养老服务法律包括《国民年金法》《介护保险法》和《老年保健法》，国家层面的养老服务管理机构是厚生劳动省，负责初级护理和中级护理；区域层面的养老服务管理机构是都、道、府、县的健康福利部；地方层面的市、町、村的健康福利局则负责社会服务、初级护理和中级护理。具体的管理机构设置如图4.7所示。

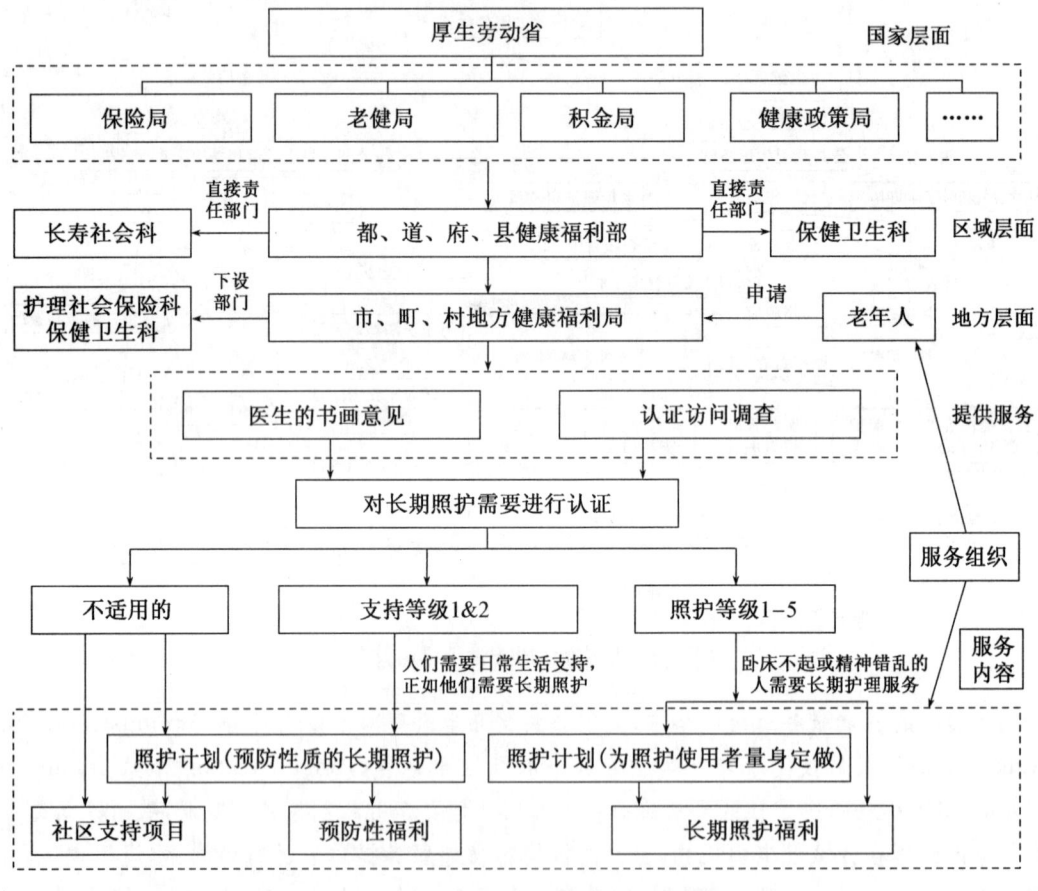

图4.7 日本养老服务管理机构设置图

日本的厚生劳动省下设保险局、老健局、基金局、健康政策局等，其职能是制定全国养老服务事业规划，促进规划的顺利实施，并为省级政府（47个都、道、府、县）及地方政府（超过1700个的市、町、村）提供政策咨询和建议。省级主管养老服务的行政主管部门为健康福利部，负责制定本级和下级规划，为市、町、村提供政策咨询和建议，它的直接责任部门分别是长寿社会科和保健卫生科。地方政府主管养老服务的行政机构部门是健康福利局，具体负责养老服务的组织实施，并管理相关养老服务社会组织。老年人若要申请照护服务，必须由本人向当地政府提出"照护认定"申请，经过医生书面意见和认证访问调查等审核程序后，获得当地政府批准的长期照护认定等级,之后由"介护支援专门员"根据照护等级制定服务规划。2006年,"介护预防"被写入修改了的《介护保险法》,这标志着"重预防"成为日本社会养老服务体系发展的方向,日本社会养老服务体系建设由此翻开了新的一页。

5. 法国的养老服务管理体制

法国政府部门主要通过国家、省和市三个层级实现对养老服务的管理。其中,国家层面的养老服务管理机构是社会与健康事务部(Ministry of Health and Social Affairs),主要负责中级护理;区域层面的管理机构是地区卫生和社会事务局,负责社会化服务、初级护理和中级护理;市相关政府部门则对地方层面事务进行管理,且负责中级护理。具体的管理机构设置如图4.8所示。

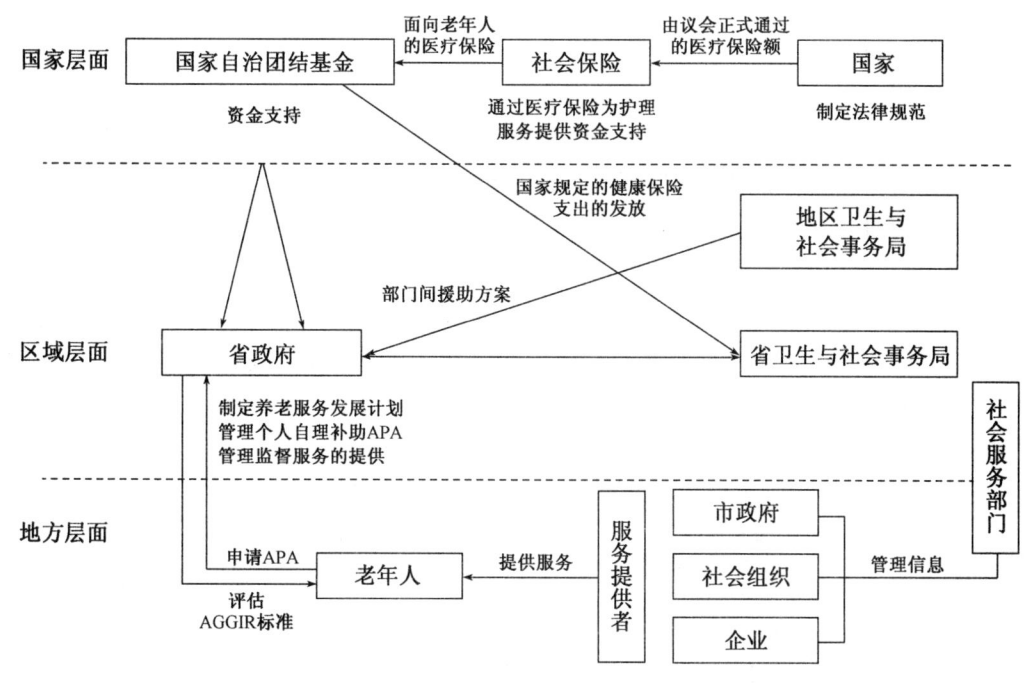

图4.8 法国养老服务管理机构设置

在国家层面,社会与健康事务部负责制定国家养老战略,并通过制定相应的法律法规指导和规范全国养老服务的发展。同时,针对老年人的健康保险支出(ONDAM)经过议会决议后由中央发放到社会保障部门,之后老年健康保险流向一个董事会领导的机构——国家自治团结基金会。国家自治团结基金会将国家规定的健康保险支出(ONDAM)发放到省卫生与社会事务部(D.D.A.S.S),由其负责计划护理服务相关事务,对护理保健服务协议执行和定价进行监管。在市级层面,市政府公共服务部门直接帮助老年人解决问题,并在法律法规规定以外的养老服务方面还享有一定的自主权。此外,在省和市之间存在着老人地方信息调度与协调中心(CLIC),一般一个CLIC管理着几个市的养老事务。CLIC的职能主要分为两个部分:一是管理并向外界提供所管区域内所有养老服务资源的信息;二是定期组织养老服务者召开研讨会,总结居家养老服务存在的问题,制定下阶段发展规划,不断改善养老服务。法国的养老服务主要通过企业、社会组织和市政府公共服务部门三个主体进行提供,由相关部门人员对老年人进行等级评估之后(GRID)确定是否接受服务及接受服务的类别,服务提供者会定期向老年人回访以检查自身服务是否到位。目前法国积极推广社区居家养老服务,大力发展CLIC,但是地方和区域层面存在一定阻碍,尤其是在健康和社会服务上财政支出的区别导致养老服务未能实现整合发展。

(摘自《经济体制改革》2019年第5期《国外养老服务管理体制对比及启示——以典型福利国家为例》,作者谷甜甜、李德智、徐萍。)

案例思考

<h2 style="text-align:center">差异化的养老服务管理体制</h2>

一、统一管理体制模式

统一管理体制模式是将老龄工作委员会办公室挂靠或设立在当地民政部门,管理社会养老服务的相关事务。以江阴、如皋为例,具体负责老龄和社会养老服务工作的"老龄工作科"挂"市老龄工作委员会办公室"牌子,承担市老龄工作委员会办公室的日常工作,与其他老龄事务工作进行统一的组织管理,目前江苏省的苏州、常州、无锡、镇江、扬州、南通、宿迁等地采用此管理体制。以南京市为例,其老龄工作委员会办公室设立在南京市民政局,作为其内设机构,目前江苏省的南京、盐城、连云港等地采用此管理体制。

案例1:江阴市社会养老服务体制现状

江阴市现为无锡市行政代管,总人口121.7万,2013年60周岁及以上老年人口约28万,占全市总人口的23.01%。江阴市社会养老服务体制的现状如下。

(1)管理机构设置。江阴市社会养老服务的主要市级管理机构是江阴市民政局,具体负责社会养老服务工作的科室是"老龄工作科"(挂"市老龄工作委员会办公室"牌子)。

(2)管理权限划分及其相应关系。"老龄工作科"负责管理全市公办养老机构、民办养老机构、社区居家养老服务站、农村互助养老"关爱之家"等。此外,江阴市老年文化活动中心、江阴市养老服务指导中心均为江阴市民政局直属机构。据江阴市民政局统计资料显示,近三年来,江阴市新增养老床位5 520张,建成社区居家养老服务站220家。目前,全市各类养老床位达10 485张,其中养老机构24家,养老床位7 356张;农村关爱之家3家,床位2 529张;社区居家养老床位600张。

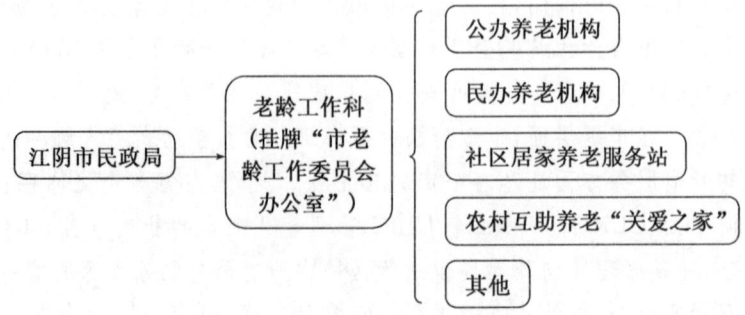

图4.9 江阴市社会养老服务管理机构设置

案例2：如皋市社会养老服务体制的现状

如皋市是南通市下辖的县级市，总人口143.23万，2013年60周岁及以上老年人口约36.52万，占全市总人口的25.5%；2014年如皋市百岁老人达272人。如皋市社会养老服务体制的现状如下。

(1) 管理机构设置。如皋市社会养老服务的主要市级管理机构是如皋市民政局。具体负责社会养老服务工作的科室是"老龄工作科"（挂"市老龄工作委员会办公室"牌子）。

(2) 管理权限划分。"老龄工作科"负责管理全市公办养老机构、民办养老机构、社区居家养老服务站、农村互助养老"关爱之家"等。据市民政局的统计资料显示，目前如皋市已建成政府办养老机构17家，民办养老服务机构9家，镇级居家养老服务中心14家，村级居家养老服务站升级达标252家，全市养老床位总数达9 175张，占老年人口的28.18‰，初步构建了具有如皋特色的以居家为基础、社区为依托、机构为平台、信息为辅助的社会养老服务体系。

二、分开管理体制模式

分开管理体制模式是老龄工作委员会办公室（县政府下辖）和民政部门的老龄工作管理科室分开办公，各自管理相应的社会养老服务工作，例如睢宁县，民政局社会福利和慈善事业促进科主要负责管理公办公营的养老机构，老龄办负责管理居家养老项目建设、民办民营的城市小型养老机构的管理和建设。目前江苏省的泰州、徐州、淮安等地采用此管理体制。

案例3：睢宁县社会养老服务体制的现状

睢宁县是徐州市辖县，2012年末户籍总人口137.36万，60周岁以上老年人口约20.32万，占全市总人口的14.8%。睢宁县社会养老服务体制的现状如下。

(1) 管理机构设置。睢宁县社会养老服务的主要管理机构是睢宁县民政局和睢宁县老龄工作委员会办公室。

(2) 管理权限划分。睢宁县民政局具体负责老龄和社会养老服务工作的科室是"社会福利和慈善事业促进科"（简称福善科）。睢宁县的21家公办公营的养老机构由福善科主要负责管理。睢宁县老龄工作委员会办公室（县政府下辖）负责全县的居家养老项目建设、城市小型托老所的管理和建设。现已建成社区居家养老服务站154个，利用废旧学校改建农村互助养老"关爱之家"15个，城市小型托老所（民办民营的养老机构）7所。

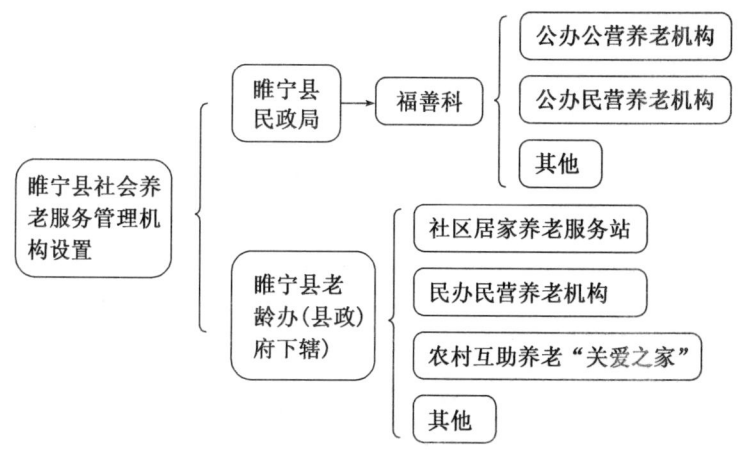

图4.10　睢宁县社会养老服务管理机构设置

(摘自《江苏社会科学》2015年第6期《社会养老服务体制：内涵、模式与发展——基于江苏三县（市）的调查》，作者陈际华、黄健元、宋冬梅。）

问题：查阅相关资料，分析统一管理体制与分开管理体制各有哪些优劣势？

本章关键术语

体制；机制；制度；养老服务管理体制

本章思考题

1. 什么是养老服务管理体制？
2. 养老服务管理体制有哪些主体？
3. 养老服务管理体制改革的影响因素有哪些？
4. 养老服务管理体制的发展趋势是什么？

第五章　养老服务体系内容

本章学习引导: 本章从养老服务体系入手,主要介绍居家养老、社区养老、机构养老,以及互助养老、医养结合、旅居养老等实践模式的基本概况,并进一步探究养老服务的发展困境、发展趋势、国外经验,让学生更系统地了解养老服务体系内容。

本章学习重点: 居家养老、社区养老、机构养老、互助养老、医养结合、旅居养老等相关概念,我国养老服务体系存在的问题及对策。

第一节　养老服务体系概念与发展历程

一、养老服务体系概念与特点

(一) 养老服务体系概念

从广义来看,养老服务是指国家、社会或个人为提高老年人生活质量而制定的政策措施和提供的服务、设施的总称。从狭义来看,养老服务是指为老年人提供家政服务、疾病护理、精神慰藉等生活照料护理性质的服务。结合老年人服务需求的定义,本书将养老服务定义为:能够满足老年人需求,使老年人受益,并为老年人的晚年生活提供便利的一切服务的总和。[①]

养老服务体系并不是对养老服务简单地进行扩展或延伸,而是从系统论的视角更为全面、系统地对社会养老服务进行阐释。作为老年供养体系的重要组成部分,养老服务体系是指老年人在生活中获得的全方位服务支持的系统,既包括家庭提供的各种服务,也包括政府、企业和社会等提供的相关服务。目前,不同国家和地区对养老服务体系概念的界定不尽相同,但是,其根本要点始终是根据老年人需求和老年人自身特点,由家庭、国家或社会提供物质帮助或社会服务,提高老年人的生活质量。[②] 据此,本书将养老服务体系定义为:在相关法律、政策、理念、监管措施等养老服务机制的保障下,通过居家养老、社区服务和机构养老等多元方式,向全体老年人提供生活照料、经济援助、医疗保健、精神慰藉等养老服务内容的有机整体和综合系统。

在当代中国,经过"十三五"时期的实践探索,"居家养老为基础、社区服务为依托、机构养老为支撑,医养相结合"[③]的养老服务体系逐步建成。"十四五"时期,我国养老服务事业

[①] 陈颐.关于养老服务产业化的几个问题[J].现代经济探讨,2010(11):19-23.
[②] 曹煜玲.中国城市养老服务体系研究[D].东北财经大学,2011.
[③] 丁建定,倪赤丹.论中国社会养老服务体系建设的重要转型——基于改革开放以来的一种历史比较分析[J].学海,2021(6):109-113.

进入了"居家养老服务、社区养老服务和机构养老服务相协调、医养服务与康养服务相结合"①的社会化养老服务体系全面发展阶段,多种养老模式各有特色,又相互补充,取得了不同程度的发展。②

(二)养老服务体系特点

1. 以老年人照料护理为核心

养老服务需求包括生活照料护理、教育、文化娱乐、法律咨询等诸多内容,其中,最急迫和必需的服务是正常生活所需的照料,以及家庭照料所缺乏的专业护理。

养老服务体系的核心内容是照料护理。首先,政府对各类服务主体进行了重组,形成新的基础、支撑、平台和服务机制;其次,政府对服务制度、设施、标准、资金、队伍等要素进行了组合,在新的目标下形成了各个部分所不具有的整体力量。在此目标导向下,政府通过实施养老机构分类扶持政策,大力发展护理型机构;通过加强社区日间照料中心建设,夯实居家养老的基础地位。

2. 以机构养老为支撑

随着人口老龄化和高龄化程度不断加深,养老服务体系发展初期的粗放型模式已难以为继。要实现对老年人需求的合理回应和有效照护,机构的作用得到有效发挥成为养老服务体系高效运行的关键。

发挥养老机构的作用,提高养老服务体系内容的层次性和多元性,增加有效性,使不同年龄段、不同收入状况及不同居住方式的老年人的需求得到满足。肯定养老机构的支撑作用,并把它的位置提前,明确机构不仅需要直接承担为部分特定对象如失能(智)老人提供服务的重任,还必须对居家老人养老服务给予支持,进而对整个养老服务体系起到支撑作用。这一作用的发挥要建立在养老观念解放、深刻理解社会发展、再造机构职能的基础上。③

3. 以社区为服务平台

老年人由于长期居住在社区,环境熟悉、生活便利,他们更愿意在社区接受相应的服务。

作为一个地域概念,社区可以放置各种养老服务设施,设立养老机构,提供各种服务。因此,无论对老年人,还是各类机构,社区都是一个重要的服务平台。将社区的设施、服务、资金、队伍等要素进行整合,老年人能够从中获得综合性的连贯服务,有利于提高老年人生活质量。养老服务体系建设中,"星光老年之家"逐渐向居家养老服务站及综合社区照料中心发展,社区各类设施和服务机构得到整合,老年人对综合性服务的需求不断得到满足。

4. 政府职能与市场机制相结合

在市场经济条件下,服务是一种产品,也是一种商品。养老服务既有其特质性,也具有服务的共同特性。

首先,引入市场机制后,养老服务体系不再局限于过去由政府提供的基础性服务,也不再局限于过去由社区对居家老人提供的支持;养老机构实行集团化、连锁模式,对部分职能

---

① 中华人民共和国中央人民政府. 中共中央关于制定国民经济和社会发展第十四个五年规划和二〇三五年远景目标的建议. http://www.gov.cn/zhengce/2020-11/03/content_5556991.htm.
② 毛佩瑾. 新时代我国养老服务体系创新发展研究[J]. 行政管理改革,2019(11):63-70.
③ 穆光宗. 我国机构养老发展的困境与对策[J]. 华中师范大学学报(人文社会科学版),2012,51(2):31-38.

进行外包,如将专业医护交由医院完成,将清洁卫生等任务交由家政服务公司完成。尽管原有体系设计也强调市场化,但由于居家和机构分隔,相当于通过行政手段进行指令性配置,阻碍了市场对资源的配置。其次,尊重市场还表现在尊重机构之间的竞争。已有公办机构由政府部门直办、直管,投资是政府的财政性资金,收养对象却为全社会的老人,建设成本较低,收费价格也低,客观上造成民办机构无法按市场形成的价格收费。换句话说,机构养老的费用标准缺乏弹性,造成了资源配置不合理的现象。养老机构床位的总量不足和空置率较高并存的问题即是其中的表现。

5. 以资金和设施为服务传递载体

服务是物质的,又是精神的。对养老服务体系来说,这一点尤为重要。老年人得到服务,解决了其因身体机能衰退而必须借助他人的问题,他们的心理就会得到极大的满足。这种依他性,有两个重要而具体的载体:资金和设施。

在养老服务体系中,用来购买服务的资金来源既可以是个人的、社会的,也可以是政府的;政府的资金既可以直补供方,也可以直补需方。在以往的体系建设中,资金来源方主要为政府,在传递途径上一般由政府到机构,多用于设施建设,特别是养老机构的建设。这往往造成低效益。在新的体系中,服务补贴制度得以建立,过去暗补机构的方式变为明补个人,由老年人根据自己的身体状况自主选择服务方式,可以用于居家,也可以用于机构服务。

服务的另一传递者是设施。严格意义上,服务一般不以实物形式出现,而是以满足他人某种特殊需要的劳动形式出现。但在养老服务体系中,服务是与实物紧密结合的。这种实物从广义上讲,包括养老院、居家养老站、老年食堂、无障碍通道、老年学校、老年活动中心、信息服务平台、一键通呼叫器等一切与老人相关的东西。没有这些实物支持,服务质量就难以提高。

二、养老服务体系发展历程

(一) 1994—2000 年:养老服务体系"嵌入发展、制度初建"阶段

1994 年,由民政部、卫生部和全国老龄委员会等 10 部委联合发布《中国老龄工作七年发展纲要(1994—2000 年)》,标志着中国养老服务体系建设进入国家政策统筹的计划阶段。该文件强调老年立法的重要性,提倡逐步建立健全的老年法规,建立符合中国特色社会主义国情的国家、社区和家庭相结合的养老保障体系。

1996 年,《中华人民共和国老年人权益保障法》正式出台,国家从立法层面对老年人权益进行界定和保障。这部法律指出老年人养老服务主要依靠家庭,政府提供兜底保障;国家建立健全养老保险和医疗保险制度,保障老年人基本养老需求;鼓励社会组织或个人开办养老院。该法主要强调家庭养老的重要性,并未明确规定国家在养老服务供给方面的主体责任。

为减轻政府养老服务供给负担,民政部、国家计委和财政部等部委于 2000 年 2 月联合发布《关于加快实现社会福利社会化的意见》,指出老年服务业的发展要走社会化、产业化的

道路,积极引进社会力量参与养老服务供给。①

首先,这一阶段,中国老年人口比例并未达到老龄化水平,老龄问题尚未得到理论界和政府部门的重视,老龄政策嵌入在经济发展中,并未构成独立的政策系统。其次,政府主要关注老年人养老权益保障问题,在国家层面保证老年人合法权益不受侵犯。最后,在养老服务供给方面,提倡家庭养老的重要性,同时也鼓励社会组织和个人等进入养老服务行业。

(二) 2000—2013 年:养老服务体系"统筹发展、明确方向"阶段

进入 21 世纪,老龄化问题逐渐走入大众视野。

2000 年 8 月,中共中央、国务院颁布《关于加强老龄工作的决定》,首次系统提出要发展老年服务业,完善老年服务的内容和体系构架,为老年人提供集生活照料、文化娱乐和医疗照料为一体的养老服务,强调社区在老龄事业发展中的重要地位。这是实现社会福利社会化的第一次尝试。

2001 年,国务院出台的《中国老龄事业发展"十五"计划纲要(2001—2005 年)》②,首次把老龄事业纳入政府"五年规划"中,提倡建立适应中国城乡二元结构的养老保障体系,初步形成以社区为依托的养老服务体系,满足老年人多层次的养老服务需求。③

2006 年,《关于加快发展养老服务业的意见》的颁布,第一次以独立文件形式提倡发展养老服务业。④ 在此基础上,养老服务事业开始拥有独立的政策发展体系和顶层设计方向,不再是经济发展的附属品。同年 8 月,全国老龄委员会颁布《中国老龄事业发展"十一五"规划》,在总结"十五"期间老龄事业发展成就后,提出要健全养老保障体系,加大投入养老服务设施建设,鼓励吸引社会力量兴办养老院等。⑤

2008 年,全国老龄委员会联合民政部等部门共同颁布了《关于全面推进居家养老服务工作的意见》⑥,指出现阶段中国养老服务供给不足,应全力推进居家养老服务体系建设,以社区为依托在城市范围内基本建立完善的居家养老中心体系。⑦ 至此,养老服务政策焦点从以机构为主,转变为以居家为主,"去机构化—回归家庭"成为政策导向的主流。

2011 年,国务院颁布《中国老龄事业发展"十二五"规划》,绘制了"十二五"期间中国社会保障制度体系和养老服务政策体系的整体框架。⑧

2013 年,国务院颁布《关于加快发展养老服务业的若干意见》,提出在实现 2015 年目标

---

① 中华人民共和国中央人民政府. 关于加快实现社会福利社会化的意见. www.gov.cn/gongbao/content/2000/content_60033.htm.
② 中华人民共和国中央人民政府. 国务院关于印发中国老龄事业发展"十五"计划纲要的通知. www.gov.cn/zhengce/content/2016-09/23/content_5111148.htm.
③ 李涛. 新时代多元化社会养老服务体系的构建路径——以湖北省的实践为例[J]. 社会科学动态,2018(12):26-35.
④ 中华人民共和国中央人民政府. 关于加快发展养老服务业的意见. www.gov.cn/zhengce/content/2008-03/28/content_6372.htm.
⑤ 全国老龄工作委员会办公室等. 中国老龄工作年鉴(2006)[M]. 北京:华龄出版社,2008:77-81.
⑥ 朱巍巍. 中国养老政策红利年[J]. 中国民政,2015(5):13-19.
⑦ 中华人民共和国中央人民政府. 关于全面推进居家养老服务工作的意见. http://www.gov.cn/zwgk/2008-02/25/content_899738.htm.
⑧ 中华人民共和国中央人民政府. 国务院关于印发中国老龄事业发展"十二五"规划的通知. http://www.gov.cn/zhengce/content/2011-09/23/content_6338.htm.

的基础上,截至2020年,全面建成以居家为基础、社区为依托、机构为支撑、多层次且覆盖城乡、功能齐全的养老服务体系。①

这一系列政策全方位展示了国家对于养老服务事业发展的大力支持,也为今后养老服务体系建设指明了方向。

(三) 2013—2016年:养老服务体系"整体布局、精细发展"阶段

经过21世纪初的摸索,"以居家为基础、社区为依托、机构为支撑"②的中国养老服务体系初步建立,老龄事业发展取得显著成就。

首先,在健全养老服务配套措施方面,民政部、财政部、国家发展和改革委员会等部委颁布了《关于推进养老服务评估工作的指导意见》《关于加强养老服务标准化工作的指导意见》《关于做好全国民政行业养老护理员职业技能培训工作的意见》和《关于做好政府购买养老服务工作的通知》等文件,从各个方面提出养老服务的具体标准,涉及服务评估、服务购买和服务人员技能培训等。

其次,在引导社会力量参与养老服务体系建设方面,《民政部关于开展公办养老机构改革试点工作的通知》为"公建民营"等模式的建立提供了政策导向;《关于减免养老和医疗机构行政事业性收费有关问题的通知》《商务部、民政部关于鼓励外国投资者在华设立营利性养老机构从事养老服务的公告》《关于鼓励民间资本参与养老服务业发展的实施意见》等文件提出的优惠政策,进一步完善了政策的具体执行力度和空间。

这一阶段,中国养老服务体系初步建成,政策供给在各个方面呈现精细化发展态势。尤其需要指出的是,随着老龄化程度不断加深,只局限于生活照料的养老服务已无法满足老年人的多元化需求,老年人疾病多为慢性退化病,需要大量医疗照顾服务。国务院于2015年颁布《关于推进医疗卫生与养老服务相结合的指导意见》,大力促进医疗卫生和养老服务的协调统一发展,为老年人享有更加全面的医养结合养老服务提供了坚实的政策保障。

(四) 2016年至今:养老服务市场"全面放开、融合发展"阶段

国务院大力提倡持续深化简政放权、放管结合、优化服务改革,推进养老服务供给侧改革。2016年年末,国务院办公厅颁布《关于全面放开养老服务市场提升养老服务质量的若干意见》,标志着养老服务体系进入以市场化为导向的新阶段,但依然存在供需结构不合理、市场机制不健全及服务质量不高等问题。③ 至此,养老服务体系建设重点转向服务供给侧。

2019年3月,国务院办公厅颁布《关于推进养老服务发展的意见》,提出要深化养老服务放管服改革,拓宽其融资渠道,最终保证服务的高质量,扩大养老服务消费市场。④ 同年11月,中共中央、国务院印发《国家积极应对人口老龄化中长期规划》,结合同期经济发展规

---

① 中华人民共和国中央人民政府. 国务院关于加快发展养老服务业的若干意见. http://www.gov.cn/zhengce/content/2013-09/13/content_7213.htm.

② 中华人民共和国中央人民政府. 国务院关于加快发展养老服务业的若干意见. http://www.gov.cn/zhengce/content/2013-09/13/content_7213.htm.

③ 中华人民共和国中央人民政府. 国务院办公厅关于全面放开养老服务市场提升养老服务质量的若干意见. www.gov.cn/zhengce/content/2016-12/23/content_5151747.htm.

④ 中华人民共和国中央人民政府. 关于推进养老服务发展的意见. http://www.gov.cn/zhengce/content/2019-04/16/content_5383270.htm.

划,分别以2022年、2035年和2050年为界限提出相应的展望,特别强调要改善养老服务领域内劳动力有效供给,夯实全社会的财富储备基础以应对人口老龄化,设计优质养老服务产品,提升老年服务业科技创新水平,构建养老、孝老、敬老的社会环境。① 这是中国在全面放开养老服务背景下的又一里程碑式的转变,我们提倡积极应对人口老龄化,鼓励老年人参与社会,构建宜居养老环境。

2020年10月,中国共产党第十九届中央委员会第五次全体会议通过了《中共中央关于制定国民经济和社会发展第十四个五年规划和二〇三五年远景目标的建议》,指出在养老服务领域要"推动养老事业和养老产业协同发展,健全基本养老服务体系,发展普惠性养老服务和互助性养老,支持家庭承担养老功能,培育养老新业态,构建居家社区机构相协调、医养康养相结合的养老服务体系,健全养老服务综合监管制度"②,为未来我国养老服务体系的发展及具体政策的制定指明了方向。

这一阶段,是中国养老服务业快速且高效发展时期。首先,在全面放开养老服务市场的基础上,国家坚持养老服务业供给侧改革,通过税收优惠等措施拓宽养老服务业融资渠道,提升养老服务供给质量,鼓励社会力量作为供给主体。其次,在坚持孝文化的社会氛围里,提倡居家社区机构相协调的养老服务体系,强调养老服务作为提升国家治理能力现代化的重要环节,旨在提高老年人的生活保障水平,增强服务获得感。积极应对人口老龄化上升为国家战略目标,党和政府鼓励老年人参与社会,高度关注老龄社会问题。

第二节 养老服务体系主要内容

《关于推进养老服务发展的意见》提出要持续完善居家为基础、社区为依托、机构为补充、医养相结合的养老服务体系。《中共中央关于制定国民经济和社会发展第十四个五年规划和二〇三五年远景目标的建议》提出构建居家养老、社区养老和机构养老相协调、医养康养相结合的养老服务体系。

一、居家养老

(一)概念

第一,场所论。该理论认为家庭是居家养老的主要载体,居家养老和家庭有非常密切的关系。袁辑辉认为:"家庭养老与社会养老是相对于养老资金来源而言,如果养老资金源自家庭,由家庭成员提供,就是家庭养老;如果养老资金来自社会,由社会通过养老金或社会救济金等形式提供就是社会养老。居家养老与入院养老是相对于养老场所而言,如果家庭是养老生活的主要场所,则是居家养老;如果以养老院或老年公寓等作为生活的主要场所,则称为入院养老。"③

---

① 中华人民共和国中央人民政府. 国家积极应对人口老龄化中长期规划. http://www.gov.cn/xinwen/2019-11/21/content_5454347.htm.

② 中华人民共和国中央人民政府. 中共中央关于制定国民经济和社会发展第十四个五年规划和二〇三五年远景目标的建议. http://www.qov.cn/zhengce/2020-11/03/content_5556991.htm.

③ 袁辑辉. 养老的理论与实践. 老年学文集之六[M]. 北京:中国文联出版公司. 1997.

第二，主辅论。该理论认为家庭养老在居家养老中占主导地位，而社会养老则居于次要位置。陈大亚认为："所谓'居家养老'，就是以家庭养老为主，社会养老为辅的养老模式。就是要积极调动社会各方面的力量，组成一个最符合老人意愿的、一个最有利于保持和加强老年人自助能力的、一个最切实可行的和一个最有效的养老保障体系。"[①]

第三，结合论。该理论认为居家养老是把家庭养老和社会养老结合在一起的养老方式。穆光宗、姚远认为："居家养老是建立在个人、家庭、社区和国家基础之上的，它是以居家养老为形式，以社区养老网络为基础，以国家制度、政策、法律为保证，家庭养老和社会养老相结合的养老体系。"[②]

第四，服务论。该理论认为居家养老的老人接受社区的全面服务。2008年，在全国老龄办等部门发布的《关于全面推进居家养老服务工作的意见》中，将居家养老定义为："政府和社会力量依托社区，为居家养老的老年人提供生活照料、家政服务、康复护理和精神慰藉等方面服务的一种服务形式。"[③]

第五，发展环境论。"发展论"者认为，居家养老是在经济社会发展水平非常高的背景下发展起来的，只有那些经济较发达的国家，才能实现居家养老。洪国栋认为："居家养老是在发达国家社会保障有了充分发展的情况下提出的，这种居家养老并不是家庭养老，而是社会养老的一种方式。"[④]"环境论"者认为居家养老的家需要良好的社会环境。张卫东认为："居家养老的家不是一个物理空间概念，而是具备人文关怀、情感交流，同时具备物质养老和精神养老条件的社会环境。"[⑤]祁峰认为："缺乏心理沟通和精神抚慰的'空巢'家庭，不符合居家养老模式中的'家'的概念涵义。"[⑥]

总的来说，居家养老服务是指社会为居住在家的老年人提供以解决日常生活困难为主要内容的一种服务形式，涵盖生活照料、家政服务、康复护理、医疗保健、精神慰藉等，以上门服务为主要形式。[⑦] 它是对传统家庭养老模式的补充与更新，是我国发展社区服务、建立养老服务体系的一项重要内容。

(二) 特点

1. 准公共产品

公共产品是政府（公共部门）为满足社会所有成员的共同需求而生产和提供的产品与服务，具有非排他性和非竞争性。准公共产品介于纯公共产品和私人产品之间，是具有有限的非排他性或有限的非竞争性的公共产品。居家养老是指以社区为基础的，老年人居住在家中，获得由多个主体提供的养老资源和养老服务。服务提供者不仅包括政府，还包括个人、家庭、社区、非营利组织和企业等。居家养老面对的是全体老年人，理论上所有老年人都有

---

① 陈大亚. 家庭养老问题探讨[J]. 航天工业管理, 1998(9):11-12.
② 穆光宗, 姚远. 探索中国特色的综合解决老龄问题的未来之路——"全国家庭养老与社会化养老服务研讨会"纪要[J]. 人口与经济, 1999(2):58-64,17.
③ 中华人民共和国中央人民政府. 关于全面推进居家养老服务工作的意见. http://www.gov.cn/zwgk/2008-02/25/content_899738.htm.
④ 洪国栋. 中国的人口老龄化问题与对策思考[J]. 人口研究, 1997(4):44-48.
⑤ 张卫东. 居家养老模式的理论探讨[J]. 中国老年学杂志, 2000(2):120-122.
⑥ 祁峰. 我国城市居家养老研究与展望[J]. 经济问题探索, 2010(11):119-123.
⑦ 陈友华. 居家养老及其相关的几个问题[J]. 人口学刊, 2012(4):51-59.

权从各主体所提供的经济机会和服务中受益。因此,居家养老具有非排他性和非竞争性。但是在具体实施过程中,居家养老提供的服务包括生活照料、医疗保健、康复训练等,对老年人个体而言,只对个体产生效益,利益可分,且在目前服务供给有限的情况下,很大一部分是有偿服务。因此,居家养老服务又具有私人产品的特征,其非排他性和非竞争性都是有限的,是一种准公共产品。

2. 养老资源和服务提供主体多元

养老资源主要指经济资源,在市场经济条件下,拥有养老的经济资源,就可以置换其他的养老资源。养老服务的提供是为了满足老年人的不同需求的具体服务传递。居家养老资源和服务提供的主体是多元的,包括个人、家庭、社区、非营利组织、企业、国家等,各主体基于各自的功能特点对老年人照顾进行责任分担,实现老年人照顾系统的均衡与稳定。居家养老作为一种准公共物品,政府在收入再分配、制定公共政策等方面发挥着主导作用。政府既扮演福利资金主要供给者的角色,又扮演规制与监督者的角色。因此,居家养老具有针对一定社会群体的社会福利的属性。

3. 养老服务倡导需求导向

与其他养老方式不同,居家养老更强调从需求出发,以满足老年人养老需求为导向。老年人作为群体具有群体性的基本需求,作为个体又有具体的、特定的需求,涉及衣、食、住、行、乐、为、健、学等多方面。居家养老以需求为导向,既考虑老年群体的共性需求,又依据不同老人的特殊需求,打造多层次、多形式、个性化的资源分配和服务供给模式,使资源得到有效合理配置,服务灵活务实,切合实际需要。居家养老的人本主义理念也非常注重服务对象的参与和选择权。服务对象有权参与服务的制定、实施和评估的全过程,有权根据自己的需要去选择自己满意的服务提供方式。

4. 传统和现代价值观相融合

居家养老既符合传统的养老理念,又与现代价值观和生活方式的变迁同步,是传统和现代的有机融合。在中国传统家庭观念中,养老局限在家庭内部,子女不仅提供养老资源,而且负责照料老人的生活,提供全方位的服务满足老人的需求。随着生存方式的发展、社会结构的转型和家庭形式的核心化,仅仅依靠家庭内部提供养老服务的方式已经不能满足社会的养老需求,养老服务提供需要社会化、专业化、多元化。居家养老实际上是子女养老和在家养老的结合,老人既能不脱离家庭,从家庭成员处获取精神支持和心理满足,又能获得更丰富多样的社会化养老服务。居家养老既遵从了传统的养老理念,又符合社会发展变迁的要求,实现了传统和现代的融合。①

(三) 实践探索

1. 苏州市

苏州市沧浪区(现已被撤销,与原平江、金阊合并为姑苏区)的养老服务模式是"政府＋社会组织＋商业企业＋社区",运作主体是依托于物业管理公司的"虚拟养老院"。

---

① 冯晓娟. 我国城市居家养老模式的发展[J]. 社会科学家,2012(4):67-70.

(1) 运营模式

苏州市沧浪区政府购买居家养老服务采用的都是非竞争性的政府委托经营的模式,即由政府委托具有一定信誉和资质的社会组织从事居家养老服务项目。

沧浪区虚拟养老院的主运营商是苏州市鼎盛物业管理有限公司(原名苏州市葑门物业管理有限公司),该公司于1996年经市有关部门批准成立专门从事物业管理服务的具有物业管理二级资质的现代物业管理企业,这家企业原来是一个国有企业。而"邻里情"虚拟养老院作为一个社会组织,是一个带有政府背景和商业企业背景、兼有公益性和商业性的民非企业,它由"民非企业(虚拟养老院)+商业企业(物业公司)"共同运作,形成了其市场化运作、企业化管理和专业化服务的发展理念。

市场化和商业化思路是沧浪区虚拟养老院的特点,从虚拟养老院自费老人的增加和服务业务的拓展可以看出虚拟养老院发展的路径和轨迹。如为确保资金的正常运转,虚拟养老院在做好政府援助对象免费服务的同时,通过入院老人和虚拟养老院的宣传,不断拓展服务对象,大力扩展自费用户,增加自费服务工单;通过扩大服务项目,发展市民服务等手段扩大资金来源,吸收了具有一定规模、较高信誉度的粮、油公司,建立了配送中心,为老人和普通市民提供粮油配送服务。

(2) 制度化发展

沧浪区将虚拟养老院纳入养老服务组织,享受政府开办经费补贴和运营经费补贴。苏州市购买居家养老服务的政策法规对与居家养老服务经费补贴、政府养老援助服务对象、养老服务援助标准和项目、养老服务事业投入机制,以及养老服务各项管理制度都做出了规定。如开办日间照料中心、托老所,苏州市每年给予2万至10万元不等的经费补贴;对纳入政府养老援助服务的对象,苏州市每月发放450元养老护理服务券,其中,介护对象每月发放600元养老护理服务券。

(3) 服务数量

沧浪区"邻里情"虚拟养老院2007年10月服务对象为456户,2011年2月服务对象已扩展到3 620户(其中自费老人907户,占服务总量的25.1%),近6 000位空巢老人,占老年人总数的10.3%。

2. 南京市

南京市鼓楼区的养老服务模式是"民非企业('心贴心'服务中心)+民非企业(民办养老机构)",运作主体是民办养老院。

(1) 运营模式

鼓楼区"心贴心"老年人服务中心是依托南京市一家著名的民办养老院建立的,前身是1998年经批准成立的南京第一家民办养老院"同缘康养院",其创办者韩品嵋是政府树立的下岗工人再创业典型。自2001年开办以来,服务中心围绕老人的需求,开展了一系列深受老人喜欢的活动,在鼓楼区已经有较大的影响。这些因素,构成了政府与民间组织合作的信任基础,使得鼓楼"心贴心"老年人服务中心成为最合适的承接方。

南京市鼓楼区"心贴心"老年服务中心所依托的是民办养老院,民办养老院在服务规范性和专业性方面具有明显的优势,在服务理念方面也较为先进。如引入第三方社会机构评估,由鼓楼区与江苏天人家庭研究中心合作,组建专业评估队伍,对"居家养老服务网"进行专业评估,从根本上确保评估监督到位,为养老服务把好关。南京鼓楼区"心贴心"老年服务中心的运作机制与虚拟养老院有一定的相似度,它们在原有实体的基础上为承接政府的项目,拓展新的业务而成立民营非政府组织。由于是在原有母体的组织中孵化的新组织,原有实体的经营理念、运作机制、管理经验及实体的资源等对此类民非企业的运作和发展提供了重要的人、财、物的支撑和基础。

(2) 制度化发展

南京市鼓楼区政府购买居家养老服务的政策法规对居家养老服务网建设、评估监督机制(评估监督运行方式、评估结果反馈、人员队伍建设等),以及经费资助补贴也给予了具体的规定。如南京对社区兴办的托老站、养老服务站按每个站10 000元给予一次性补贴,托老站中全托老人床位按养老机构的床位补贴标准资助,日托老人床位按日托实际占用床位数,每月每张床位补助60元;对符合条件的高龄、独居、困难老人(包括残疾人),每月提供20小时的免费家政服务。

(3) 服务数量

截至2009年,南京市鼓楼区免费服务老人2 500人,开展有偿、低偿老年服务,其中有偿服务常年保持在1 600多户;合计服务老年人5 000多人,在60岁以上老年人中的占比约为5.3%。该区居家养老服务网服务的老人已达6 750人,其中免费服务3 250人,低偿服务3 500人,基本实现60岁以上孤寡、独居和困难老人免费服务全覆盖。[①]

二、社区养老

(一) 概念

我国对社区养老服务的探索受到了西方国家的社区照顾实践的潜移默化的影响。

社区照顾的概念产生于"二战"后,是英国社会福利发展进程中出现的社会化养老服务方式。1989年,英国政府颁布《社区照顾白皮书》,对社区照顾下的定义是:"社区照顾是指提供适当程度的干预和支持,以使老人们能获得最大的自主性,且掌握自己的生活,为给老人提供服务的老人家庭成员提供暂托、喘息照顾和日间照顾,通过团体之家和临时收容场所,增加照顾范围,直至提供居家护理照料。"英国的社区照顾主要有"社区内照顾"和"由社区照顾"两种方式。社区内照顾就是运用社区资源在社区内由专业工作人员进行照顾,如利用社区中的服务设施对孤老及生活不能自理的老年人进行开放式的院舍照顾。由社区照顾就是由家人、朋友、邻居及社区志愿者提供的照顾。如为有各种需要的老年人提供家庭服务,这样老年人便不用脱离他们所熟悉的社区就能过正常人的生活。[②] 1990年,英国颁布《社区照顾》,经过3年实践,于1993年在全国推行。美国、法国、荷兰等国家纷纷效仿,社区照顾成为当今欧美福利国家中占主导地位的养老模式。[③]

社区养老就是政府和非政府组织及其他机构通过在老人所属的社区建立养老中心[④],

---

① 张国平.地方政府购买居家养老服务的模式研究:基于三个典型案例的比较[J].西北人口,2012,33(6):74-78.
② 张国平.地方政府购买居家养老服务的模式研究:基于三个典型案例的比较[J].西北人口,2012,33(6):74-78.
③ 祁峰.英国的社区照顾及启示[J].西北人口,2010,31(6):20-24,28.
④ 许爱花.中国城市社区老年人养老模式之反思[J].宁夏大学学报(人文社会科学版),2005(3):108-111.

由政府、市场、社会、社区和家庭等多个社会部门为其提供生活照料、医疗护理和精神慰藉等服务,以满足社区老年人的养老服务需求[①]。社区养老既是家庭养老的一种变形,也是社会养老的一种变通[②]。在社区养老模式中,老年人不用脱离他们所熟悉的社区甚至是家庭,就能享受到与机构养老类似的生活照料和其他关怀,对老年人的心理和生理健康有重要的积极作用。该模式是在借鉴西方发达国家的社区照顾理论的基础上,结合我国实际情况,首先在北京、上海等老龄化比较严重的城市发展起来的一种整合社会各界力量的养老模式。

(二) 特点

1. 定位人性化

社区养老服务的人性化主要体现在符合传统文化观念和经济成本低。一方面,社区养老以社区为依托,为社区中居住的老人提供养老服务。在传统"孝文化"背景下,社区养老模式既能帮助老年人提升养老质量,又能使老年人享受"天伦之乐",迎合了老年人的情感需求,有利于老年人的身心健康[③]。另一方面,社区养老服务可以让老年人在自己熟悉的社区养老,充分利用老年人原有的住房等资源,投入少,见效快[④]。同时,一些服务资金是政府和非政府机构帮扶的,社区可以通过财政支持和成立志愿服务队,为老年人提供免费服务,分担家庭成员赡养老人的负担,减轻家庭的养老支出。这些特点使许多弱势老年人无需支付过多的养老费用即可在社区中享受到养老服务。社区养老模式具有养老服务供给的综合优势,有利于充分利用社区资源和家庭资源解决养老问题,减轻政府负担,节约社会养老成本,减轻家庭成员的压力,是满足老年人养老服务需求的有效途径。

2. 提供主体多元化

社区养老的供给主体主要是政府、社会、市场、非营利组织、家庭等,其中,家庭是重要力量。由于老年人养老服务需求差异较大,从而对供给主体提出了更高的期望和要求。随着政府在养老服务中的供给角色被重新界定,公益性社会组织、营利性组织、社区、家庭等在养老服务供给结构中的地位逐渐上升[⑤]。

3. 覆盖对象广

社区养老服务的服务对象是社区内居住的需要服务的老年人,服务对象分布广,数量多。受我国经济社会发展水平的限制,机构养老收费门槛较高,硬件设施非常有限,与我国需要享受养老服务的老年人数量相比,机构养老所能服务的老人数量要远远小于实际数量,覆盖面小,与现实需求存在明显供需矛盾。社区养老服务分布在社区,分布范围广,没有明显的门槛,极大地打开了养老服务的覆盖面。

---

① 丁志宏,王莉莉. 我国社区居家养老服务均等化研究[J]. 人口学刊,2011(5):83-88.
② 梁新颖. 家庭养老社会化问题探路[J]. 社会科学辑刊,2000(4):46-48.
③ 毛满长,李胜平. 社区居家养老:中国城镇养老模式探索[J]. 西北农林科技大学学报(社会科学版),2010,10(1): 119-123.
④ 谭英花. 我国社区居家养老服务文献综述[J]. 劳动保障世界(理论版),2012(11):45-48.
⑤ 王笑娴,黄武. 民族地区农村养老保险制度可持续发展研究——以广西为例[J]. 安徽农业科学,2018,46(23): 200-202.

(三) 实践探索

1. 武汉市

第七次全国人口普查数据显示,武汉市60岁及以上人口212.44万人,占比17.23%,比2010年上升4.55%;其中,65岁及以上人口145.62万人,占比11.81%,比2010年上升3.68%。[①] 为应对老龄化问题,市政府及早规划,引领社区将家庭、居委会、志愿者、医疗卫生、文化体育设施、服务企业等社区资源和闲置设施进行重组和整合,探索出一种由社区主导的经济实惠、多元化的服务模式,可以很好地满足各社区老年人居家养老的不同需求。

(1) 建立日托制的"托老所"

针对空巢老人和孤寡独居老人这类特殊群体的需求,百步亭社区就曾寻求企业的支持,与该社区开发商合作,在社区内某栋居民楼的二楼辟出500余平方米的场地,建立了一所日托制的"托老所",并在室外配备了一个大型活动场地。这种日托制的"托老所"一般设有休息室、活动室、咨询室、阅览室、护理室、健身康复室和配餐室。"托老所"安排工作人员免费为老人服务,按成本价格提供一顿午餐服务,免费提供其他健身休闲娱乐项目。老人们白天到"托老所"下棋、打球、练书法、看书、上网或聊天,晚上各自回家休息。这种日托式服务使同类老人融入集体活动,在与同龄人的娱乐交流中获得了友谊及心灵慰藉,给他们的老年生活增添了幸福感。

(2) 组建全托制的"老人之家"

针对一些希望住进社区内养老院的高龄老人、失能半失能老人、独居老人,社区大胆构想,在社区内组建全托制的"老人之家"。社区将社区内一些废弃的校舍或闲置的公共用房等改造装修成社区养老院,即"老人之家",并向本社区内各个企业和富裕业主寻求资金援助。这种服务方式不仅切实可行、经济实惠,为政府节省了一大笔公共财政开支,同时也减轻了这类老人的家庭负担。老人住在社区内的"老人之家",不仅使老人的日常生活得到了较好的照料,还方便了亲友们的探视,让老人得以享受家庭的温情。

(3) 社区群干为老人牵线搭桥,提供"互助合作"养老服务

"互助合作"养老服务具体来讲有三种情况,即"结对互帮""搭伙食堂"和"抱团合住"。提供这类服务的前提是社区群干必须对老年人做充分细致的了解并尊重老人的意愿。"结对互帮"是在社区群干对老人做了充分细致的了解之后,针对老人的不同兴趣和需求,按照优势互补、调剂余缺的原则进行搭配成对,互帮互助。如身体强壮的老人与体弱多病的老人结对子,低龄老人与高龄老人结对子。"搭伙食堂"是社区群干给那些在饮食习惯方面相近且又不愿意做饭的老人牵线搭桥,将数户空巢或独居老人组合在一起,由他们共同出资雇请钟点工每日为他们买菜、做饭、保洁。"抱团合住"即由几户空巢或独居老人联合起来,集中居住到某一户老人家中,将其他老人的房子腾空出租,用租金补贴生活以提高晚年生活质量,如享受一些自费的医疗保健服务、家政服务、旅游娱乐服务等。这类老人年龄处境相仿,有共同的生活阅历和相似的经济状况与消费观念,对养老的需求相当一致,住在一起谈得来,其孤寂的心灵能够得到极大的抚慰。

---

① 武汉市统计局.武汉市第七次全国人口普查主要数据结果解读. http://tjj.wuhan.gov.cn/ztzl_49/pczl/202109/t20210916_1779167.shtml.

(4) 组织志愿者为居家老人提供无偿服务

广泛开展社区志愿服务,已成为武汉市各社区居家养老服务的一大特色。中国社区志愿服务网就是由武汉市百步亭社区承办的,为全国社区志愿服务提供网络平台。武汉市各社区对生活不便的高龄或失能半失能且又不符合政府购买服务的困难老人进行查访登记,然后组织有爱心的志愿者进行一定的专业培训,让志愿者与这类老人结对子,提供相对固定的无偿服务。志愿者与需要服务的老人共居一个社区,利于就近解决居家老人最现实的生活难题。志愿者采取结对子和登记的方式,能够最快捷、最大范围、最大限度地满足老人的生活需要。这同时也发挥了社区人力资源的优势,激活了社区的潜力。2010 年 7 月,武汉市百步亭社区承办的中国社区志愿服务网开通,不仅为全国社区志愿者提供了网络交流平台,更使该社区志愿服务得到迅猛发展,至 2013 年底,该社区注册志愿者约 2 万人,志愿者组织中心 1 个、工作站 23 个、楼栋服务小组 820 个、小小楼栋服务小组 540 个、特色服务队 100 多支。武汉市很注重建立志愿服务体系,让需要服务的老人与愿意提供服务的志愿者快速对接。为了广泛吸纳居民为居家老人做志愿服务,各个社区分别采取了不同的激励措施,归纳起来大致有以下四种:一是免费为志愿者提供相关的技能培训;二是志愿者参加服务可以获得基本的交通和餐费补贴;三是每年组织优秀志愿者外出旅游;四是采取储存时间的办法供志愿者未来支取。

(5) 社区建立养老信息服务中心

各社区服务中心以现代通讯、互联网及电子商务为技术依托,建立本社区老年人信息数据库,筛选服务优良、口碑好的众多商户加入信息平台,使居家养老服务信息中心犹如一家大型的服务超市,居家老人只要进入信息中心,一般都能够找到所需服务的商家。为了使居家老人与社区信息服务中心联系更加便捷,武汉市民政局于 2013 年 2 月在全市 1 117 个社区进行了配置"一键通"意愿调查,在接受调查的 65 周岁以上的 436 392 名老人中,有 285 974 人选择使用"一键通",占被调查老年人的 65.5%。在此调研的基础上,市民政局组织社区向有需求的老年人分期分批免费发放"一键通"手机,持"一键通"手机的老人只要轻轻摁一下某个特定按键,便拨通了其所在社区的信息服务中心的服务热线,即可快捷地找到其所需要的服务项目。同时,老人对商家提供的服务有任何不满意,或者增加服务,也可以通过服务热线告知信息服务中心,然后由信息服务中心通报商家改进或添加服务。居家养老信息服务中心的建立有效地整合了社会资源,完善了居家养老服务体系,有利于将社区打造成"没有围墙的养老院"[①]。

2. 上海市

上海市是我国最早进入人口老龄化且老龄化程度较深的城市之一。第七次全国人口普查数据显示,全市常住人口中,60 岁及以上人口为 5 815 462 人,占总人口的 23.4%;其中,65 岁及以上人口为 4 049 012 人,占 16.3%。与 2010 年第六次全国人口普查相比,60 岁及以上人口的比重提高 8.3%,65 岁及以上人口的比重提高 6.2%[②]。

[①] 汪忠杰,何珊珊.社区居家养老服务模式探析——以武汉市为例[J].武汉大学学报(哲学社会科学版),2014,67(4):124-128.

[②] 上海市统计局.上海市第七次全国人口普查主要数据公报(第一号).http://tjj.sh.gov.cn/zdlyxxgk/20210701/64f46d9879094179993177a94dfc0f2f.html.

上海亲和源老年公寓(以下简称亲和源)位于浦东康桥,2005年在政府的高度重视和支持下启动建设,投资近6亿元人民币,经市区二级民政部门登记许可为民办非企业性质的非营利性养老机构,并于2008年5月正式运营。建筑面积10万平方米,公寓占地8万多平方米,由834间公寓房和医院、护理院、养护院、健身中心、营养配餐中心、老年度假酒店等配套设施组成,提供恬静的颐养环境,以及日常生活照料、文体娱乐活动、健康管理、医疗护理照料、临终关怀等全覆盖、一站式养老服务。运营至今,入住老年人1600余名,平均年龄78岁,大专及以上学历的老人占60.4%,另有来自美国、加拿大、新加坡、澳大利亚、瑞典、荷兰等国家的归国华侨36人。

其运行特点是居家养老、社区养老、机构养老与医养结合的有机融合,老人的生活是家庭式的宜老化,活动是群体性的适老化,服务是机构式的专业化。健康秘书、家庭医生、社区一级医院、护理院、三甲医院绿色通道等,是亲和源为老人们构建的全方位的医养结合体系,让亲和源成为老人"可以托付一生"的地方。

"家文化"养老理念、"秘书式"服务体系、"理事会"住区自治的运营管理方式,充分尊重和保护老人的隐私与自由,使用科技手段和网络信息等智慧养老方式提供全方位的适老化、人性化的养老服务,同时引进专业的第三方品牌服务商,亲和源真正实现了"养老改变生活"的理念。[①]

三、机构养老

(一)概念

1. 养老机构

养老机构是社会养老的专有名词,是指为老年人提供集中居住和照料服务等综合性服务的机构。机构养老模式通常以各种养老机构为载体,实现其社会化的养老功能。养老机构可以是独立的法人机构,也可以是附属于医疗机构、企事业单位、社会团体或组织、综合性社会福利院的一个部门或者分支机构。养老机构通过为入住老人提供住养服务,进行健康管理,提高老年人生活质量,以达到老有所养、老有所依、老有所为、老有所教、老有所学、老有所乐、增进健康、延缓衰老的目的。

养老机构的概念主要包含以下三个要素。第一,养老机构的本质属性是服务人员和服务对象为了特定的目标,根据特定的规则,协同开展行动而形成的老年人服务组织。第二,养老机构的服务对象是广义的老年人群体,但服务对象的主体是靠自己或家人在家庭中难以获得照料服务的失能半失能老年人。第三,在服务功能方面,养老机构首先应为老年人提供住宿场所,这是养老机构区别于不提供住宿场所的老年人日间照料机构等其他服务机构的一个重要维度;此外,养老机构应为入住的老年人提供生活照料、康复护理、精神慰藉、文化娱乐等基于老年人各种需求的多样化服务。

2. 机构养老

机构养老是社会养老服务体系的三大组成部分之一,它在组织结构、服务形式和内容等

---

① 郭延通,彭涵,姚慧. 医养结合模式的新探索——以亲和源老年公寓为例[J]. 四川职业技术学院学报,2018,28(6):31-37.

方面与其他养老方式既有区别又有联系:与传统的家庭养老相比,机构养老可以通过提供社会化的养老服务分担家庭的养老功能;与社区养老相比,机构养老服务能够为老年人尤其是生活自理能力受限的老人提供更为专业的服务。同时,从目前社会养老服务的发展趋势来看,我国政府正在积极鼓励和倡导机构养老与社区养老、居家养老相结合,把养老机构的专业护理服务延伸到社区和家庭。

总之,机构养老作为社区养老和居家养老的有力补充形式,与社区服务和居家服务的建设相互配合,在养老服务供给中发挥着不可替代的作用。

(二) 特点

机构养老服务主要是通过设施的建设和专业的管理服务,实现其基本养老服务功能。

1. 设施专门化

设施专门化要求养老机构的硬件设施符合老年人生活习惯,能在生活上为老年人提供最大限度的便利。表现在两个方面:一是硬件设施;二是室内活动空间的设计。

从硬件设施来看,专业养老机构往往配备配餐中心、购物中心、文娱中心、老年护理医院、管理及活动中心等日常生活所需的机构设施。其中,老年护理医院尤其重要,医院以老年病防治及康复理疗项目为主,集综合性与特色于一体,以便为社区的老年人提供高水平的医疗、护理、康复、保健服务。[1]

从室内活动空间的设计来看,理念多以方便老年人活动为主。比如,针对行动不便的老年人,活动区域应尽可能设置无障碍设施,路及门道应适当加宽以便护理人员能同时通过;老年人视力较差,空间标识宜尽量醒目清晰等。一般来说,专业养老机构应当具备的条件包括但不限于:住宅内配备紧急呼叫按钮并连接到医疗保健系统;房间地面应当进行防滑处理;房门宜采用推拉门而非平开门;卫生间尽量靠近卧室;门铃与门窗尽量降低高度;坐便器、浴缸、防滑扶手、墙面等细节均应考虑到老年人使用的便利性。

2. 管理专业化

专业养老机构在管理上应当做到专业化与个性化,通过专业化管理为老年人提供更加舒适、便利且经济的生活环境。

从服务内容看,养老机构涵盖了老年人所需要的生活照料、膳食服务、医疗保健、康复护理及文化娱乐活动等各类服务。同时,关注老年人的精神需求,为他们提供个性化的服务,如培养兴趣爱好、提供心理咨询服务、给予精神慰藉等。

从管理技术角度看,专业养老机构通过限制居民年龄创造了同龄人的生活环境,因而老年人能获得更多与同龄人交往的机会。专业的养老机构在组织日常活动方面也更加方便,让老年人在退休后仍能进行日常社交,获得一定的心理慰藉与满足。从经济角度看,专业养老机构尽管建造成本较高,但能提供更完善的功能与更多的价值,而且多人聚居使用设施及服务比个人购买与雇用照料的方式更经济。

3. 受众细分化

针对不同老年群体及其养老需求提供养老服务是机构养老的特色。实际上,老年人以

---

[1] 韩振燕,姚光耀,刘唯一. 融资租赁:民营养老机构设施升级的路径选择[J]. 河海大学学报(哲学社会科学版),2021,23(3):97-104.

及老年人的需求存在多样性和差异性，可从多角度进行分类。

按照老年人照料需求，可分为"可独立居住的老人""需要生活协助的老人""需要日常看护照料的老人"。与之对应，机构也可以分成半托、全托机构等。更进一步，还可以根据他们的照料需求程度细分为需要生活协助或日常照料的老年人。例如，老年人阿尔茨海默病患病率高，且患病老人需要特别看护和照料，因此可以建立专门针对失智老人的养老机构。通过特殊的设计和管理，让失智老人在机构内可像正常人一样生活。

类似地，对于能独立居住的老人，可以按照职业或爱好进行分类。养老社区可通过强调某种运动或文艺项目来形成特色，比如高尔夫球、网球、绘画或者摄影等。将具有同质性的老年人吸引到一起，既有利于形成社区特色，也有利于老年人沟通与交往。因此，对专业养老机构来说，认识到老年群体的多样性进而细分目标群体是十分必要的。

(三) 实践探索

1. 宁波市

在政府职能部门出台政策、制定规范推动养老机构发展的同时，宁波市的养老机构顺应时代发展的要求，通过自身的标准化建设，形成了养老保障一体化、养老机构多元化、养老服务网络化、服务模式多样化的格局，机构养老服务发展取得了显著的成效。

(1) 养老机构自身标准化建设

宁波市部分养老机构率先开展服务质量管理体系认证或标准化试点工作，现以宁波市鄞州区雅戈尔老年乐园的标准化建设工作为例，具体介绍机构是如何构建自己的标准化体系的。2012年5月，宁波市鄞州区雅戈尔老年乐园（以下简称乐园）向宁波市服务业标准化工作领导小组办公室申报了"雅戈尔老年乐园养老服务标准化试点"项目，并获立项。经过2年多的实践探索，形成了养老机构内部标准化建设模式。

① 简化服务，搭建组织机构

乐园成立标准化工作小组，实行组长负责制，由其监督各项工作进展情况，承担工作总体规划，以及协调组织工作。副组长主管宣传教育，组织乐园各部门开展自身标准化建设，保证建设标准的适用性和实施的实效性。各项目负责人承担具体工作，结合自身工作实际提炼总结标准化操作步骤，并形成书面描述条文。乐园还通过与科研院所和高校合作，聘请标准化建设专家学者入园指导，形成了一支标准化建设专家兼职队伍。

② 全员动员，收集素材制度

乐园标准化工作领导小组收集整理了自机构成立以来出台的各项工作制度、人员要求和岗位职责，对现有的内容进行分析、提取与修改，明确制度规范和流程的缺陷，以及制度边界与分级不清晰等问题，制定出相应的新制度和转化策略，为乐园标准化体系的构建和具体标准的形成奠定基础。除了乐园自身素材制度的收集整理，工作领导小组还动员一线技术员工，以及兼职专家团队，收集研究养老机构相关的国家、行业、地方标准，以及老年人医疗卫生、保健、康复护理等方面的相关要求，为制定标准提供参照和依据。

③ 深入研究，完善标准体系

乐园构建了以基础通用标准、服务保障标准和服务提供标准为第一层级，测量标准、安全与应用标准、信息标准、设施设备及用品标准、人力资源标准、服务规范、服务提供规范和运行管理标准等20个方面的标准为第二层级的养老服务标准体系，并分阶段完成相应层级内标准的制定和发布工作。标准体系立足乐园实际,是乐园全体工作人员智慧的结晶,具有较强的适用性和科学性。

④ 培训落实,加强标准宣传贯彻

乐园通过以点带面的形式加强标准化培训。安排标准化项目负责人参加省市级的相关培训,并由其负责在乐园内部进行标准化知识的普及。对标准的宣传与贯彻,使乐园工作人员标准化培训率达到了90%以上。除了集体培训,乐园还开展全员自学活动,即标准具体执行人员在按照标准开展工作的过程中理解、检验标准,在加强标准化意识的同时,对实践操作过程中存在的疑问或改进意见、建议及时进行反馈。这种教学互融的培训落实方法,有力地保障了标准的落地实施。

(2) 机构养老服务的主要成效

① 养老保障一体化

目前宁波市已实施"城乡一体、标准有别"的养老保障和医疗保障制度、"城乡一体、标准一致"的高龄津贴制度,基本养老保险参保人数比例达65%,80岁以上老年人享受高龄津贴,41.7万名退休人员参加职工基本医疗保险,10.8万名市区老年居民参加城镇居民医疗保险,全市新型农村合作医疗保险参合率达98%。

② 养老机构多元化

在养老机构建设中,积极推进建设主体多元化,形成"四元一体"模式。第一元为政府的主导作用,各级政府加大养老基础设施建设投入,加快公办养老机构建设;第二元是民间资本,通过床位补贴和运行补助等优惠政策鼓励发展民办养老机构;第三元为社会力量,引导扶持慈善、宗教等社会力量开设养老机构;第四元为外资,吸引外资投向养老行业和产业。通过多方力量的协同,实现了政府保障与社会参与互联、政府资源与社会资源互补、政府力量与社会力量互动的机构养老服务格局,养老机构的每百名老年人口养老床位数居全国前列。

③ 养老服务网络化

在养老建设中,宁波市提出了机构、人员、经费、场地、制度和工作"六到位"的要求,市、县(区)建立社会养老服务指导中心,街道(乡镇)建立社会养老服务中心,社区(村)建立社会养老服务站(中心),配备专门工作人员,完成以市、县(区)、街道(乡镇)和社区(村)为平台的四级社会养老服务网络搭建。

④ 服务模式多样化

随着社会发展,老年人养老服务需求发生变化,政府完全包干的单一服务模式已经不能适应目前的局面,探索创新养老模式成为各地的研究重点。宁波市也根据当地特点大胆尝试,拓展养老服务内容,提升养老服务水平。

如江东区(现已划归鄞州区)的"家院互融"养老服务模式,有效融合居家养老服务和机构养老服务,被誉为"升级版居家养老服务";江北区的虚拟养老院模式,在城区街道推广先进技术在社区养老机构中的使用;鄞州区则努力打造"政府助得起、基层造得起、老人住得起"的村级养老机构建设新模式;余姚市鹿亭乡的"以老助老"服务模式,通过建立老年互助会,引导老年群体互帮互助、共同活动,满足日常养老服务需求等。

2. 南通市

南通市是全国最早实行计划生育、人口数量控制最有成效的地区之一,也是最早进入老龄化、人口老龄化程度最高的地区之一。全市60周岁以上老人达234.18万人,占总人口的30.8%。在此背景下,机构养老服务需求迅速增加。

2018年起,南通市通过推进养老服务供给侧结构性改革,在实践中蹚出一条"链式养老"的特色之路。"链式养老"是以养老机构为支撑,通过充分发挥养老机构专业人员、专业设施、专业技术的优势,承接运营养老机构周边的社区日间照料中心和居家养老服务站,为居家老年人提供日间照料、助餐助医、康复护理等专业养老服务,形成"养老机构+社区+居家"的链式养老服务模式。

(1) 主要做法

① 打通机构社区居家养老服务链

在全国率先打破机构养老、社区养老和居家养老界限,出台《关于推进全市养老机构开展居家和社区养老服务的若干意见》,探索让骨干养老机构发挥其专业人员、专业技术、专业设施优势,承接运营社区养老服务设施,延伸开展居家养老服务,让以执业护士和持证护理员为主的专业照护团队走进老人家庭。

大生护理院是从一百多年前清末著名实业家张謇创办的大生纱厂职工医院转型而来,如今是一家医养结合型养老机构,南通大生护理院的整体思路是养老机构要围着老人转,从设施到服务,都让老人感受到生活的乐趣,老有所乐,老有所为。2016年起,该院把生活照料和医疗护理专业服务延伸至社区、家庭,探索多元化的医养融合养老服务模式。2018年,大生护理院成立了大生养老服务评估中心。中心一方面上门服务,对居家老人的生理性、社会性能力,以及居家养老环境、意外伤害防范等情况进行评估,针对生活照料、适老化改造、辅助器具适配等提出建议;另一方面,对社区居家机构服务质量进行评估,给居家服务供给方、养老机构和政府相关部门提出相关建议。目前,中心已上门完成6 000余人次的老年人评估,为100余户实施适老化改造。

② 连接养老照护健康链

整合民政、卫健、医保等部门资源,将社区卫生服务设施与居家和社区养老服务设施整合建设,将专业医疗机构与养老机构整合建设,并将符合条件的养老机构全部纳入医保定点和基本照护保险管理范围。在全国率先建立长期照护保险制度,将全市所有老年人全部纳入长护险保障范围,对失能、失智老年人给予最高每人每月2 400元的照护补贴,切实提升了老年人的获得感。

此外,南通大力推进公建民营、承包经营等模式,推动优质民办养老机构承接运营社会福利院、农村敬老院,通过人员培训、技术指导、设备支援等方式,推动城乡养老服务协调平衡发展。

③ 拓展互联网+养老信息链

建立"通城养老"综合为老服务信息平台和老年人信息呼叫及应急服务平台,汇聚线上线下资源,精准对接需求与供给,为全市200多万老年人提供"点菜式"便捷养老服务。引导有条件的养老服务机构为老年人提供智能化安全看护、健康管理、紧急救援、亲情关怀等形式多样的远程服务,打造多层次智慧养老服务体系,培育养老服务新业态、新模式。

④ 延伸养老服务产业链

出台《关于推进养老服务高质量发展的实施意见》,加大财政扶持力度,对社会开办的养老机构每张床位给予最高1.5万元的一次性建设补贴和每月300元的运营补贴。设立专项资金,引导养老服务企业(社会组织)连锁化、规模化、集团化发展,对符合条件的给予一次性奖励。建立健全养老服务机构从业人员岗位补贴制度,按照30 000—50 000元奖补标准,建立养老服务机构护理岗位一次性入职奖励机制,激发养老服务创业就业热情。

南通市大力推进嵌入式"机构—社区—居家养老"复合型托老设施"社区长者驿家"建设。在社区长者驿家,除了为入住老人提供机构养老,还就近为社区老年人提供生活照料、助餐、助浴、康复护理等便捷服务,解决了社区养老服务供应链中存在的资源利用率低和供需不平衡的问题,以及居家养老缺乏专业照护、设施不全等问题。目前全市已有14个街道(乡镇)建成了社区长者驿家。如今,南通市已有27家养老机构承接运营了43家街道(乡镇)社区居家养老服务中心,为567个社区提供专业化、精细化养老服务,受益家庭超过6万户,改变了过去社区居家养老服务设施运转不正常、服务不专业、发展不可持续的境况。

(2) 发展现状

目前,南通市养老机构达到298家,所有街道(乡镇)全部建成日间照料中心,1 925个城乡社区全部建立居家养老服务站。全市已有27家养老机构承接运营了43家街道(乡镇)日间照料中心(居家养老服务中心),为706个社区提供专业化、精细化养老服务,受益家庭超过28.4万户。近3年来,全市社会资本累计投入养老服务达12亿元,一批医养结合型、机构社区居家复合型、品牌化、连锁化养老服务机构迅速发展。"链式养老"服务模式打破了居家、社区和机构养老的边界,破解养老痛点,让越来越多老人实现在家门口幸福养老。

第三节 养老服务体系发展困境与发展趋势

一、我国养老服务体系发展困境

(一) 家庭服务功能逐渐弱化

习近平总书记指出,家庭是当代中国社会转型与制度变迁的历史起点和给定条件,更是国家发展、民族进步、社会和谐的重要基点。家庭是我国养老服务体系的第一支柱,任何历史情况下都要重视家庭建设。目前家庭的养老服务功能不断弱化,传统的家庭养老模式难以为继,对我国养老服务体系建设构成了重大挑战。

首先,家庭规模小型化与结构简化直接弱化了家庭服务功能。我国户均规模由第五次全国人口普查的3.44人,减少到第六次全国人口普查的3.09人,家庭"核心化""小型化"特征明显。目前,"4-2-1"型家庭结构日趋普遍,1对夫妻照顾4个老人的局面成为常态。

其次,我国老年人养老保障和生活照料的主要来源仍是家庭内部的代际支持,"少子老龄化"现象进一步加剧了家庭养老困境[①],尤其是随着老年人逐渐高龄化,患病率、伤残率增

---

① 彭希哲,胡湛. 当代中国家庭变迁与家庭政策重构[J]. 中国社会科学,2015(12):113-132,207.

加,生活照料、经济支持等家庭承担的养老成本明显增加。

最后,城乡发展不均导致的大量劳动力异地迁移冲击着传统家庭养老模式。在城镇化过程中,大量农村人口转移及城市中青年跨地域流动日渐频繁,成年子女与老年长辈之间呈现出居住离散化趋势,受时间、精力所限,成年子女对留守老人的照料普遍力不从心。①

（二）社区居家养老发展不足

在居家、社区和机构养老三者的关系上,无论政府将机构养老的地位定位为"支撑""补充"还是"充分发展",居家养老的"基础"和社区养老的"依托"地位始终没有改变。因为不论是"9073"还是"9064",居家养老仍是大部分老年人的选择（不管是主动还是被动）,目前选择机构的老人还不到老年人群体的1%。近年来,为推进社区居家养老服务,国家出台了许多扶持政策,社区居家养老经历了从无到有、逐渐完善的发展过程,但仍存在着许多问题,居家养老的基础地位和社区养老的依托作用仍需得到进一步发挥。

首先,平台建设和服务设施不足。拥有养老服务平台的社区占比较低,有限的养老服务资源难以满足当今老年人的需求。其次,老年人基本保障水平较低。在当代中国,城市老人和农村老人的平均月收入都较低,其自身购买养老服务的能力明显不足。再次,为老服务项目较少。部分社区难以提供基本的日常照护服务和医疗健康服务项目。最后,在社区居家养老服务发展中,社会力量参与不足。社区与服务对象之间的关系松散,所提供的服务难以满足老年人的多样化需求。②

（三）民办养老机构结构性问题突出

尽管近年来政府不断鼓励和扶持民间资本进入养老服务领域,但民办养老机构在用地、融资、用人、运营等方面仍存在较大困难,难以真正扩大社会养老服务有效供给。

首先,民办养老机构存在用地困难问题。由于难以通过政府划拨的方式获取土地,大部分民办养老机构主要通过招、拍、挂的竞价方式和租赁用地方式获取土地。随着近年用地用房成本增加,很多民办养老服务设施不得不建在位置偏僻、交通不便的郊区或农村。

其次,民办养老机构普遍存在融资难问题。养老机构投资大、周期长、利润低、风险大,加上民间资本的身份,民办养老机构很难从银行等社会融资机构获得贷款,很多民办机构的养老服务设施属于租赁性质,进一步削弱了抵押融资能力。③

再次,民办养老机构招工难、留人难、用工缺口大的问题突出。养老护理员这一岗位具有工作量大、时间长、收入低的特点,对人才的吸引力也较小。同时,近年来人工成本的上升进一步加剧了用人难题,高素质专业人员更加匮乏,大多养老护理员只能满足老年人的基本需要。

最后,民办养老机构市场定位存在偏差。受限于经营成本,部分民办机构涌入低端、保障型服务市场,与公办机构产生同质化竞争;部分民办养老机构为追求利润盲目投资、走高

---

① 黄健元,常亚轻.家庭养老功能弱化了吗?——基于经济与服务的双重考察[J].社会保障评论,2020,4(2):131-145.
② 崔树义,杨素雯,田杨.供需视角下社区居家养老服务提质增效研究——基于山东省1 200名老年人的调查[J].山东社会科学,2020(9):127-133.
③ 韩振燕,姚光耀,刘唯一.融资租赁:民营养老机构设施升级的路径选择[J].河海大学学报（哲学社会科学版）,2021,23(3):97-104.

端化路线,与市场需求严重脱节。市场上处于两端的豪华型养老机构和设施简陋的养老机构较多,真正符合大多数老年人的中档养老机构所占份额较低,社会需求很大的小微型社区居家养老机构、医护型养老机构发展不足,加剧了我国养老服务市场的结构性失衡,民办养老机构床位空置率一直居高不下。

(四)医养结合应用范围较窄

无论是从字面理解还是从实际需要理解,所谓医养结合,都应该指的是医疗资源与养老服务的结合。其服务对象应该是全体老年人。但是,从医养结合提出到现在,虽有多种模式,但仍然主要限于医疗机构与养老机构的结合。近年来,虽然政府在政策导向上提倡医养结合向社区、农村延伸,例如在社区建立老人健康档案,为城乡老年人免费进行健康检查等,但大多流于形式。

医疗机构与养老机构的结合是必要的,也是近期容易实现的。入住养老机构的老年人对养老服务的需求非常迫切,是否有较好的医疗条件,是影响养老机构入住率的一个重要因素。但是,如果医养结合仅仅或者主要限于医疗机构与养老机构的结合,那么其受益者则无疑也仅仅或者主要限于入住养老机构的老年人,这对于其他绝大多数未入住养老机构的老年人来说肯定是不公平的。而且,能够入住养老机构的老人(政府供养者除外),相对而言具有较好的经济条件,对于大多数没有入住养老机构的老年人来说,不是"不想住",而是"住不起"。

(五)城乡区域发展不平衡问题突出

我国养老服务体系在区域和城乡间的发展处于一种严重失衡状态,养老资源的分布显示出地域间的不均衡态势。

首先,在城市级别方面,特大城市和大城市的资源远优于中等城市和小城市;城市的养老服务资源明显好于农村。全国老龄办公布的我国在养老机构设置方面的相关数据显示,我国76%的养老机构集中在城市,24%的养老机构在农村;从地区发达程度看,东部的发达地区的养老资源要显著优于西部的边远地区。

其次,在养老资金方面,我国也尚未实现基本养老保险的全国性统筹。在全国老龄化严重的东三省,平均抚养比是1.3∶1,养老金缺口严重,养老金支付面临极大挑战;而在广东省,平均抚养比是9∶1。另据相关调查数据显示,我国城乡养老金标准差异较大,91.25%的城市老人可以领取养老金,且71.93%的老人最主要的生活来源是养老金;70.79%的农村老人可以领取养老金,但仅有17.22%的老人能够依靠养老金生活。[①]

(六)养老服务人才匮乏,专业服务能力亟须加强

建立一支庞大、专业和高效的养老服务人才队伍是提供优质老年服务的关键。目前,我国养老服务业存在人才极度匮乏、专业化技能水平明显不足的问题。

首先,我国养老服务人才数量不足。据《2017年中国养老服务人才培养情况报告》显示,按照国际标准,我国当前至少需要1 300万专业养老护工人员,但目前实际数量尚不足50万人,持证人员不足2万人,养老服务人才缺口巨大。其次,我国养老服务人才质量存在

---

① 陈洪涛.当代中国养老发展面临的挑战与应对思路[J].社会福利,2017(9):4.

欠缺。拥有大学及以上学历的养老护理人员仅占6.8%，以40—50岁中年女性为主要服务群体，体现出教育水平偏低、年龄结构偏大等突出问题。

在社区养老和居家养老中，上述情况尤为明显。服务人员缺乏专业培训，服务能力亟待加强，无法满足老年人多元化需求，尤其欠缺关于疾病预防和上门康复护理等服务的相关知识与技能。志愿者组织开展养老服务也缺乏统一协调和专业管理，部分志愿者协会与大学生志愿者社团各自为政，常出现"走过场"现象。当前，为推动养老服务人才队伍建设，在加强专业社工队伍建设的同时，应当建立统一协调的养老志愿者服务管理机制。

二、养老服务体系发展趋势

（一）体系内部要素更加融合

随着国家对居家、社区等养老服务的重视，对社区场地和设施等方面的扶持政策不断加强，以及相关领域的改革力度不断加大，越来越多的企业开始在社区、居家等养老领域加大投入，并进行战略布局。未来，依托社区居家服务平台，加强硬件与软件设施的建设，优化居家养老服务体系，同时加快机构养老体系社区化发展，将养老机构融入社区，与社区服务密切配合，以满足目标老年人群体的服务需求，将成为老龄健康市场的重要发展趋势。[①] 市场可拓展居家养老健康管理、疾病预防、慢病管理等领域的服务，加强居家老年人用药指导服务，并适时与社区卫生服务中心/社区养老机构联合拓展健康管理、康复护理、慢病预防等服务。

（二）体系内容更加丰富

养老服务体系的内容在居家、社区、机构养老模式的基础上，不断进行创新探索，尤其是与医养结合模式的探索，深度医养结合已经成为创新养老服务业态领域的一个重要内容。一方面，养老服务企业和机构现有的医疗功能构成需要更加深化和落地，而不是停留在宣传"噱头"上；另一方面，重点引进优质医疗资源，通过在线问诊、远程医疗、医疗坐诊等进行医师等资源的共享配置。此外，越来越多的公立和民营医院、护理院开始不断加大医养结合的模式探索，包括成立专门机构、专门康复区，并将服务延伸至社区、家庭。同时，一些基层医疗机构也开始积极探索医养结合的新模式，逐渐开始为老年人健康管理、康复训练、慢性病预防等提供老龄健康服务。未来，养老服务企业和机构将进一步深化已有医疗功能配置，医院、护理院将加大医养结合模式，基层医养结合服务市场将迎来进一步发展。

（三）服务主体更加多元

养老服务提供者的主体结构不是单一的，而是由多个主体、多个中心组成，包括政府、社会组织、公司和其他组织机构等，它们在一定的法律与政策制度下共同行使服务供给主体的权利，并承担相应的义务，从而形成一种相互协作、彼此一致的协同关系，形成一种相互作用、相互融合的服务供给主体机制。在此基础上，不同主体分担责任，履行各自的职能和义务，在养老服务的整体发展中发挥着重要作用。当然，服务供给主体的多元化容易造成多方主体责任界限不清，同时存在多方主体之间的互动性、协调性、一致性不足的问题，在这种情

[①] 王桂云.多元化社会养老服务体系建设对策研究[J].中国人口·资源与环境,2015,25(12):166-170.

况下,服务供给主体机制的建构便被提上议事日程。服务供给主体之间的角色协作促进了服务供给主体机制的运行,如何在多方供给主体的背景下进行各方主体的协作与合作,从而达到机制的有效运行,是我们应该关注的重点。这种机制运行在政府层面,就表现为积极推动养老服务体系制度的建设与政策法规的颁布,加大财政投入,制定相关政策,以使更多老年人享受到充分而优质的养老服务;在社会组织层面,作为中间力量充分动员和筹措社会资源,在宏观层面落实政府政策,在微观层面运用各方资源,促进养老服务有效发挥作用;在企业层面,积极履行企业责任,发挥企业经济效能,从而构成我国养老服务的主体机制,并实行不同养老服务供给主体的运行模式。

(四)养老服务制度建设更加完善

随着治理体系和治理能力现代化的发展,更多新的养老制度将陆续推出并不断成熟,养老服务制度也将不断健全。这些制度内容至少包括资金保障、机构管理、居家养老服务管理、人才队伍、智慧养老技术等。其中,资金保障是重点。一方面,财政资金将托底保障、基本服务列入其中,建立完善的养老服务补贴制度;另一方面,将正在试点的护理保险制度化为全民行为,从而提高共享性,使更多的老年人获得必要的养老服务资金。

(五)智慧养老技术应用更加广泛

利用现代信息技术为老年人提供服务,不仅是未来社会发展的必然,也是养老服务事业发展的内在要求。在科技快速发展的背景下,利用互联网、物联网、云计算、大数据等现代技术发展养老服务有一举多得的效果,可以延长老年人的独立生活时间,拓展老年人的生活空间,从而提高老年人的生活质量;利用智能化信息平台收集和完善相关老龄健康数据库,进一步将相关智能产品、远程技术、紧急呼叫、监测保护等灵活应用于老龄健康领域,不仅能有效促进信息技术领域的成果转化与产业发展,还将进一步提高老龄健康领域的服务水平与效率①,有助于养老机构和专业组织更准确地了解老年人,满足老年人的多样化需求;能够将分散的需求集成为产品,使市场主体、社会组织效益提高。同时,对于政府来说,也可以更有效地加强社会治理,完善养老服务政策措施的运行。因此,"互联网+"作为养老服务业提高服务品质的重要手段,将是值得大力发展的重要领域。②

三、新型养老服务创新

(一)互助养老

1. 概念

互助养老是在互惠互利和社会交换基础上产生的同代或代际之间的养老资源、服务的交换。③

城镇的互助养老是以家庭养老为基础在社区内建制的养老方式,它的服务对象包括社区内所有老年人,特别是高龄、失能、孤身和空巢老人;服务主体不仅包括低龄健康老年人,

---

① 王莉莉. 新时代我国老龄健康产业界定、现状及发展趋势[J]. 行政管理改革,2022(3):19-28.
② 董红亚. 中国特色养老服务模式的运行框架及趋势前瞻[J]. 社会科学辑刊,2020(4):107-114.
③ 钟仁耀,王建云,张继元. 我国农村互助养老的制度化演进及完善[J]. 四川大学学报(哲学社会科学版),2020(1):22-31.

还包括年轻志愿者队伍;运行成本主要通过政府和社区安排专项资金,积极引导和鼓励企业、公益慈善组织、个人进行社会捐赠,并通过发行福利彩票等方法筹得;通过政府和社区支持成立老年人互助服务协会,可在当地民政系统登记注册,使其成为名正言顺的社会组织,具有法人主体地位,负责管理互助养老的日常事务,制定协会规章制度,作为会员共同遵守的行为规范。对外与政府社区保持联系,接受社会捐赠等。对内组织有能力的老年人和青壮年志愿者为有需要的老年人提供多种服务;充分利用社区内原有资源建设老年人活动中心;老年人加入协会时,需签订协议,明确双方权利义务关系及责任问题,并通过多方筹资为老年人购买集体保险,减少老人及其子女可能承担的风险。①

农村社区互助养老,则多是指以社区为单位,采用"社区主办、互助服务、群众参与、政府支持"的方式,整合社区内所有生活能自理的老人力量及养老资源,让老人们住在一起,实现自助、互助的一种养老形式。"社区主办"就是由村委会利用社区内国有闲置房产或租用居民私人闲置房产设施,将其改造成社区互助养老服务场所,政府或村集体量力而行地承担其水、电、暖等日常运转费用;"互助服务"就是由子女申请、老人自愿入住,自我保障衣、食、医等经济来源,年轻老人照顾年老的,身体好的照顾身体弱的,互相帮助,互相服务,共同生活;"群众参与"就是由村集体组织、动员和鼓励社区居民、社会力量和志愿者,特别是外出经商"成功人士"回报乡亲,为社区互助养老服务提供经济支持;"政府支持"就是由各级政府从政策、基础设施建设、资金、管理培训等方面给予支持、指导和帮助。互助养老,是一种介于纯社会化养老和居家养老之间的新型养老模式,既有养老院、敬老院等社会化养老的特征,又符合传统家庭养老习俗,更强调普通居民间的相互帮扶与慰藉。②

2. 实践探索

(1) 河北省肥乡县

河北省肥乡县(现为邯郸市肥乡区)前屯村首推的"互助幸福院"是比较早、比较典型、影响也比较大的农村互助养老案例。2008 年,前屯村利用村集体闲置场地和部分资金资源建造"互助幸福院",以"村级主办、互助服务、群众参与、政府支持"为原则,率先建立了本省首家互助幸福院。幸福院聚集了具有生活能自理的 60 岁以上独居老人的力量及养老资源,在生活和管理方面实行自助和互助,是一种"村集体办得起,老人住得起,政府支持得起"的互助养老方式。

① 服务对象与内容

服务对象主要为年满 60 岁生活能自理的农村独居老人、留守老人、孤寡老人等,在老人愿意的前提下,子女进行申请并与村委会签订书面协议后即可办理入住手续,其他有较大困难的老人在提出申请后,经村委会同意也可入住。

服务内容包括生活照料和精神慰藉,主要靠老年人之间互助提供。

② 资金来源

幸福院的资金以子女提供和村集体提供为主。在互助幸福院建设阶段,政府提供必要的建设资金和场所,按照村级重视程度、交通状况、建设、入住、管理等因素实行不同标准的

---

① 吴香雪,杨宜勇. 社区互助养老:功能定位、模式分类与机制推进[J]. 青海社会科学,2016(6):104-111.
② 金华宝. 农村社区互助养老的发展瓶颈与完善路径[J]. 探索,2014(6):155-161.

财政补贴;在互助幸福院的后续发展中,县民政局对物资进行统一采购,乡镇统一发放;每年政府还会按每位入住老人500元发放运行补贴,以保证互助幸福院的正常运行。

③ 主要成效

肥乡县政府对于互助幸福院还进行了统一规划,并按照合作型、普通型、标准型、示范型四种类型进行了推广。截至2012年5月初,全县共建成互助幸福院200余家,率先实现全覆盖。肥乡县互助幸福院养老模式得到民政部的充分肯定,并在全国范围内积极推广。前屯村"互助幸福院"的做法很快在全县、全省乃至全国推广,如山东省邹城市黄广村"互助养老合作社"安排60岁以上农村"空巢"老人集中居住,村委会将居住地建在有入住需求的老人相对集中的村子,合作社中的低龄老人帮助高龄老人,身体好的照顾身体弱的,自愿结合,相互帮助。

不过,从相关调研来看,互助幸福院在全国很多地区"运营效果不理想,甚至部分幸福院已经空置下来"。部分原因是"目前政府在资金、法律法规、服务供给等方面都存在严重的缺位","村集体供给能力不足",以及"社会帮扶供给滞后"。

(2) 江苏省睢宁县

江苏省睢宁县第一家空巢老人互助养老的"老年关爱之家"诞生在胡集村。胡集村有自然庄10个,村民小组29个,居民1 652户,共6 622人,其中60岁以上的老人962人,占总人口的14.5%,空巢老人865人,占老年人口的89.9%。针对胡集村"空心化"、人口老龄化严重,留守的空巢老人比重大,以及养老问题突出等实际情况,2011年,岚山镇通过社区精英和老年协会的共同努力,在睢宁县老龄办的帮扶下,自发创办了胡集村"老年关爱之家",探索出了一种适合在苏北经济欠发达地区开展的农村集中居住式互助养老。

胡集村"老年关爱之家"采取老人互助的方式进行养老,具有"集体建院、集中居住、互助服务"的特征,主要收住的是村里能够生活自理的空巢老人。少数失能半失能的空巢老人也可以由其配偶或亲属担任主要护理人一同入住。

① 运行方式

针对苏北农村经济条件相对落后、农村老人经济收入低的情况,胡集村"老年关爱之家"的养老场所和水电费由政府免费提供,采用互助的方式养老,入住的空巢老人每月只需要支付少量费用,就可解决养老问题。这种农村空巢老人集中居住、互助养老运行方式的特点主要体现在:方便解决老人遇到的困难,保障老人的生命安全,满足老人情感慰藉需求,解除子女的后顾之忧,实现低成本养老等。

② 管理机制

基于入住老人自助和互助的基本原则,为了便于规范管理,"老年关爱之家"依托老龄协会,成立领导小组,设立院长、副院长等职务,并制定各项规章制度。同时,组织"老年关爱之家"的老年人根据自身条件建立各种小组,如生活小组(主要负责做饭)、环境卫生组(负责院内卫生)、和谐领导小组(解决老人之间的纠纷)、图书花木组(负责图书的借还与花木栽培)、诸葛亮议事组(解决院里存在的难题)、文明和谐组(负责"五好老人"评选)、治安保卫组(负责安全保卫)、水电小组(管理老人水电的合理安全使用)等,并从老人中选拔优秀的人担任组长,实行老年人自主管理。

③ 监督机制

在老人入住"老年关爱之家"时,需要签订协议,明确院里的各项规定。"老年关爱之家"还建立定期评选"五好老人"的制度:采取积分评优制进行自主管理,依据老人所做的好事和错事,进行增减分;对每个月评选出的"五好老人"奖励 5 度电;在一季度前五名的"五好老人"的门前悬挂锦旗;年终对所有"五好老人"中的前五名发放 50—300 元不等的奖金。通过这种形式来激励老人自觉维护"老年关爱之家"的日常生活秩序,促进入住老人的生活环境的和谐。

④ 主要成效

经过 5 年多的探索,农村"老年关爱之家"互助养老方式已经由最初的"政府提供庭院,水电免费"转化为"集中新建,低价供水供电";经济供给方式由原来的"政府包揽"转变为现在的"种植、养殖、小商品代加工补给"模式。目前,以胡集村"老年关爱之家"为原型的老年互助养老方式在睢宁县得到大力发展,从 2011 年的 1 家,发展到 2016 年底的 35 家,已惠及全县 2 000 多位 60 岁以上的空巢老人。这种老人抱团取暖、集中居住的互助养老方式目前已经在江苏省苏北地区传播开来,该方式也拓展到苏中和苏南的部分适合开展的地区。

(二) 医养结合

1. 基本概念

2013 年 9 月,国务院出台《关于促进健康服务业发展的若干意见》,提出要加强医疗机构和养老机构的合作。2015 年 11 月,国务院各相关部委联合发布《关于推进医疗卫生与养老服务相结合的指导意见》,全面部署了医养结合工作。

作为"整合照料"的一个子概念[①],医养结合将养老、医疗放在老年人照料中更加突出、重要的位置,是面向全体老年人提供的,集合生活照料、精神慰藉、文化娱乐等养老服务,以及具备一定专业性的健康检查、医疗保健、疾病诊治、临终关怀等医疗服务为一体的新型养老服务模式,能够有效实现融医入养,满足老年人对于医疗服务的需求。[②] 与传统的养老模式相比,医养结合把健康理念融入老年人生活,通过将医疗适度融入养老服务的方式,改善老年人身体机能,提高老年人的自理能力,降低老年人失能概率,减少老年人群体对家庭和社会的依赖程度。"医养结合"模式的发展需要国家(政府)、市场和社会(包括社区、家庭)的共同努力。[③]

2. 医养结合服务模式

医养结合并不是一种全新的养老模式,它是医疗服务与传统养老模式相结合,用不同形式和途径在传统养老模式中完成医疗与养护结合的服务供给。我国目前发展的医养结合服务主要可以归纳为以下四种模式。

(1) 医疗卫生机构开展养老服务

大型公立医院内部开设照护单元或者疗养院,老年患者在康复期或病情稳定期进入疗养状态,在疾病加重期或治疗期进入治疗状态。根据患者病情,"医""养"两种模式灵活转

---

① 袁晓航."医养结合"机构养老模式创新研究[D].杭州:浙江大学,2013.
② 宋潇,王超.从覆盖到发展:医养结合养老模式三步走战略[J].求实,2016(9):62-69.
③ 杨哲."医养结合"养老服务:概念内涵、掣肘因素及推动路径[J].现代经济探讨,2016(10):25-29.

换,一定程度上避免了老年患者出院转院的麻烦,为患者的突发病情争取了抢救和治疗的时间。

(2) 养老机构提供医疗服务

2014年,原国家卫生计生委印发了《养老机构医务室基本标准(试行)》和《养老机构护理站基本标准(试行)》,对在养老机构内部设置医务室和护理站的功能、需求、配置做出了详细要求。养老机构建立医务室,医务人员最少要配备1名执业医生和1名注册护士。大型、资金雄厚的养老机构还可以开设老年病科、专科医院,以及康复和护理中心等专业医疗机构。有医疗服务资质的养老机构可以为入住老人提供生活照料、治疗康复、精神慰藉、临终关怀等一体化的健康和养老服务。

(3) 医疗机构与养老机构签订协议合作

通过签订协议的方式,医疗机构为养老机构提供医疗服务,包括定期上门巡诊,处理紧急情况,及时转诊等。

(4) 医养结合进社区、进家庭

依靠社区卫生服务网络,实现医养结合进社区、进家庭;通过家庭医生签约,为老人提供上门的基本医疗、护理服务。整合养老机构、日间照料中心等社会资源,让老人在家中得到连续、适宜、规范、便捷的养老服务和基本医护服务。

3. 典型地区探索

(1) 上海市

在医养结合服务方面,上海市的探索一直领跑全国,尤其在"量化任务指标"和"制定签约服务清单"等方面,极大地促进了医养资源的嵌入与融合。同时,作为国家长期护理保险制度试点单位,上海市依托"双试点"的政策协作优势,采取了一系列举措,在推进医养结合方面做出了重大尝试。上海市"医疗嵌入型"医养结合服务按照医疗服务供给来源的不同,可以归纳出三种主要的服务嵌入模式。

① 内源型模式

内源型模式,即通过养老服务机构内设医疗机构并增设医疗功能的形式促进医养结合,如养老机构内设医务室、卫生所、保健站、护理站等,并配备专业的医疗设施及医护团队。内源型模式内设医疗机构相当于扩大了养老服务机构的服务范围,增加了服务成本,当机构规模较小时,采取这种模式则缺乏规模效应。根据走访情况,在30家养老服务机构中有12家(占机构样本量的40%)通过内设卫生站或医务室等形式为机构新增了医疗功能,且这类机构的平均床位数为276张,而没有增设医疗功能的养老机构平均床位数为148张。

② 外源型模式

外源型模式,即从养老服务机构外部引入医疗服务,其典型做法是养老服务机构与医疗机构签订服务合约,由医疗机构的医护人员定期到养老机构提供技术指导、公共卫生、基本诊疗、护理与康复等服务。外源型模式相当于将老人的医疗服务需求外包给医疗机构,由医生去养老机构为老人提供诊疗服务,并收取诊疗费用和一定的上门服务费用。这一模式对医疗工作者的依赖性较强,增加了其时间成本,尤其是在医疗服务需求密集的地区,医疗工作人员难以抽身为老人提供上门服务。因而要保障这一服务模式的有效性,除了提供经济激励外,还需要一定的外部干涉。对此,上海市政府明文规定,养老服务机构必须与医疗机构签约,且医疗机构应予以配合。从调研的情况来看,在 30 家养老服务机构中仅有 3 家尚未签约,签约率达 90%。

③ 多源型模式

多源型模式,即在养老服务机构内部增设医疗功能的同时,通过签约形式从外部引入医疗服务资源。这种模式既拓展了养老服务机构自身的功能,又从外部引入了服务资源,能够更有效地为老人提供及时便捷的医疗服务。调研发现,在 30 家养老服务机构中有 9 家采取了这一模式,占机构样本量的 30%。值得强调的是,调研发现,部分区县充分利用了其土地资源优势,对养老机构与医疗机构的建设进行综合规划,为二者进行邻近选址。如松江区佘山敬老院与佘山镇卫生服务中心仅有一条马路之隔;宝山区金色晚年敬老院与金色晚年护理院仅隔着一条走廊;杨浦区新江湾城养老社区综合体对养老院、社区卫生服务中心、为老服务中心集中规划综合设置。这一优势既可以为老年人提供就近、方便、快捷的医养服务,又能缩短医生上门服务的时间,降低成本。

(2) 武汉市

自党的十九大报告提出"推进医养结合,加快老龄事业和产业发展"的战略部署以来,武汉市陆续推出《关于深化养医结合工作的指导意见》《武汉市基层医疗卫生机构开展医养融合工作实施意见》《关于推进武汉市中心城区开展居家养老医疗卫生签约服务全覆盖的工作方案》等一系列政策文件。截至 2019 年上半年,武汉市 205 个基层医疗卫生机构共组建了 1 553 个家庭医生团队,95% 以上的养老机构内设医疗机构(服务点)或与卫生服务机构签订了合作协议,为养老服务提供了医疗保障和支撑。

作为全国首批养老服务业综合改革试点城市之一,武汉市尊重广大老年人居家养老的选择意愿,积极推进医养结合工作,努力探索"医养结合走进社区、走进家庭",形成"政府+社会+市场"合力,形成了具有示范性的"互联网+"居家医养结合养老运营模式。该模式在实践运营中,重点围绕"三助一护"(助餐、助洁、助医、远程照护),开展社区嵌入式、中心辐射式、统分结合式三种服务,使老人感受到"互联网+居家医养结合养老"新模式带来的便利和实惠。①

① 社区嵌入式——江岸区后湖东方社区

江岸区后湖东方社区被列为市区"互联网+居家医养结合养老"社区嵌入式服务试点社区,由社会组织"江城义工联"承接运营工作。

自 2018 年 3 月起,后湖街按照社区嵌入式服务网点建设要求,扩大社区为老服务场地,另租一间 80 余平方米的居民用房,将其打造成社区健康服务站,设心理咨询室、康复训练室和家庭医院巡诊室,配有行走辅助器、按摩器等康复训练器材。对原老年服务中心进行提档升级,在原有基础上拓展新服务功能,增设呼叫应答中心、远程监测平台和接待咨询区等。

在社区现有条件下,通过摸底走访,挑选出符合条件的空巢、独居、高龄等社区试点老人家庭 15 户和互联网试点老人家庭 5 户,免费为试点老人家庭安装远程照护摄像头。针对居家老年人的医疗服务需求,拟定出"三助一护"的免费体验服务项目清单,与试点老人家庭签

---

① 武汉市人民政府.武汉市推进"互联网+居家养老"新模式实施方案. http://www.wnhan.gov.cn/zwgk/xxgk/zfwj/202003/t20200316_973356.shtml.

订《东方社区嵌入式养老试点家庭为老服务项目合作协议》,通过试点家庭、V+N呼贝家庭及养老互助会老年志愿者骨干代表参与服务的体验模式,收集与老年人相关的最直接、易实施、接地气的建设性意见,为下一步工作积累经验,明确改进方向。

② 中心辐射式——武昌徐家棚三角路社区

武昌徐家棚三角路社区老人服务中心,是政府着力打造的"互联网+居家医养结合养老"中心辐射式服务试点社区,由武汉知名养老产业集团——侨亚社区养老服务管理有限公司(以下简称侨亚)承接运营。

侨亚以自主研发的"爱家养老"云平台为社会化资源整合与服务管理中心,以区级平台为资源调度中心,扎根街道建立街道级呼叫服务中心,以社区居家养老服务中心为支撑,建立信息平台分级化、线上线下一体化、一站式的综合服务体系,提供公益、低偿、市场化的综合为老服务。

作为国内具有规模化、专业化特征的社区养老服务公司,侨亚承担着武汉82个社区养老服务中心的运营,不仅为社区老人提供精神慰藉、社交娱乐、助医、助急、助餐、助行、代购代缴等社区养老服务,还开展以社区理疗、上门康复、集中转诊为主的医养融合服务。附近居住的老人每天可免费使用侨亚养老服务中心的吸氧机、射频仪、红外线灯、足浴盆、按摩椅等医疗设备。

③ 统分结合式——江汉区"互联网+居家医养结合养老"信息平台

江汉区"互联网+居家医养结合养老"信息平台于2018年4月由武汉市烽火科技集团打造。作为江汉区养老统筹监管的枢纽,区级平台在整体建设过程中根据江汉区经济、服务资源、信息化基础和业务需求进行了顶层规划设计,在满足养老服务业务需求管理的同时,保障了后续与其他委办局和市级平台的无缝融合及有效对接。

平台以互联网思维为指引,结合云计算、大数据、物联网等新技术手段,实现数据采集、存储、挖掘、服务智能化。围绕"三助一护"养老服务需求,通过整合医疗资源,吸纳优质医疗服务,形成聚合联动,建立产业生态;通过标准制定,实现对医疗服务方的规范管理和标准化引导;通过信息化改造,创新打造"亲情互换"服务模式,逐步建设开放智能的居家医养结合养老服务体系。

目前,江汉区已建成中心辐射式和社区嵌入式服务网点72家,服务覆盖全区12个街道、108个社区、13万老年人口,为老年人提供30多个服务项目(包括助餐、助洁、助医、远程照护、助浴、助乐等),基本实现了社会化运营。区级平台自建成以来,为引导和鼓励老人自主消费,将所有为老服务企业统一纳入平台统筹监管,全区智慧养老线上线下互融互通,实现"三助一护"服务需求100%应答,打造最后1公里社区居家养老服务圈。[①]

---

① 杨莉.医养结合的运营模式探究——以武汉市"互联网+居家养老"为例[J].学习与实践,2019(11):101-108.

第四节 其他典型国家养老服务体系

一、欧美国家

(一) 美国

1. 养老服务发展背景

20世纪40年代,美国就进入了老龄化社会,是世界上最早进入老龄化社会的国家之一。但在这之后,老龄化速度相对比较慢,直到2010年,65岁以上的人口比例都也只有13.1%,到2020年,超过16%,最近10年有加速的趋势。

根据美国人口普查局最新数据,截至2020年4月,美国人口总量为3.314亿人,相比2010年普查的3.087亿人增加了7.4%,这个增速是20世纪30年代以来的最低增速,当时美国人口10年间只增加了7.3%。2020年,美国65岁及以上老年人口数量为5 479.63万人,与2010年老年人口数据相比,增长了1 464.09万人,占总人口比重为17%。预计到2040年,65岁及以上老年人口将增加至7 970万人,占总人口的21%。

2. 美国老年立法

美国的老龄法制建设的起始时间较早,可追溯至1935年,美国国会通过了《社会保障法》,该法明确规定要对因年老失去工资收入的群体提供保障,其中包括老年、遗属和残障保险、医疗护理等针对老年人的保障项目,之后经过1950年、1983年、1994年和2000年的四次修正,美国社会老年保障体系已经日趋完善。

1965年,美国出台了第一部专门针对老年人的法律——《美国老年人法》,该法分为六章,整体上对战略目标、发展计划、机构设立等多方面做出了规定,使美国逐步形成了联邦政府下的老龄署、州政府下的老龄单位和州以下不同地区的区域性老龄机构组成的三级老龄工作行政网络,在细节上,不仅关注老年人物质生活需求,更重视其精神慰藉需要。此外,还涉及老龄专业研究、养老服务专业人员培训等,内容较为全面。总体来看,《美国老年人法》在美国老龄法制建设过程中具有里程碑意义。

除此之外,美国还颁布了《老年公民宪章》《反老年人就业歧视法》《老年人社区服务就业法》《老年医疗法》《护理之家标准指南》《老年人营养方案》《多目标老人中心方案》和《老年人个人健康教育与培训方案》等一系列法律法规,内容包含了机构住养、健康生活、再就业等,使老年人得到了全方面的保障,也使美国老年人相关工作有法可依。

3. 养老服务体系框架

目前,美国主要有两种养老方式:居家养老和机构养老。

居家养老是大多数美国老年人选择的养老方式。与我国的家庭养老不同,他们主要依托社区的养老设施和服务组织,而不是依靠家庭成员来照料老人。具体而言,大致可分为三类:一是为居家体弱老人和高龄老人提供的服务;二是为健康老年人提供的服务;三是专门性质的服务。采取典型的社区自治模式,即政府不直接干预,而由社区主导、居民主动参与、由下而上实施的社区发展模式。

美国机构养老的专业化特点显著,准入制度完善。大致可分为以下三类:第一类养老机构为普通老年照护机构,为不需要医疗服务及全天生活护理服务的老年人提供膳食住宿和一般照料等服务;第二类养老机构为中级老年护理机构,主要为没有严重疾病但需要全天监护和生活护理的老年人提供服务;第三类为专业老年护理机构,主要为需要全天医疗护理和生活护理照顾但不需住院治疗的老年人提供经常性医疗服务。

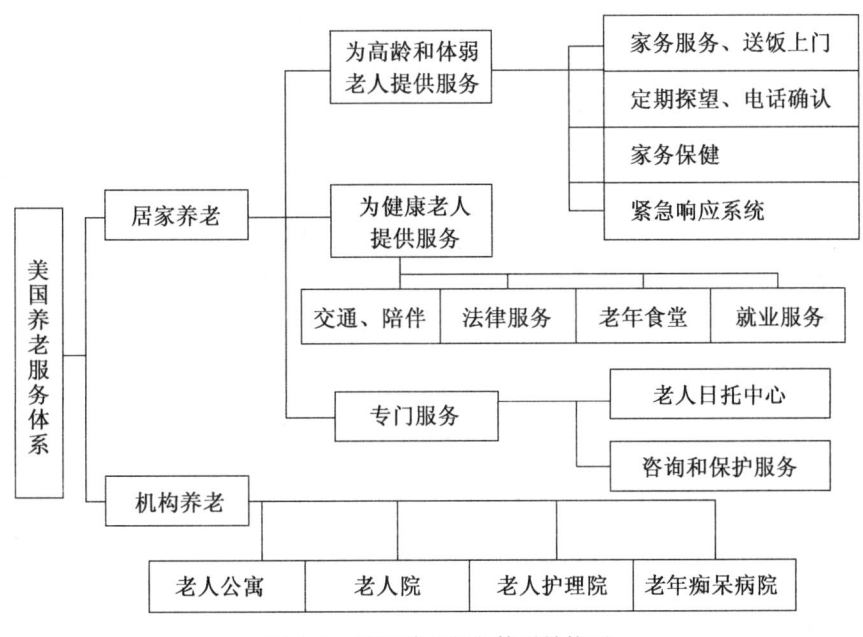

图 5.1　美国养老服务体系结构图

4. 养老服务发展特点

（1）提倡自助养老

美国文化强调自强、自立,不能单纯地依赖政府和社会,所以政府提倡自助养老,提供各种项目帮助老人做力所能及的工作,发挥其自身价值。

一是祖父母的养育项目,指低收入的老人每周为残障儿童工作一段时间以获得报酬。老年人可以给予这些孩子关注、友谊和建议,还可以辅导孩子完成家庭作业,并与他们分享自己的经验和智慧。

二是助老项目,指雇用低收入的老人去帮助生病的、年老的等有各种需要的老人。这种项目通常涉及陪伴、关怀、烹饪和支付账单等。

三是老年就业项目,指为经济困难的 55 岁及以上的老人提供工作。老人在接受健康检查、在职培训和其他相关服务后,通常在社区内的医院、老人服务中心、学校、日间照顾中心等做兼职工作,并领取一定的薪水。

四是招募老年志愿者项目,是指由社会服务机构、红十字会、福利团体等对老年志愿者进行招募和培训,使其能够在社会工作者的指导下开展一些志愿服务,如接送服务对象、为卧床不起的人购物、让医院中的病人心情愉快、做维护性工作等。

（2）支持志愿者服务

美国很大一部分养老服务是由志愿者提供的。以某种方式参加帮助别人的工作或活动而不领取报酬的行为被称为志愿者服务。

美国志愿者服务具有广泛的群众性,专业技术人员、退休人员、政府官员、艺术家、学生等积极参与其中。志愿者提供各种社区服务,以满足老人的需要。如帮助老年人购物、用餐,定期探望老人,打电话陪老人聊天等。

为了鼓励并号召更多的人参与,美国政府采取了各种措施支持志愿者服务。在美国,青少年参加志愿活动被纳入升学、提供奖学金、减免学费的硬性指标之中;提供志愿服务满200个小时被作为大学录取的必要条件。有的大学还将参加社区服务列为必修课,要求学生在毕业前每年至少有600小时的志愿服务记录(约75个工作日)。

(3) 重视第三种力量

美国的养老服务还十分重视政府和市场之外的第三种力量的作用,也就是不以营利为目的的社会组织的作用。据统计,1998年,美国的非营利组织就有150多万个,约占美国各类组织的6%,平均每12个就业人员中就有1个为非营利组织工作。

美国政府通过培育非营利的组织,来承担大量具体的社会事务。如始于1966年的美国"社区发展合作组织",它采用社区居民自治的模式,由有威望、有影响力的社区居民领导,争取政府、银行、宗教界、慈善机构的支持和合作,开展一系列的社区老年服务,如照顾老人、对老人进行再就业技能培训、调解家庭纠纷、开展健康诊疗所、丰富居民文化生活服务等。非营利组织帮助美国政府分担了社会事务的具体服务,实现了社会主导的格局,提高了社区居民的参与意识。所以,美国对非营利组织的发展提供了强有力的支持。

(二) 英国

1. 养老服务发展背景

作为第一个工业化国家,英国是世界上最早建立社会保障制度的国家之一。"二战"结束后,社会稳定促进了经济增长,人们生活水平不断提高,医疗卫生事业快速发展,各项卫生保健措施不断完善。在此背景下,英国老年人口不断增加,进一步加剧了老龄化进程。

英国国家统计局人口普查结果显示,1950年,60岁及以上老年人口占总人口的比例为15.5%,1980年,这一比例超过20%,每5个英国人中就有1个老年人。1985年,英国65岁及以上的老年人口占比仅次于瑞典,为欧洲第二。21世纪以来,英国人口老龄化程度不断加深。2000年,英国60岁及以上老年人口占总人口的比例为20.8%,预计到2030年,这一比例将超过27%,到2050年,这一比例将会接近30%。[①]

2. 英国老年立法

英国是世界上较早的以立法形式规范老龄事业的欧洲高福利国家之一,其颁布了一系列有关社会养老服务的法律法规,对养老服务标准、养老机构管理等方面均进行了详细的规定,如《国家黄金标准框架》《国民健康服务法》《国民保健法》《国民健康服务与社区照顾法》《国家老年服务框架》等。尤其在1948年《国民健康服务法》正式执行后,包括"初级卫生保健、医院服务、临终照护、社区照护等"内容的国民健康服务体系由此建立,在社会养老服务领域,形成了统一的管理部门,制定了政策目标,规范了行业标准,并建立了基于数据、分析工具的管理体系,这对英国社会养老服务法制建设具有重要意义。

---

① 史青宇:人口老龄化背景下英国福利制度研究[D].郑州大学,2015.

3. 养老服务体系框架

英国实行以社区照顾为主的社会养老服务模式,就是以社区为依托,通过提供居家服务、家庭照顾、托老所等多种形式,为老年人提供完善的生活照料服务。其主要特点是公办民助,即发挥政府的主导作用的同时,要求社区承担相应责任。

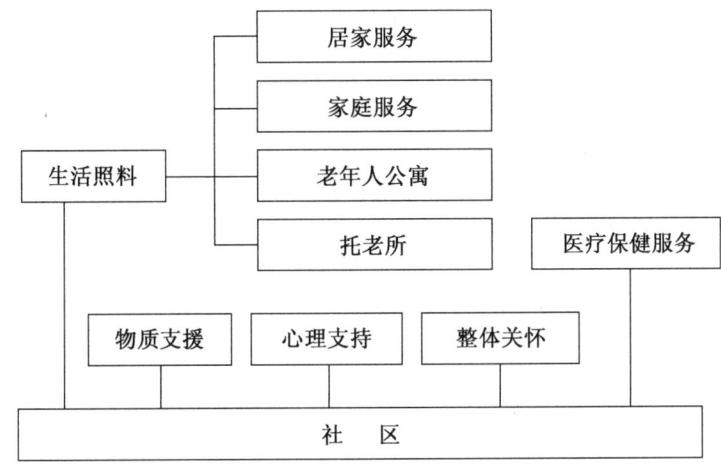

图 5.2 英国养老服务体系结构图

英国社区照顾养老最早是作为机构照顾的一种替代模式出现,即鼓励那些留在医院或专业机构中的老年人回到社区生活,其核心在于强调社区照顾的地域性特征。1990 年,英国政府颁布了《国民健康服务与社区照顾法》,由此建立了以社区照顾为主的社会养老服务模式。这一模式要求发挥政府主导作用的同时,社区承担相应责任。政府的主导作用主要体现在政策制定、监督管理、财力支持等方面。如英国政府于 1989 年发表了《社区照顾白皮书》,规定社区照顾的对象为年长的、有精神疾病的、智力残障的、有身体或感官障碍的人,老人服务的形式采取居家式服务,或老人院、老人公寓服务等,老人服务的内容包括生活照料服务、定期保健服务、社会发展性服务等,尤其强调服务的专业性,对服务队伍的素质提出明确要求并建立评估机制。

此外,政府在社区服务领域建立了"契约制",即政府将一部分服务移交给社会工作机构,在具体实施中,政府实行项目管理制,施行"申报—执行—监督—年度报告"的管理体系,违反合同则要承担相应法律责任。除此之外,政府还要承担社区照顾的设施建设、费用支付责任。社区的主要责任即在政府指导下提供以上所规定的养老服务,健全各项人性化的养老服务项目,营造温馨的社区氛围,逐步实现"在社区照顾"向"由社区照顾"的转变。

4. 养老服务发展特点

(1) 服务体系正规化

英国服务体系正规化主要体现在工作体系的正规化。在英国,社区老年服务在社会工作服务中占有非常重要的地位,所以政府在其体系建设上花大力气。

工作体系由管理人员、关键工作人员和照顾人员组成,他们一般都是专业的社会工作者及半专业的辅助工作人员。管理人员是对某一社区的老年服务负全部责任的人。他们负责社区服务资金的分配、下层社区服务人员的聘用及工作的监督。关键工作人员受管理员分配,是对更小社区或区域内的一定数量的老年人进行照顾的主要责任人。他们负责老年金的发放,了解老年人的需求和为老人解决一些重要问题。照顾人员则是被政府雇用为老年人提供日常生活服务的人。他们多是老人的邻居或是有某种亲属关系的人。他们并不都是全职的,政府提供的报酬也只是一种服务补贴,但这反映了政府对其工作的承认。可见,英国政府对工作人员的任职资格和职责都有明确规定。因此,英国的社区老年服务具有正规化的服务体系。

(2) 服务形式多样化

英国1989年的《社区照顾白皮书》提出,"社区照顾要形成一个关怀的光谱,从提供住家支持照顾到给需要深度照顾者提供日间照顾,一直到为有更高需求的人士提供住院照顾和长期护理服务等"。

为了履行社区照顾政策,实现社区对老年人的照顾,英国政府开展了多样化的老年服务。① 社区活动中心。这是由英国地方政府出资兴办的、具有综合性功能的社区服务机构,为本社区内的老人提供一个娱乐、社交的场所。活动中心的经费来自政府拨款,服务基本是免费提供的。② 家庭照顾。这是英国为使老人留在家里而采取的一种政策措施,即政府给在家居住、接受亲属照顾的老人发放与住院舍同样的津贴。③ 暂托处。这是提供短期照顾的服务机构。当家庭照顾者有事外出,可把需照顾的对象送到暂托处,让工作人员免费代为照顾2周。④ 老人公寓。这是为有生活自理能力但无人照顾的老人提供的服务设施。公寓由多个功能齐全的二居室单元组成,每个单元都设有"生命线"紧急呼救装置。公寓收费低廉,但数量有限,只批准低收入老人进住。⑤ 居家服务。这是对居住在自己家里,尚有部分生活能力,但又不能完全自理的老人提供的一种服务,包括上门送餐或做饭、洗衣、洗澡等。服务一般不收费或收费极低。⑥ 老人院。这是对完全丧失生活自理能力的老人提供的一种集中收养、护理的院舍式服务。不过这是分散在社区中的小型院舍,而不是早期那种大型集中的院舍,可使老人不离开他们熟悉的生活环境。

(3) 监督体系完善化

英国的社区老年服务实行"契约制",即把原来由政府承担的一些服务移交给社会工作机构。政府委托机构提供社会所需要的服务,然后政府花钱购买,提供给服务的需求者。在具体实施过程中,英国政府采取项目管理模式,从申报、执行、监督到年度报告,从工作人员到志愿者或义工等都有一套完整规范的工作管理和评估体系。各机构如果要承接项目,拿到经费,首先必须与多家机构一同经过项目评估,政府认为该机构的计划比较适合,才会把经费交给该机构。

此外,在执行过程中,机构内的人员培训、设施配置、服务标准、服务价格等,都要受到政府工作人员的定期检查,提供资金的组织也会被不定期地抽查,同时进行监督等。政府与这些机构之间建立的是一种契约关系,所以,委托提供社区服务的机构必须按合同办事,否则就按违反合同处理,违反者要承担相应的法律和民事责任。

(三) 瑞典

1. 养老服务发展背景

瑞典是世界上老龄化最严重的国家之一,据统计,2020年,瑞典人口总数为1 035.34万人,比上年增长了6.79万人,人口增长率为0.7%;与2010年人口数据相比,瑞典人口数量增长了97.5万人。2020年,瑞典65岁及以上老年人口占比为20%,已步入老龄化社会。

一方面,老年人口比重的不断增加致使瑞典成为欧盟国家中老龄化程度最高的国家;2008年,瑞典65岁及以上的老年人比例为17.7%,而到了2013年,这一数字攀升至19.4%,学者们预计这一数字还会持续增长,并在2050年达到23.6%。另一方面,随着瑞典现代医疗和社会服务的不断完善,加之老年人居住环境不断改善,瑞典老年人的平均预期寿命不断延长(男性平均80.1岁,女性平均83.7岁),意味着每个老年人所需的养老服务的年限延长,这无疑给瑞典的福利体系,尤其是养老服务体系带来了巨大压力。

2. 瑞典老年立法

瑞典议会于19世纪中叶通过了《济贫法》,这是瑞典建立福利国家的开端。1913年,瑞典养老金法案规定:政府对全国的老年人和丧失工作能力的人提供社会保障。这是世界上第一个全国性的养老保障法案。瑞典于1937年制定《家庭补贴法》,为子女提供生活费补贴。1948年,瑞典实行统一、全民养老金制度,其待遇水平已足够保障一般人的基本生活。这种普惠性的福利制度照顾到受益者的尊严,不会让受益者有旧的助贫法所带来的耻辱感。瑞典于1956年废除了《济贫法》,取而代之的是《社会福利法》,规定了为老年人提供服务的内容;1982年颁布了新的《社会服务法案》,1998年进行了修改。

3. 养老服务体系框架

在养老服务体系上,瑞典建立了居家养老和机构养老相结合的模式(见表5.1)。

表5.1 瑞典养老服务体系

服务类型	供给方式	服务特点
居家养老	居家养老服务	由公立或慈善机构提供,提供上门服务;服务成本低,随叫随到,灵活方便。
	日间照料服务	提供短期照护服务,包括日托或短时间托养,为术后老人提供短期护理服务等。
机构养老	老年公寓	为有生活自理能力的老年人提供住房和养老服务,配有医疗和保卫人员,老人活动相对独立自由,适合大部分老年人。
	护理养老院	为缺乏自理能力的老年人或缺少家庭支持的老年人服务。对机构和服务人员有一定专业要求,照护工作量大。

在瑞典,90%的老人都享受居家服务,瑞典通过建立强大的社区服务网络,为老年人提供上门、定点、定期甚至远程的服务,包括清洁、做饭、穿衣、送餐上门等生活服务,还包括注射、吃药等医护服务。

在机构养老方面,瑞典为老年人提供公寓式照顾服务和护理式服务,老年人可以依据自身健康状况选择入住不同的机构。瑞典的机构养老费用大多由政府承担,子女无赡养父母的义务。但瑞典的这些高福利性养老服务很大程度上依靠国民高税收来维持,随着经济状况和财政状况的持续恶化,瑞典养老服务的可持续性受到考验。

4. 养老服务发展特点

(1) 去院舍化

针对老年人的居家帮助服务最早出现于20世纪50年代,最初是由红十字会等民间组织引进的。出现的原因是市政府和郡议会的院舍形式照顾不足,居家帮助服务作为一种紧急帮助提供给那些等待进入养老院院舍照顾的老年人。20世纪50年代中期,随着新的老年照顾政策目标的确立,大部分市政府开始承担起居家养老帮助的责任,其中十分重要的政策目标是使老年照顾体系的建设基于使老年人生活在正常的生活环境而非院舍之中。

布罗丁(Brodin)认为走向以居家照顾为基础的老年照顾体系的第一步是"1957年决定",这个项目计划强调公共老年照顾领域的发展应该基于老年人对住房和居家帮助的需求,而不是基于养老院的院舍化照顾。第二步发生在20世纪80年代,国会通过了社会服务法案,要帮助老年人尽可能长时间地生活在家中。第三步是1992年的阿代尔改革(Adel-reform),这项改革从根本上改变了老年人照顾系统的管理和组织结构,增加了以居家照顾为基础的老年人服务。

这个过程是从以院舍化照顾为主到以居家养老照顾为主的转变的过程,经过这几个阶段的发展和改革,瑞典建立了以居家养老服务为基础的老年人照顾体系。

(2)市场化

为了更好地解决政府面临的经济压力,提高老年人服务的效率,并增加老年人选择的权利和范围,瑞典政府近年来也加大了对私营老年照顾服务的支持力度。

瑞典的居家养老服务正在经历两个发展趋势:政府资助的公共服务覆盖面的萎缩和市场化的增强。这两个趋势意味着一个新的分割:那些受教育程度低、收入水平低的老年人将更多接受家庭照顾,而那些受教育程度高、收入水平高的老年人将更多地购买私人服务,这势必对居家养老服务的普惠性构成威胁。但是近年来受新公共管理理论的影响,瑞典政府鼓励在老年照顾领域引入竞争,私营服务提供者的规模迅速增加;并且有调查结果显示,1990年,老年人照顾领域中受雇于私营部门的劳动力只有1%,而到2003年,这一数字增加到13%。

(3)加大对家庭照顾人员的支持力度

目前,社会政策发展的一个新趋势是越来越认识到那些提供老年照顾支持的非正式照顾者的重要性。这个趋势出现在大多数工业化国家面临着巨大的老龄化挑战的背景下。老年人口所占比例的增加给养老金系统和医疗、社会服务系统带来了巨大压力,80岁以上老年人口的增加更扩大了对于这些系统的需求,也将潜在地导致更大的需求。由于非正式照顾者对于老年人照顾做了巨大的贡献,国家对此所要付出的成本却很低,于是政策制定人员对于非正式者照顾者的重要性有了更深刻的认识。据预测,家庭成员将面临更多的来自老年父母、祖父母及其他残疾亲人的照顾需求。

瑞典20世纪90年代的老年照顾法案已经将为照顾老年人的家庭成员提供支持定位为未来10年老年照顾政策发展的主要目标,同时也强调了政府对老年照顾负有法定责任。2009年,瑞典国会在原《社会服务法案》中增添了一些旨在加强对家庭照顾人员支持的内容,指出"市政府有义务为那些从事照顾患有慢性病的亲人、老年人、残疾人的家庭照顾人员提供支持和服务",此规定已于2009年7月实施,这一规定明确了市政府在对家庭照顾人员提供支持方面负有的法定义务。明确的法律规定能够增加家庭照顾人员对于在自己需要时获得政府支持和服务的信心,从而使他们能够更好地照顾老年人。

二、亚洲国家

（一）日本

1. 养老服务发展背景

日本是世界上老龄化程度最高的国家之一，根据日本总务省公布的 2010 年国势调查人口普查抽取速报结果显示，2010 年日本人口总量为 1.28 亿人，65 岁以上老年人口占总人口比重达到 23.1%。

2020 年，日本总人口数量为 1.26 亿人，新生人口数量为 87 283 人，同比减少 2.9%，创历史新低，日本的人口出生率大约为 0.7%。2020 年，日本国内死亡人口数为 1 384 544 人，同比下降 0.7%，是日本近 11 年来的首次下降，日本的人口死亡率大约为 1.1%。据多家日媒报道，日本总务省发布的 2020 年国势调查显示，日本 65 岁以上人口占总人口的 28.6%，刷新了纪录。

《日本经济新闻》2021 年 11 月 30 日报道称，日本人口普查每 5 年进行 1 次。此次人口普查结果显示，作为经济活动主要承担者的劳动年龄人口（15—64 岁）减少了 3%，降至 7 508.8 万人，最近 5 年减少约 2 686 万人；14 岁以下的儿童人口减少 6%，60 岁以上人口增加 7%，少子老龄化的趋势更趋明显。共同社称，此次人口普查显示，日本的老龄化率和少子化率在全球范围内均处最严重的水平。

2. 日本老年立法

日本养老服务发展立法先行，在社会福利建设中参考了许多欧美国家的经验，目前形成了一套较为完备的养老法律体系。

1961 年，日本开始实施《国民年金法》，老年人退休后的生活有了基本的养老金保障。1963 年，日本开始实施《老人福祉法》，高龄孤寡老人可以享受到政府的特别养护老人之家的服务。1970 年，日本开始进入老龄化社会，独居老年人占比快速提升。1982 年，日本《老人保健法》规定保障老年人定期体检等健康权益。

随后，日本政府又出台了一系列全面保障老年人健康、照护及参与社会发展的法律法规，包括《社会福利士及看护福利士法》（1987）、《高龄者保健福祉推进十年战略》（1989）、《福利人才确保法》（1992）、《高龄社会对策基本法》（1995）、《介护保险法》（1997）、《社会福祉法》（2001）、《社会福祉士及介护福祉士法》（2002）及《健康增进法》（2003）等，使日本老年问题的解决朝着健康老龄化、积极老龄化的方向不断发展。

另外，在老年人社会参与方面采用延迟退休年龄和老年人继续雇用策略，对继续录用 65 岁及以上老年人的企业给予税收等方面优惠或奖励，鼓励老年人就业和创业，对符合条件的老年人给予业务培训或创业启动金。在养老机构方面，日本也专门颁布了《民营机构的活用与规范》《老人院的机能及服务评价》《社会福利机构运营指南》《特殊养护老人院、老人保健设施服务评价基准》等法律法规，通过制定评估标准、设立评估标准委员会、严格评估程序、公布评估结果等措施，加强对养老机构的评价与监督管理工作。

3. 养老服务体系框架

日本是目前全球老龄化进程最快、老龄人口最多的国家。日本以更好地解决老年群体日常生活照护问题为养老服务重点，发展家庭与社会服务相结合的社会养老服务体系。

在养老服务体系上，日本形成了以居家照顾为主、公共福利服务和社会化服务的养老服务为辅的供给体系。日本在老年人照顾方面推行"去家庭化"的理念，推出了社会化养老服务项目，包括：① 建立庞大的家庭介护员队伍，提供专业的上门服务；② 建立时间储蓄制度，以低龄老人照顾高龄老人的时长作为时间储蓄，等自身高龄时享受同等时长的照料。并且，日本率先建立介护保险制度，为失能老人提供保险保障。

日本机构养老服务根据老年人身体状况或老年人需求提供不同类型服务，按是否自费可分为福利型和收费型。收费型机构服务较有特色，主要有三种类型：① 看护型养老院，主要为失能或患病老人提供看护和医疗服务；② 住宅型养老院，主要为身体相对健康的老年人提供临时看护服务；③ 健康型养老院，主要为身体健康的老年人提供居住、日常照料服务。

表 5.2 日本养老服务体系图

服务类型	供给方式	服务特点
居家护理服务	家庭介护员制度	以临时替代性为主，主要内容包括生活照料、陪医、购物、电话咨询、家庭护理等。
	时间储蓄制度	鼓励低龄老人或健康老人为高龄老人提供日常生活范畴内的养老服务，当自己需要此类服务时，同样可通过申请获得养老服务。
设施护理服务	福利型养老机构	日间照料中心、老年短期入院设施、养护老年之家、低收费老年中心、老年看护中心。
	收费型养老机构	看护型、住宅型、健康型。

4. 养老服务发展特点

（1）辅助设施的完善

近年来，日本政府大力扶持养老领域辅助器具和设备的研发，如智能轮椅、代步机器、智能健康仪等，这些辅助器具可以使老年人独立完成某些行为，极大方便了老年人的日常生活。

（2）人性化养老服务

无论是日本的养老医院还是其他养老机构，都提供了人性化的养老服务。以"老年人的需要"为导向，不仅可以为老年人提供日常服务，还可以针对老年人生活习惯、个人爱好、特点等提供特色服务，充分满足老年人的各种需求。

（3）力推护理保险政策

保险政策在日本被称为"介护"，由投保人进行保险费缴纳，在特殊情况下进行返现。日本人年轻时便开始逐年缴纳养老保险，以便在老年时能够得到保障。

（4）极致分类的特色医养服务

日本的医养服务不仅保障了老年人的生命安全，也在老年人的幸福感方面发挥了重要作用。日本医养结合模式围绕"一切从老人感受出发"的服务理念，形成了"康复、陪护、健康维持"三个层级的综合服务清单。

(二)新加坡

1. 养老服务发展背景

与全球相似,新加坡也面临老龄化的社会问题,甚至形势更为严峻。新加坡的老年人口比例现已达到 14.4%。根据相关研究,当 65 岁及以上的人口比例超过特定阈值(即分别为 7%、14% 和 20%)时,通常将这个社会定义为"老龄化社会""深度老龄化社会"和"超老龄化社会"。

新加坡国家人口及人才署公布的《2018 年人口简报》数据显示,截至 2018 年 6 月,新加坡总人口为 564 万人,65 岁及以上人口占比从 2008 年的 9.6% 增加到了 15.2%,步入深度老龄化社会。据推算,到 2030 年,新加坡 65 岁及以上人口比例将达到 22.2%。作为亚洲人口老龄化速度最快的国家,新加坡早在 20 世纪 50 年代就着手解决养老问题。[1]

2. 新加坡老年立法

新加坡在 1995 年制定了世界上第一个《赡养父母法》,并提出"家庭为根,社会为本",其核心为"忠、孝、仁、爱、礼、义、廉耻",规定凡是拒绝赡养或资助其年迈双亲和处于贫困状态的双亲者,其父母可以向法院起诉。如发现被告确实未遵守《赡养父母法》,法院将判决对其罚款 1 万新加坡元或判处 1 年有期徒刑。

3. 养老服务体系框架

新加坡的养老服务方式包括居家养老、日托养老和机构养老。

从居家养老来看,为了防止越来越多的老年人的家庭出现"空巢现象",政府对购买房屋制定了一个优惠政策,即"年轻人愿意和父母亲居住在一起或购买房屋与父母亲居住较近的,经有关部门审核、批准后可一次性减少 3 万新元"。其目的是鼓励年轻人赡养父母、照顾老人。

在日托养老方面,新加坡成立了"三合一家庭中心",将托老所和托儿所有机地结合在一起,兼顾了学龄前儿童、小学生和乐龄人士。这种将老人和幼儿一起送到日托所的办法,不但顺应了社会发展的需要,消除了年轻人的后顾之忧,也满足了人们的精神需求,增进了人际交往与沟通。

在机构养老方面,新加坡各类养老机构主办的老年公寓也分为高、中、低等不同档次的收费标准。此外,这些养老机构还组织老年人举行各种有意义的活动。

4. 养老服务体系发展特点

(1)在道路选择上,强调个人与国家责任相结合

同样是面临快速的人口老龄化问题,新加坡选择了与日本、中国等邻国不同的道路。新加坡的福利体系主要针对低收入群体,在制度选择上倾向于福利国家和完全市场机制之间的中间道路,即个人与国家责任相结合,既不大包大揽,也不置之不理,而是在加强政府主导的前提下,通过调动个人、家庭、社区及市场机制来实现多主体合作,促进竞争和信息透明。无论是中央公积金制度还是长期护理保险制度,都是政府主导下的强调个人和家庭责任的"注重效率、兼顾公平"的制度,这就在一定程度上强化了个人责任意识,提升了年轻人的工

---

[1] 赵晓芳. 新加坡的"积极老龄化":理念与行动[J]. 社会福利(理论版),2019(3):19-24,63.

作积极性,对于经济发展具有一定的促进作用。

(2) 加强家庭养老、注重社区技术生态建设,促进就地养老服务多元化、专业化

强化就地养老特别是家庭养老。东亚文化影响下的老年人普遍具有安土重迁的思想,让老年人在自己熟悉的环境中度过晚年有利于老年人的身体和精神健康。不同于单纯的居家养老,新加坡通过政策性康养保障体系的建设,强化家庭内部传承和反哺的家庭养老模式:一是通过住房保障体系,在保障老有所居的同时,鼓励子女与父母就近居住,以更方便子女履行对老年人生活照料的责任;二是通过设置中央公积金特别账户,鼓励子女对父母养老金账户进行经济补充,强化代际财富反哺机制;三是鼓励"就地养老",注重"孝道"价值观的社会传递,营造尊老敬老的良好社会氛围,促进代际之间的精神交流。

注重社区康养服务技术生态建设。近年来,新加坡居民对于护理院护理床位、社区护理机构和居家护理机构的需求量大幅度增加,政府从政策层面加大社会化护理体系建设,提出全龄机会、全龄社区、全龄城市等成功老龄化的建设细则,通过加强反应迅速、事先预防的技术防护力量构建老年人就地养老的技术生态系统。新加坡不断加大技术在全龄友好的就地养老等康养体系建设中的作用,满足老年人整体性和个性化的康养需求。

就地养老服务多元化、专业化。由于强调个人责任,就地养老体系为不同需求的老年人预留了较多的可选择空间,服务内容日益多元化。作为就地养老的重要支撑,不断加强技术应用、完善政策细则,以及向更注重老年人尊严和自力更生的康复化模式转变等,呈现出服务专业化的特点。

新加坡的福利体系主要针对低收入群体,在制度选择上倾向于福利国家和完全市场机制之间的中间道路。无论是中央公积金制度还是长期护理保险制度,都是政府主导下的强调个人和家庭责任的"注重效率、兼顾公平"的制度,强化了个人责任意识,提升了工作积极性。

延伸阅读

<h2 style="text-align:center">旅居养老</h2>

随着人民生活水平的提高,老年群体的消费观念也逐渐发生变化,传统养老模式越来越不能满足养老需求,旅居养老逐渐发展起来,并成为未来养老的新方向。旅居养老模式是一种新兴的养老方式,是老年群体消费需求增长、消费结构升级的产物。随着我国人口老龄化的发展,发展旅居养老产业,不仅有利于促进我国旅游业和老年服务产业的融合式发展,而且有利于缓解人口老龄化带来的养老压力。

(一) 基本概念

旅居养老是指老年人离开户籍所在地或者经常居住地,以旅游观光和休闲娱乐为目的,集"候鸟式养老"和"度假式养老"为一体的养老方式。[①] 这一模式是"旅居+养老"的结合

---

① 程勇.浅谈旅居养老[C].2009 中国老年保健暨产业高峰论坛文集,2009:83-85.

体,老年人既可以走出家庭欣赏美景开拓视野,又可以愉悦身心健康以此养老。①

(二) 实践探索

1. 广东省"养老＋旅居＋N"模式

近年来,广东养老业探索创新"养老＋旅居＋N"这一养老服务新模式,通过政府部门主导、社会力量参与、市场化运作模式开展旅居养老合作,共同打造旅居养老新模式。

这一模式的关键就是建立旅居养老产业合作机制。在这一模式下,可以发挥资源互补优势,提高养老服务供需匹配效率、共谋老年人福祉的创新模式;更是推动我国养老服务产业高质量协调融合发展,推进养老服务事业迈上新台阶的重大跨越。

广东与东北三省签署旅居养老合作框架协议。广东与东北三省南北呼应,在区域、生态和资源上具有天然的互补优势。东北三省丰富的整体生态系统,在健康养老产业方面有着独特的天然优势和十分广阔的发展前景。协议的签署,是把发展养老服务业作为保障改善民生和推动社会经济转型升级的重要举措,推动了四省旅居养老产业务实合作。

粤赣桂三省区合作发展旅居养老,粤赣桂签署旅居养老合作框架协议。江西、广西两省区与广东毗邻,具有天然的共建共享优势。江西气候温暖湿润,地热水及矿水资源禀赋,依托优质的山水人文资源和中医药资源,着力打造具有江西特色的全国康养高地。以"桂林山水甲天下"闻名的广西,地理位置优越,旅游资源丰富,气候条件优越,生态环境优良,长寿资源丰富,同时依托独具特色的优势和品牌,率先在全国创建省级全域养老服务业综合改革试验区。

旅居养老对实施积极应对人口老龄化的国家战略,促进养老服务业高质量发展,不断满足人民群众日益增长的养老服务需求具有重要意义,养老服务将会形成更宽领域、更高层次、更加务实的合作。

(摘自《广东养老:探索"养老＋旅居"服务新模式》,房地产O2O公众号,2021年10月15日。)

2. 三亚海棠湾旅居养老基地

三亚海棠湾享有"国家海岸"高定位,代表着国际级热带滨海旅游度假区的品牌和形象,是三亚几大湾区中的一片净土,前期开发较少保留了较好的自然资源,具备统一规划开发的优势。海棠湾区除具有一线海景的高端度假酒店及商业,二线的近海地带被划分为龙江、林旺等几大片区,各片区被打造成各具特色的风情小镇,很适合发展旅居产业。近几年已有不少国内知名企业在此区域落户旅居养老基地,例如泰康之家位于林旺片区,享受周边301解放军总医院海南分院、国际购物免税店、国际游艇港、主题乐园的配套设施,同时,基地自身将全力打造"吃、住、行、游、购、娱、医、养、康、护、学、交、修"等多项特色服务体系。作为保险界的龙头企业,泰康在养老基地还嫁接了金融保险、资管服务等增值业务。②

(摘自《场景叠合:三亚海棠湾医养示范中心》,专筑公众号,2022年6月21日。)

---

① 张映芹,冯亚江."南漂老人"旅居养老服务需求研究[J].哈尔滨商业大学学报(社会科学版),2018(1):94-101.
② 雍雯.三亚旅居行业发展对策研究[D].海南热带海洋学院,2019.

案例思考

上海市时间银行模式的发展

自党的十八大以来,党中央高度重视我国老龄工作的开展与推进。2021年11月,国务院发布《中共中央国务院关于加强新时代老龄工作的意见》,其中明确指出:"把老有所为同老有所养结合起来,完善就业、志愿服务、社区治理等政策措施,充分发挥低龄老年人作用。"

老有所为是低龄老人的内在需求,而老有所养则是高龄老人的殷切期待,如果能够将这两者很好地结合起来,不但可以让低龄老人在退休后仍然可以实现自身的价值,还能让高龄老人的晚年生活变得更加有依靠和保障,时间银行养老服务模式就是实现这种双赢的最佳平台。[①]

上海市人口老龄化严重,是我国最早踏入老龄化社会的地方。据上海市卫健委公布的上海老年人口和老龄事业统计数据显示,截至2020年底,在上海市60岁及以上的老年人口中,60—64岁组占28.3%,65—69岁组占27.9%,两者相加比例高达56.2%,也就是说,在上海,70岁以下的低龄老人在老年总人口中的占比已经超过半数,从另一个方面来看,上海开展时间银行养老服务模式的潜在人力资源非常充足。

上海市是我国最先实践"时间银行"养老模式的城市,模式运行相对成熟,具有一定代表性,从晋阳街道初探到"老伙伴"计划,再到虹口区试点与推广,上海市不断发现问题、解决问题,是我国"时间银行"养老服务模式的成功案例。

一、晋阳街道时间银行的初探

1998年,上海市老龄委以"老年生活护理互助会"的形式开展养老时间银行的尝试,确定以虹口区晋阳街道作为试点,建立了我国的第一家养老时间银行。

晋阳街道时间银行实行会员制,它为加入时间银行的每个会员都发放一本可以在全市通用的存折,并且可以转让和继承。晋阳街道时间银行服务对象为入会的高龄老年会员,具体又分为缴费资助型会员和储蓄劳务型会员两种类型,前者是以生活不能自理的高龄老年会员为主,他们需要缴纳一定额度的护理费;储蓄劳务型会员则主要是那些入会后已经为其他老人提供过无偿服务的低龄老年群体,在他们自己年纪渐长时,就可以使用之前储存在银行中的服务时长来换取免费的等量服务。

晋阳街道时间银行作为全国首创,它在时间银行本土化的历程上留下了浓墨重彩的一笔,但是由于它自身规模小、管理欠规范、服务强度种类未作细分,再加上纸质存折易丢失易损坏,搬家之后兑现困难等一系列具体问题,最终还是令我国的第一批时间银行志愿者存入的时间变成了"坏账""呆账"。晋阳街道时间银行在2003年居委换届时宣布停办。

二、"老伙伴"计划的创新与摸索

为克服晋阳街道时间银行发展中所遭遇的种种困难,实现时间银行养老模式的推广,并形成长效机制,上海市逐渐开始探索通过吸引社会组织参与、激发社会组织活力等方式来调动潜在的服务力量和专业化力量,试图为养老服务注入多元力量。

从2012年开始,上海市政府每年投入360万作为老年服务购买专项资金,在上海各区

[①] 陈功,何丽平."把老有所为同老有所养结合起来"[N].中国人口报,2021-12-09(003).

开展主题为"以精神慰藉为主,低龄老人关心高龄老人"的老年群体互助服务活动——"老伙伴"计划。该计划以政府的行政力量为主导,整合了老龄协会、志愿者组织、社工协会、老年居民等多元力量,形成了由多个主体共同参与协作的格局。

在具体实施方面,"老伙伴"计划的服务形式灵活多样,服务内容精准到位。首先,从服务形式来看,采用一对五的结对方式,由70岁以下的低龄健康老人作为服务志愿者,与80岁以上尤其是需要特别帮助的孤寡和独居老人进行结对,每一位志愿者会同时与5位高龄老人进行结对;其次,从服务时长来看,为保证服务质量,每一位志愿者每个月的最低服务时长为15个小时,上限为20个小时;最后,从服务内容上来看,主要是定期上门探望、心理援助、生活照料、集体娱乐、就医出行、家政协助、紧急救助等以"精神慰藉、急难相助"为核心的非专业类服务,这些服务与活动都是十分有益于老人身心健康的,同时所需要的专业化程度也不高,便于志愿者操作。

时至今日,"老伙伴"计划仍在上海市政府及社会各界的大力支持下蓬勃发展。"老伙伴"计划虽然在名称上未采用时间银行的提法,但它的精神实质与时间银行是高度一致的。因此,"老伙伴"计划在运行过程中也遭遇了各地时间银行都普遍存在问题,例如政府支持有限、低龄老人信任危机、服务内容过于简单、服务质量无法把控、由于地域限制难以实现通存通兑等。[1]

三、虹口区时间银行的发展与推广

2019年5月,上海市民政局分别在虹口和长宁两区启动了养老服务"时间银行"试点工作,以政府为主导直接拨款支持,由社区负责人定期协助工作,时间银行试点鼓励个人作为志愿者,为有需要的老年人提供非专业的养老服务。

在虹口区,民政局选择了四川北路街道、凉城新村街道和彩虹湾老年福利院三个试点,进行时间银行项目的推广。设区和街道2级平台,区作为时间银行总行,而街道则作为时间银行的分行,总行负责制定服务项目、时长记录的规则及积分兑换标准等,分行就负责发动低龄老年人注册成为会员,并帮助他们进行申请审批、信息录入、签订服务协议、服务质量评估及服务投诉,对高龄老人进行资格审查、信息录入、确认服务内容、积分记录等,总行与分行之间既分工明确,又合作默契。

伴随着试点的逐步推广,微信小程序"虹口区养老服务时间银行"于2019年6月12日正式上线,截至2021年底,微信小程序共注册会员730人,累计发放时间币843个。为避免服务过程中可能出现的意外风险,虹口区时间银行为服务的双方都购买了人身意外保险。此外,在虹口区时间银行实践中,低龄老人获得的积分可以自行选择留待自己年老时兑换相等时长的服务,也可以选择随时兑换社区服务或公益资源,这一点相较之前时间银行的做法确实增加了灵活性,但是现阶段可供选择的对接资源较少,客观上会造成兑换承诺无法兑现的情况,因此就缺乏激励。

2020年,上海市民政局在对虹口、长宁两区试点经验进行总结的基础上,又进一步增加了徐汇、长宁、普陀、虹口、杨浦五个区作为试点,范围覆盖了五区的各个街镇。

除了上述以政府为主导的时间银行试点外,上海还进行了其他有益的尝试,例如,嘉定

---

[1] 贾坯坯.上海市退休老人参与"时间银行"养老模式意愿影响因素研究[J].经济研究导刊,2020(5):167-170.

区南翔镇社区卫生服务中心就建立了以社会组织为主导的时间银行,主要目的是解决病人的就医问题;虹口区慈爱公益基金时间银行则主要服务于慈爱基金会内部,不在社会推广;闵行区康城社区时间银行实行"盘活资源、内部造血"的运营方式,以社区党委为核心,居委党组织为依托,各职能部门相互配合,居民、物业共同参与。

(摘自《江南论坛》2018年第10期《"时间储蓄"养老模式建构与对策研究——以上海的实践为例》,作者王小凤、赵向红。)

思考题:1. 不同主体在时间银行的发展中扮演了什么角色?
2. 未来上海市时间银行模式应朝什么方向发展?

本章关键术语

养老服务体系;居家养老;社区养老;机构养老;互助养老;医养结合;旅居养老

本章思考题

1. 说出居家养老、社区养老、机构养老、互助养老、医养结合、旅居养老的基本概念与内容。
2. 说出养老服务体系发展中的困境与趋势。
3. 应如何推动我国养老服务的发展?

第六章 养老服务需求与供给

本章学习引导：本章聚焦养老服务的供给与需求，介绍了养老服务需求的内涵与特征、层次与类型，城乡老年人养老服务的宏观、中观和微观需求，主要内容及影响因素；养老服务供给的内涵、主体、内容、方式，政府购买养老服务的理论基础、必要性、政策演进和内容；养老服务业的现状、面临的挑战与发展趋势等。

本章学习重点：养老服务需求的特征、层次、类型及影响因素；养老服务供给的主体、内容及方式；政府购买养老服务的理论基础、必要性和内容；养老服务业面临的挑战与发展趋势。

我国的人口老龄化程度正在进一步加深。未来一段时间，老年人的比重将持续上升，人口年龄结构变化的同时，老龄化问题日渐突出，我国"未富先老""未备先老""边富边老"的趋势越来越明显。老年人口的增多必然会增加对养老服务的需求，发展养老服务业也是国家和社会应对人口老龄化的有效策略。那么，我们的养老服务供给能否满足中国2亿多老年人的养老服务需求？养老服务的供给和需求能不能相互协调并有效对接？养老服务业的发展趋势如何？这些都成了当下社会关注的热点问题。在积极老龄观和健康老龄化的战略实践中，我国倡导实现"老有所养、老有所医、老有所为、老有所学、老有所乐"的目标，其中的"老有所养"尤其关键。可见，发展养老服务业是解决当前老年人生活实际问题的重要内容，也是应对人口老龄化的有力抓手。政府要在推动养老服务业发展过程中做好兜底保障工作，也要充分鼓励、积极引导社会资本力量参与进来，确保市场充分运作，发挥市场价值，通过价格和竞争机制，不断提高养老服务的质量、水平和效率，提升老年群体的获得感和幸福感。

第一节 养老服务需求

一、养老服务需求的内涵与特征

（一）需求与需要

需求的主观映像是需要。长期以来，需要内涵的不同界定包含了两个研究倾向。一是客观性，即需要是一种缺乏状态，它表现为人对客观事物的依赖关系；二是主观性，"需要"是一种意识，即个人意识到的需要就是他的需要。之所以在"需要"性质认知上产生分歧，主要是因为"未能上升到人性的高度，把人的需要真正理解为人的本性，或者需要未能做出人的自我生成的理解"①。需要是人为了生存和发展与生俱来的特质,是人创造财富与推进社会发展的主观条件。马克思主义需求理论指出,应该从人的现实出发关注人的现实需求。马克思认为,在社会主义社会,需要的满足,是自我完整的实现,是真正"自由"的实现,即社会主义的价值和目标本身。②

需要的客观体现是需求。"需求"一般属于心理学范畴,以马斯洛为代表的人本主义心理学将"需求"理解为"驱动或动机",即"由缺乏感所表现出的意向与意愿,最终产生的人的动机"。③ 可见,需求主要包括两个方面:一是个体存在既定的"未满足感",二是个体受"未满足"驱动所产生的对特定目标的获取动机。而经济学中的需求,则是指在既定价格条件下,消费者愿意并且能够购买的商品和服务数量,是人们在欲望驱动下有条件的更优选择。④ 经济学的角度更注重于将"需求"与购买力相关联,探讨动机与消费之间的转化关系。

简而言之,需求与需要这两个概念有交叉重合的地方,没有意愿的需要通常是没有认识到的需要,不能转化为需求;有意愿的需要通常是已经认识到的需要,有部分转化为需求,也有部分不能转化为需求。由此可知,需要是客观的、长久的、普遍的;需求是主观的、暂时的、指向具体物品意义的。

(二)养老服务需求的内涵

西方部分学者把养老服务需求称为三个"M",即经济物质需求(Money)、医疗护理需求(Medical Care)、精神慰藉需求(Mental Needs)。穆迪等学者认为,老年人的身体机能和心理机能会随着年龄的增长日渐衰退,其独立生活的能力也会逐渐下降,从而对生活照料和医疗护理的需求不断增加。⑤ 昆恩等学者更加强调心理需求、精神支持等精神慰藉需求。⑥

国内部分学者将养老服务主要需求分为三类,即生存、生活和健康需求。其中,排在首位的是生存需求,其次是生活需求,最后是健康需求。生存、生活和健康需求同时又被称为养老服务需求的"基本需求",基本需求之外还有社会交往、文化娱乐、自我实现等更高层次的需求。从这个角度看,养老服务是满足老年人基本需求和特殊需求的各种有偿或无偿劳动。

根据马克思主义需求理论,养老需求可定义为:个人进入老年期后,其在生理、心理、经济、文化和社会要求上的缺乏状态。换言之,每一位老年人均有养老需求,强调的是必要性和应得性。养老服务需求是养老需求的派生需求,是老年人面对这种缺乏状态时衍生出来的对各种能降低老年风险服务的需求。在宏观层面上,它一般用人口老龄化的程度和结构反映;在微观层面上,体现为不同的老年人为了生存、福祉和自我实现,在日常生活、精神、医护、文娱和社交等方面的要求。

---

① 李文阁.需要即人的本性——对马克思的需要理论的解读[J].社会科学,1998(5):29-32.
② 马克思恩格斯文集(第一卷)[M].北京:人民出版社,2009.
③ 马斯洛.动机与人格[M].许金声,程朝翔,译,北京:华夏出版社,1987.
④ 杨翠迎,何文炯.社会保障水平与经济发展的适应性关系研究[J].公共管理学报,2004(1):79-85,96.
⑤ MOODY C M, STULL D E. Ethnicity and long-term care[M]. New York: Springer Publishing Co., 1998: 3-21.
⑥ QUINN W. Personal and family adjustment in later life[J]. Journal of marriage and the family, 1982(45):57-73.

(三) 养老服务需求的特征

1. 多样化与层次性

近年来,随着社会经济的发展,老人不仅对生活照料、医疗服务等传统养老服务有更大的需求,而且随着老年人文化程度和知识水平的提高,对老年教育、健康养生、旅游度假、文体娱乐等精神文化服务的需求也越来越大,呈现出多样化的特征。

养老服务的多样化使得老年人拥有了更多的选择权,老年人对养老服务的需求因此也具有层次性。老年人的这些不同的养老服务需求按层次逐级递升,只有在低层次的基本生活需求得到满足后,老年人才会产生更高层次的需求,比如老年人只有被满足了生活照料需求以后,才有动力去追求社交等需求。

2. 刚性与弹性并存

随着共享经济的发展,老年人的生活水平不断提高,不仅当前的养老服务需求大,并且随着年龄的增长,老年人的养老服务需求会不断增加。养老服务需求的刚性增长,一是受老年人个人身体因素的影响,部分失能半失能及失智、高龄老人对某种或某几种养老服务具有依赖性;二是市场或社会组织等养老服务供给主体不断研究、开发、生产多样性养老服务产品,促使老年人的养老服务需求刚性增长。

除了刚性特征以外,养老服务需求也具有弹性特征。老年人对某种或某几种养老服务需求的增加并不意味着放弃之前所使用的养老服务,老年人根据自身的偏好,对不同的养老服务需求在强度、迫切性及不可或缺性方面出现了差异,从而产生弹性变化。因此,老年人对养老服务的需求是刚性与弹性并存的。

3. 地区差异性

受社会经济发展水平差异化的影响,不同地区的老年人对养老服务的需求也有所不同。从城乡角度来看,城市经济发展水平相对较高,老年服务设施更加完善,公共服务更加均衡普惠,在生活照料、医疗保健需求得到满足后,老年人对精神娱乐、文化水平提升,以及长期护理等养老服务的需求日益旺盛;与此同时,大部分的农村地区,由于经济发展水平较低,老年服务设施较少,基本公共服务较为滞后,老年人总体上在生活质量、健康状况等方面,与城市相比有较大差异。

4. 时代性

不同的时期,社会经济发展的程度不同,老年人的养老服务需求内容也存在差异,呈现出明显的时代特征。在新中国成立初期,社会经济发展水平较低,国民的身体素质普遍不高,平均寿命也相对较短,当时老年人在吃不饱、穿不暖的情形下,缺乏养老服务意识。随着时代的发展,特别是改革开放以来社会经济的快速发展,人民的身体素质不断增强,预期寿命也持续延长,养老问题逐渐引起大众重视,此时的养老服务需求已从吃饱穿暖向医疗保健、精神慰藉等方面延伸,从生存型向发展型转变,体现出显著的时代性特征。

二、养老服务需求的层次与类型

(一) 养老服务需求层次

1943 年,美国著名社会心理学家马斯洛在激励理论的研究中,认为人类存在的需求可以分为五类,并形成了需求层次理论,这些需求可以按照它们的重要程度和层次性进行排序,从基础性的生理需求到复杂的自我实现需求,呈梯形状态由低级向高级需求发展。[①] 根据需求层次理论,人的需求由低到高可以分为五个层次,分别为:生理需求、安全需求、社会需求、尊重需求和自我实现需求(见图6.1)。

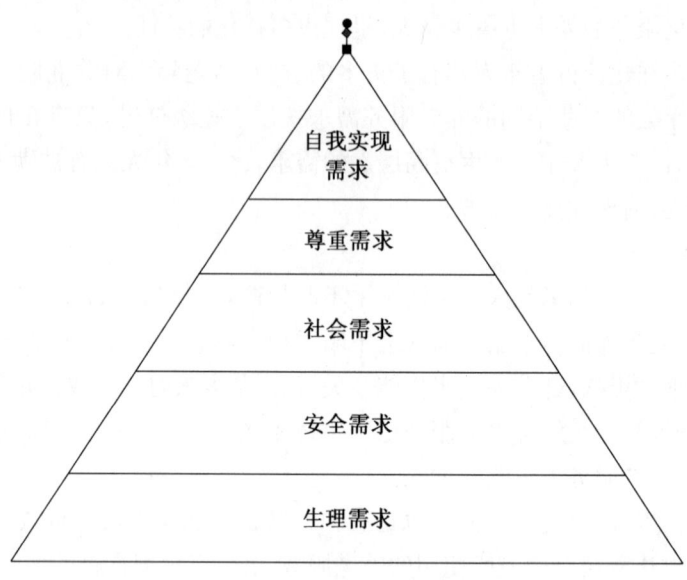

图6.1 马斯洛需求层次

具体来说,生理需求是人类最基本的需求,包括衣、食、住、行方面的要求;安全需求包括身体健康、人身安全、职业稳定、收入有保障,在生理需求得到一定满足后,安全需求会成为主要需要;社会需求主要包括社交的需求、归属的需求,以及对友谊、情感和爱的需求;尊重需求一方面是指自我认同感或者自我成就感,另一方面是指受到他人的尊重;自我实现需求是人最高层次的需求,主要是指实现个人理想、抱负,发挥个人聪明才智的需要。

本书运用马斯洛需求层次理论分析老年人养老服务需求,将老年人的需求分为五类。

1. 生理需求。老年人在生理需求方面,与其他人群有较大差异,食物需要健康、干净、新鲜,衣服更加注重舒适、保暖,在为老年人提供养老服务时,洗衣服是生活照料中重要的一项服务内容;由于老年人身体机能的衰退,更需要方便、舒适、无障碍的卫生间等生活场所;出行也要求更加便利、舒适和安全。

2. 安全需求。对老年人而言,安全需求主要体现在希望老有所靠、病有所医;希望有人能在身边照顾自己,生活稳定;希望生病之后能得到及时治疗,平时能得到健康保健指导;希望出行有人陪伴,保证安全。

3. 社会需求。老年人的活动范围有限,致使其社交能力在很大程度上受到影响,其社会需求也难以得到满足,尤其是年迈无力、失能半失能、空巢老人在社交方面更为困难。因此老年人需要参与社会活动,与外界进行沟通和交流,得到他人或社会群体的接纳和重视。

4. 尊重需求。老年人在年轻时创造了财富和价值,为社会的发展与进步贡献了青春和

[①] MASLOW A H, FRAGER R, COX R. Motivation and personality[M]. New York: Harper & Row, 1970.

力量,到了晚年自然希望得到他人的认可和尊重。

5. 自我实现需求。虽然老年人年龄增大,但是他们不希望退出社会舞台,希望继续学习,发挥自己的潜能和余热,不断充实和完善自我,从中体验成功的喜悦和满足感。①

(二) 养老服务需求类型

随着我国老龄化程度的加深,不断增加的养老服务需求与老龄服务业发展滞后的矛盾日益凸显。我国现阶段老年人群体在衣、食、住、行、医、娱、学等方面的养老服务需求,主要表现为"普需""刚需"和"特需"三大类型。②

1. 老年人养老服务的"普需"

老年人随着年龄的增长,其身体机能不断衰弱,自理能力不断下降,生活照料、医疗保健、上门家政等服务,成为全国各地老年人养老服务的普遍需求。

首先是生活照料需求。受生理机能老化的影响,部分老年人的自理能力越来越差,洗衣、洗澡、做饭、打扫卫生等日常小事如今做起来愈发力不从心,现实生活中遇到相对比较繁重的家务时,更是感到束手无策。因此,老年人的生活照料需求越来越强烈,希望得到全方位照顾的需求呈逐年上升趋势。其次是医疗保健需求。患有老慢病的老年人迫切需要建立健康档案,开展健康指导,进行健康检查,一些患有重病或绝症的老年人对疾病防治、康复护理、陪诊就医、健康教育、家庭病床、应急救护、临终关怀等医疗保健服务需求相对较多。最后是上门家政需求。因为个人自理能力水平不断下降,部分行动不方便、生活起居比较困难的独居、空巢老人在遇到家电维修、管道疏通、洗澡、理发等生活小事时往往无法独自解决,他们对上门取件、上门安装、助洁、助餐、助浴等上门服务的需求越来越多。

2. 老年人养老服务的"刚需"

老年群体的家庭基本情况、经济收入、文化水平、兴趣爱好、身体健康状况、消费观念等个体差异很大,其养老服务需求也具有差异性,失能特护、精神慰藉、权益维护成为目前老年人养老服务的刚性需求。

首先是失能特护需求。失能老人在吃饭、穿衣、洗澡等日常活动方面行动不便,不仅需要专人陪护,甚至还需要借助专业仪器及医疗设备,仅靠家人难以实现老年人的特护需求,因此需要社会支持。其次是精神慰藉。老年人年龄增长所带来的角色冲突及社会转型给老年人带来的巨大冲击会引起老年人的心理变化,尤其是人际关系疏离的独居、空巢老人,往往会因生活空虚而出现心理失衡的状况。最后是权益维护。在现实生活中,老年人的合理赡养、财产分配等合法权益受到不法侵害时,会产生维权需求,老年人所需要的法律服务与日俱增,他们迫切需要正确使用法律武器以保护自身的正当权利。

3. 老年人养老服务的"特需"

在基本生存得到满足的前提下,大部分老年人的养老服务需求不再局限于吃、住、行等基础服务,老年教育、休闲娱乐、实现人生价值等逐渐成为老年人养老服务的特殊需求。

首先是老年教育需求。在不断发展、变化的时代,部分文化水平较高的老年人对了解国际时事、热点、国家大政方针的需求日益强烈,老年人的受教育程度越高,其对充实知识、加

---

① 王立剑,凤言,刘青.需求导向的中国社会养老服务体系建设模式研究[M].北京:科学出版社,2018:19.
② 朱可学.我国老年人现实养老服务类型需求探析[J].老年教育(老年大学),2021(2):23-24.

强思想建设的文化养老需求就越旺盛。其次是休闲娱乐需求。在物质生活需求得到满足的情况下,许多身体素质较好的低龄老年人对琴棋书画、体育健身等休闲娱乐服务的需求越来越大。最后是实现自身的人生价值需求。在积极老龄化背景下,许多文化水平较高、思想活跃的老年人期待得到他人认可,受他人尊重,老有所为,奉献余热,实现自身的晚年价值,而非被动接受生命衰退的事实。

三、城乡老年人养老服务的宏观、中观和微观需求

(一) 宏观需求

我国城乡老年人养老服务的宏观需求,主要体现在国家老龄事业、产业发展和养老服务体系规划及其相关指标体系中。这些发展方向及相关指标是基于我国社会经济发展规律及健康养老服务发展需求等建立的,因此,也反映着我国城乡老年人养老服务的需求。此外,在服务保障方面,对完善社会保障体系,以及制度、资金、机构、设施、环境等支持体系也产生相应需求。

从宏观上看,由于老年人口数量的迅速增长和寿命的不断延长,我国面临着人口老龄化带来的巨大挑战。一方面,我国人口基数庞大,老龄化发展速度较快,老年人口占总人口的比例较高且呈现出增长的趋势,高龄老人的数量日益扩大,养老需求日益多样化;另一方面,受家庭结构变化及养老观念转变的影响,家庭、社会对养老服务的需求呈现出多元化、高质量的特征。目前,我国针对养老问题已经颁布了一些政策,以期满足老年人差异化的需求。随着社会的发展,我国在养老服务方面的制度、政策、体系日益完善,但是养老服务需求缺口仍然存在。从积极应对人口老龄化的视角出发,无论是老年人,还是家庭、政府,乃至整个社会,都应该正确认识人口老龄化,并在制度、硬件设施,以及观念、文化等方面营造养老服务发展的积极氛围,为满足老年人多层次、多样化的养老服务需求创造良好的环境,这也是我国城乡老年人健康养老服务的宏观需求。

(二) 中观需求

我国城乡老年人养老服务的中观需求,主要体现在根据城乡老年人普遍存在又有所差异的养老服务需求进行相应的养老服务资源配置。

我国城乡老年人的基本状况差异较大,一方面体现在人口老龄化程度不同。第七次全国人口普查数据显示,从全国看,乡村60岁、65岁及以上老人的比重分别为23.81%、17.72%,比城镇分别高出7.99、6.61个百分点。城乡差异扩大将进一步凸显积极应对农村人口老龄化,加强农村养老服务体系建设,满足农村老年人口养老服务需求的紧迫性。[①] 另一方面体现在城乡老年人现实生活中的养老需求及面临的养老困境各不相同。例如,我国部分农村地区,因人口向外迁移流动而引发了空巢、留守老人等养老服务问题。因此,需要针对不同状况的城乡老年人,提供并完善相应的养老服务。城乡老年人普遍存在又有所差异的养老服务需求呼吁着相应养老服务资源的合理配置,这也是我国城乡老年人养老服务

---

① 国家统计局.第七次全国人口普查公报解读. http://www.stats.gov.cn/tjsj/sjjd/202105/t20210512_1817336.html.

的中观需求。

（三）微观需求

我国城乡老年人养老服务的微观需求，主要体现在老年人对养老服务提供的具体项目和内容方面，因人而异，因群体而不同，具有多元化和差异性。

由前文可知，不论是城市老年人还是农村老年人，他们对生活照护、医疗保健、社会参与、文化娱乐等养老服务内容的需求较大，但是，就不同的养老服务内容而言，城市与农村老年人的需求又有所差异。在生活照料方面，2015年城市失能老年人的生活照料需求要高于农村老年人，农村可自理老年人的生活照料需求比例要高于城市老年人；就医疗保健需求而言，与城市老年人相比，农村老年人选择去基层医疗机构看病的比率更高。[①] 在社会参与和文体娱乐方面，城乡老年人的积极性都在不断增加。[②] 随着我国老龄化程度的不断加深及老年人生活条件的不断改善，我国城乡老年人对养老服务的微观需求必然也会随之发生变化。

四、养老服务需求的内容及其影响因素

（一）养老服务需求的内容

由上文可知，老年人的需求有五类，分别为生理需求、安全需求、社会需求、尊重需求及自我实现需求。老年人的生理需求，主要体现在生活照料方面；安全需求主要体现在医疗护理、医疗保健方面；社会需求主要体现在与人交流、参加社会活动等方面；尊重和自我实现的需求主要体现在希望得到尊重和理解，能够继续发挥自己的价值等方面。因此，无论是居家养老、社区养老还是机构养老，都可以将老年人的养老服务需求内容主要概括为以下四个方面，即生活照料需求、医疗护理需求、文化娱乐需求和精神慰藉需求。

1. 生活照料需求

生活照料需求是老年人日常生活中最基本、最普遍且必不可少的需求之一。有学者基于中国老年人健康长寿影响因素调查数据，将老年人的生活照料需求划分为身体照料需求、家务照料需求和疾病照料需求，并运用潜在分类模型分析方法得出，老年人日常生活照料的平均需求率基本维持在50%—60%；其中，身体照料和疾病照料的平均需求率均不到30%，而家务照料的平均需求率介于60%—70%之间。[③] 老年人生活照料需求的内容包括老年人日常生活中的衣食住行等各方面，同时也包括失能半失能老人和失智老人自身难以完成，需要他人服务的各项服务，比如助餐、助浴、简单家务、上门理发、电器修理、代购生活物品等。

2. 医疗护理需求

老年人的身体健康状况随着年龄的增长而日渐下降，医疗护理需求成为老年人最需要的养老服务需求之一。老年人的医疗护理需求大致可分为三个方面：一是针对有疾病的老年人的护理需求，二是针对身体有疾病的老年人的保健需求，三是针对健康老年人的预防性

[①] 党俊武，魏彦彦，刘妮娜.老年蓝皮书：中国城乡老年人生活状况调查报告(2018)[M].北京：社会科学文献出版社，2018：111.

[②] 董晨雪.基于差异的正义：我国城乡老年人健康养老服务需求与供给比较研究[D].苏州大学，2020.

[③] 黄匡时.中国老年人日常生活照料需求研究[J].人口与社会，2014，30(4)：10-17.

医疗服务需求。[1] 因此,老年人医疗护理需求的内容根据上述需求划分,可包括上门诊断、家庭疾病治疗和护理、社区或机构医院诊断、社区疾病护理、定期体检、健康讲座和咨询、临终关怀服务等。

3. 文化娱乐需求

随着年龄的增长,老年人的闲暇越来越多,在物质需求得到满足的情况下,其文化娱乐需求日益增加。组织老年活动、参与文化项目等与老年人的精神文化需求相契合[2],能够丰富老年人的日常生活,使老年人愉悦地度过晚年生活。老年人的文化娱乐需求主要包括读书看报、歌舞棋牌、钓鱼种花、节日活动、听戏表演等活动。

4. 精神慰藉需求

目前,关于老年人精神慰藉的需求逐渐成为学界关注的重点,其内容主要包括心理咨询、陪同聊天、技能培训、老年人再就业服务。有学者将老年人的精神慰藉需求划分为亲情、社交、教育和自我实现需求[3],有的学者则将老年人的精神慰藉需求分为客观支持及自我实现两种维度[4]。与此同时,由于家庭情感支持在一定程度上的缺位,空巢、独居老年人成为精神慰藉需求研究中的重点对象,他们更容易感到孤独寂寞,需要被给予更多的情感支持。有学者通过对一些地区的调查研究发现,空巢老人欠缺安全感、成就感和需要感,具有情感、尊重、交往、志愿参与等方面的精神需求。[5]

(二) 养老服务需求的影响因素

通过对国外相关文献的梳理发现,现有研究大多是基于安德森模型来研究老年人养老服务需求的影响因素,如性别、年龄、经济收入、身体健康状况等。国内学者对于老年人养老服务需求的影响因素研究多是基于地方性调查数据展开的,其影响因素主要可以分为人口特征因素、家庭因素、健康因素、经济因素及制度因素等。

人口特征因素主要包括年龄、性别、文化程度、职业背景等。部分学者通过实证研究证明,男性老人更愿意选择社会居家养老的方式[6],也有学者的研究否定了性别因素对老年人养老服务需求的影响[7]。身体机能是硬性条件,对老年人的养老服务意愿有直接影响。文化程度和职业背景则能够反映老年人的认知水平和经济状况。[8]

家庭因素包括老年人的婚姻状况、居住方式、子女数量等。有同住配偶的老年人比无同住配偶的老年人更少使用养老服务。[9]

---

[1] 田君叶,刘均娥,王永利,等.空巢老人对社区医疗护理需求的质性研究[J].护理管理杂志,2010(6):383-385.
[2] 伍彩红,邓仁丽,黄议,等.贵州省老年人休闲生活现状[J].中国老年学,2015(14):4028-4029.
[3] 李芳.老年人精神需求及其社会支持网的构建[J].学术交流,2012(8):116-119.
[4] 刘金华,谭静.养老需求中精神慰藉类型的分析——基于四川省彭州市宝山村的调查[J].农村经济,2016(10):81-87.
[5] 韩振燕,郑娜娜.空巢老人心理需求与老年社会服务发展探析——基于南京市鼓楼区的调查研究[J].西北人口,2011,32(2):102-106.
[6] 李敏.社区居家养老的意愿的影响因素研究——以北京为例[J].人口与发展,2014(1):101-106.
[7] 王琼.城市社区居家养老服务需求及其影响因素——基于全国性的城市老年人口调查数据[J].人口研究,2016(1):98-110.
[8] 石园,纪伟,张智勇,等.基于差异化服务内容的社区养老服务需求与供给协调机制研究[J].人口与发展,2019,25(3):47-56.
[9] KROUT J A. Utilization of services by the elderly[J]. Social service review, 1984(2):281-290.

健康因素主要包括老年人的身体健康状况及自理能力。其中,自理能力对生活照料需求的影响最大[①],年龄较大的老年人在其自理能力也较差时,更倾向于使用养老服务。

经济因素主要包括家庭经济状况、老年人的年收入水平和经济依赖性。[②] 需求由消费能力和消费意愿两部分组成,没有购买能力的需要并不能构成需求[③],因此经济因素是影响老年人养老服务需求的重要因素。对于单个老年人而言,其经济状况较好的话,对养老服务的需求也会有所提升。

制度因素主要包括社会保障体制、养老服务体系、社会支持系统等。完善的社会保障制度,比如城乡居民基本养老保险制度,能够在一定程度上提升老年人对社会养老服务方式的需求,推动老年人对社会养老服务的使用。

第二节　养老服务供给

一、养老服务供给的内涵

养老服务是指保障老年人正常生活的一系列服务,有广义和狭义之分。

如第一章所述,广义上的养老服务是指一切有利于老年人更好生存的正式性与非正式性服务,是家庭、政府、社会等多个主体为保障老年人有更好的晚年生活而做出的,涵盖老人物质和精神等多方面的服务。狭义上的养老服务是指家庭、政府、社会等主体为满足老年人因年龄增长、生理衰退、身心疾病等而产生的日常生活照料、医疗护理、精神慰藉、临终关怀等需求,提高老年人生活质量而采取的政策措施和提供的设施服务的总称。

养老服务供给是在了解老年群体特定的需求后,为其提供相对应服务的过程。养老服务与实物或商品的区别在于,养老服务包括有偿和无偿两种形式,通常以劳动的形式满足对方的需求。养老服务供给的项目可以满足老年人生活中的各项需求,其主要内容包括日常生活照料、医疗保健、康复护理、精神慰藉等。

我国逐步进入深度老龄化社会,老年人对养老服务的需求日益增大,仅仅依靠政府供给养老服务已难以满足。作为一种准公共物品,养老服务的供给可以由市场和社会组织等多个主体共同参与。推进养老服务供给多元化,即由政府、市场、社会组织、家庭等多方服务主体协同合作向社区内老人提供资金、服务设施、具体服务等,以满足老年人的养老需求。[④]

二、养老服务供给主体

我国人口老龄化程度不断加深,同时呈现出老年人口基数大、增速快、高龄化、空巢化趋势明显的态势。与此同时,随着经济和社会发展,家庭户规模小型化,家庭结构核心化。这些都与经济、社会转型相伴相生,导致多样化的养老服务需求与社会化养老服务供给滞后的

---

① 周云,封婷.老年人晚年照料需求强度的实证研究[J].人口与经济,2015(1):1-10.
② 徐隽倬,韩振燕,梁誉.支付意愿视角下老年人选择社会养老服务影响因素分析[J].华东经济管理,2019(8):167-173.
③ 黄艺红,刘海涌.城市老年人服务需求的实证研究[J].北华大学学报(社会科学版),2006(2):89-93.
④ 范健.福利多元主义视角下的社区福利[J].华东理工大学学报(社会科学版),2005(2):19-22.

矛盾日渐突出。纾解这一矛盾需要多元主体参与，各方主体协同合作，才能共同促进养老服务的良性发展。

养老服务供给的参与主体主要包括政府、市场、社会组织、社区和家庭。正如本书的第二章所提到的，家庭养老是我国几千年以来流传下来的传统养老方式，主要是由老人的配偶、子女为老人提供生活照料服务。但是，随着家庭户规模的小型化、家庭结构的核心化，家庭的养老服务功能逐渐弱化。因此，推进养老服务社会化是积极应对人口老龄化的必然选择，是有效应对家庭养老服务功能弱化的重要途径，也是养老服务观念转变的必然呈现。

因此，这里主要介绍社会化养老服务的供给主体，即政府、市场、社会组织和社区。

（一）政府

政府在养老服务供给中起主导作用，在统筹养老服务发展、制定养老服务政策法规、扩大政府购买养老服务、落实养老服务扶持政策、完善养老服务体系等方面，政府都扮演着至关重要的角色。在积极应对人口老龄化的过程中，各级政府部门还应加强养老服务业顶层设计，加大财政投入，抓好政策落实，建立健全合理的养老服务体制，为养老服务业的发展提供税收优惠及金融支持，加强养老服务业人才队伍建设，为我国养老服务业的健康发展营造良好环境。

（二）市场

在市场经济下，市场在资源配置过程中起基础性作用，市场进入社会福利领域后，通常是生产和提供商业性福利服务。企业是市场主要的经济载体，也是养老服务的直接提供主体，企业根据老年人的需求提供相应的养老服务，发展具有特色的品牌养老服务业。要想为老人提供多元化、多层次的养老服务，市场力量在其中不可或缺。在养老服务供给过程中，企业应根据市场需求变化调整经营策略，尽全力满足消费者的需求，确保提供让消费者满意的商品或服务。①

（三）社会组织

随着社会经济的发展，社会组织逐渐活跃在社会治理和公共服务领域。社会组织在养老服务供给、养老服务人才培养等方面发挥着积极作用。在社会化养老服务领域，与政府、市场等供给主体不同，社会组织更多是融入服务群体之中，很多老年人自发组成养老社会组织和助老为老志愿团队，助推养老服务体系的构建，形成了自己的独特优势。②

（四）社区

社区是老年人直接生活的场所，社区人员与老年人直接交流沟通，可以精准地了解老年人的需求。多方面的养老服务资源整合后，最终聚集到社区层面，进而在社区搭建养老服务平台，实施网络化管理，保障养老服务供给。社区是一种特殊的社会组织，在日常生活中，社区直接面对社区居民，贯彻政府下达的政策文件精神，充当居民与政府部门之间的桥梁。同时，社区在老年人养老服务资格审核、养老服务组织的协调等方面发挥重要作用。

---

① 杨瑞. 多中心治理视角下城市社区居家养老服务供给问题研究[D]. 山东大学, 2020.
② 陈易恒. 供给多元化视角下的养老服务体系建设研究[D]. 西北大学, 2019.

三、养老服务供给方式和内容

不同的供给主体有不同的供给方式。现阶段,政府、社区、社会组织等多元化主体通过居家养老、社区养老和机构养老等不同的供给方式,为老年群体提供包括生活照料、医疗护理、文化娱乐、精神慰藉、医养结合等多方面的养老服务。

(一)居家养老

在2008年全国老龄办会同发展改革委、民政部等10个部委共同出台的《关于全面推进居家养老服务工作的意见》中,对居家养老服务做出界定:"居家养老服务是指政府和社会力量依托社区,为居家的老年人提供生活照料、家政服务、康复护理和精神慰藉等方面服务的一种服务形式。"这是国家政策层面对居家养老服务的解释。此外,相关学者对居家养老的概念做了阐述。居家养老服务是指服务人员上门,为老年人提供生活照料、康复护理及精神慰藉等综合性服务。[1] 居家养老服务是在国家政策支持下,老年人在接受家庭照顾的同时,还接受社区、社会组织等提供的养老服务。[2] 综上所述,居家养老服务往往需要依托社区开展,社区是居家养老服务的重要载体。

(二)社区养老

社区养老,是指以家庭为核心,以社区服务中心为依托,以上门服务和社区日托为主要形式,并引入专业化的服务机构,为老年人提供家政服务、生活照料、文化娱乐、精神慰藉等综合性的养老服务的社会化养老服务模式。兼具传统家庭养老和社会机构养老两者的优势,社区养老既可以充分利用现有的家庭物质资源,又可以根据老年人长期的生活习惯安排日常生活,节省开支,还有利于老年人的身心健康。社区养老和居家养老两者都离不开社区,都是以社区为依托。这种养老模式让老年人一直居住在原来熟悉的环境中,安全感和归属感较强。

(三)机构养老

机构养老是以社会机构为养老地点,依靠国家、亲人资助或老年人自助,按月缴纳规定的费用,由养老机构提供养老照料职能的养老方式。我国的养老服务机构一般包括社会福利院和敬老院、老年公寓、老年康复机构、护理院、临终关怀机构等,其建设及运营方式包括公建民营、民办公助、政府补贴、购买服务等多种形式。机构养老的服务对象主要是失能老人和半失能老人,以及有入住意愿的自理老人等。

(四)医养结合养老

医养结合养老是根据老年人多样化需求,整合养老和医疗资源,发挥服务功能,在提供基本生活照料的基础上,为老人提供全方位保障,进一步开发出老年人检查诊断、医疗护理、康复疗养、临终关怀等一系列专业化服务的养老供给方式。[3] 整合养老和医疗两方面的资

---

[1] 陈友华.居家养老及其相关的几个问题[J].人口学刊,2012(4):51-59.
[2] 青连斌.我国家庭养老的困境与居家养老服务发展的趋势[J].晋阳学刊,2016(4):79-88.
[3] 邓大松,李玉娇.医养结合养老模式:制度理性、供需困境与模式创新[J].新疆师范大学学报(哲学社会科学版),2018,39(1):107-114,2.

源是医养结合养老的最大优势,通常由专业护理人员提供服务,更加侧重于为老年人提供健康医疗服务,以及长期的生活照料和临终关怀服务。[①] 医养结合养老服务可以在以上的居家、社区和机构养老这三种养老服务方式中得到充分的体现和运用。

四、政府购买养老服务

(一) 政府购买公共服务的理论基础

政府购买公共服务是指政府在公共服务提供中改变过去由政府或事业单位直接提供的方式,通过政府采购、项目补贴、定向资助、贷款贴息、税收减免等政策措施鼓励各类企业或社会组织参与公共服务。从公共服务的视角来看,政府向民间组织购买公共服务,是政府职能改革、公共服务社会化的重要手段[②];从公共管理的视角来看,政府购买实质上是一种利用市场竞争机制有效提供公共产品和公共服务的模式。[③]

政府购买公共服务主要涉及治理理论中的政府治理理论、第三方治理理论和多中心治理理论。

政府治理理论对于政府购买公共服务来说是最重要的理论基石。政府是治理活动的掌舵者,是重要的参与主体,但并不应是具体的实践者,即公共服务的实践者应该是多元主体,尤其是应该通过市场竞争的机制来运转,这就需要"第三方"的介入参与治理。

所谓"第三方治理"就是由政府之外的社会组织、非营利组织等来提供公共服务。第三方治理理论主要贡献者是美国学者萨拉蒙(Salamon)。他认为政府不应该成为单一的公共服务提供者,非营利组织在很多公共服务提供中,通过市场机制的筛选,能够发挥比政府更有效率的作用,因此,应使第三方或非营利组织成为某些领域提供公共服务的合法主体。[④] 因而,第三方治理理论成为政府购买公共服务的重要理论来源之一。

而多中心治理理论也是公共服务提供多元化及国家治理现代化的理论基石之一。多中心治理意味着治理的中心和主体并不是单一的,而是多元化的。政府、市场、社会和各种非营利性组织都是公共服务提供和执行的主体。在治理中心多元化的同时,引入市场化竞争机制又能保证公共服务提供的质量和效率,使政府购买公共服务能够更好地发挥作用。

(二) 政府购买养老服务的内涵

政府购买养老服务是政府购买公共服务的形式之一。

政府购买养老服务是指政府部门与社会组织订立合约,由政府出资,社会组织代为提供养老服务,满足老年人需求的协议式服务模式。政府通过一定的方式对购买的服务进行评估与付费,从而保证老年人居家养老的质量,满足老年人的基本物质与精神生活需求。当前政府购买的养老服务主要是指居家养老服务。政府购买居家养老服务的实质是在养老服务

---

① 刘文俊,孙晓伟,张亮. 构建全民健康覆盖视角下"医养结合"养老服务模式的必要性[J]. 中国卫生经济,2016,35(1):35-37.
② 王名,乐园. 中国民间组织参与公共服务购买的模式分析[J]. 中共浙江省委党校学报,2008(4):5-13.
③ 吉鹏. 政府购买养老服务研究综述[J]. 四川行政学院学报,2014(3):35-39.
④ SALAMON L M. Partners in public service: government-nonprofit relations in the modern welfarestate[J]. Political science quarterly, 1995, 110(4): 648.

中引入市场竞争机制的一种制度安排。①

(三) 政府购买养老服务的必要性

养老服务供需矛盾日渐突出,由地方政府单一主体提供公共服务已不能满足老年人的养老服务需求,需要政府、社会组织等多元主体共同合作。② 政府是公共政策的制定者和公共服务的供给者,应承担提供基本养老服务的责任,利用财政资金来购买基本养老服务是其承担责任的体现。社会组织等社会力量参与养老服务的供给可以弥补政府提供居家养老服务的资源不足和服务效率不高等缺点,也可以弥补完全由市场机制运作的养老服务机构收费过高等问题。政府购买养老服务,既实现了对老年群体的养老服务保障,又能把有限资源最大化利用,同时还壮大了社会组织,引入市场化竞争机制又能保证养老服务提供的质量和效率,达到一举多得的效果。

(四) 政府购买养老服务的政策演进

为缓解养老矛盾,推进养老事业的发展,随着时间的推移,我国出台了一些指引性文件,鼓励政府购买公共服务进一步落实,并逐步进行了一系列的政策部署。

20世纪90年代,我国的老年服务政策主要强调以家庭照顾为主,出台的《中华人民共和国老年人权益保障法》被誉为"老年人的宪章"。该法条经过几次修改,结合我国的养老现状,不断进行完善,目前最新的一版是经过第三次修正的2018年版本。最新修正的《中华人民共和国老年人权益保障法》科学地把握了我国的老龄化趋势,是一部符合社会发展潮流的法律,有利于推进我国养老事业的快速发展。

随着老龄化速度的加快,我国养老需求总量也在不断增加。为此,国务院颁发了《关于加强老龄工作的决定》,提出了老龄工作的指导思想、原则和目标,该决定是指导老龄化工作的纲领性文件。2001年7月,国务院出台了《中国老龄事业发展"十五"计划纲要(2001—2005年)》,重点解决老龄事业发展中的突出问题,不断加快老龄事业的进展速度,早日实现"老有所养、老有所医、老有所教、老有所学、老有所为、老有所乐",使我国的养老事业蓬勃发展。

2003年6月,劳动和社会保障部等部门联合发布了《关于积极推进企业退休人员社会化管理服务工作的意见》,中办、国办对该意见进行转发。该意见要求充分利用城市社区资源和力量,将企业退休人员交由街道社区管理和服务,逐渐将社区发展为老年人服务的重点阵地。2005年,民政部印发《关于开展养老服务社会化示范活动的通知》,提出推进居家养老服务要以政府层面为主导,吸引社会力量的投入,建立新的居家养老发展点,形成居家和社区相结合的多样化的养老服务形式。2008年1月29日,我国全国老龄委、发改委、教育部、民政部等相关部门联合下发了《关于全面推进居家养老服务工作的意见》,该意见提出需要整合各类资源,全方位地加强居家养老服务网络建设。

2013年12月,财政部下发《关于做好政府购买服务规则有关问题的通知》,强调要积极推进政府购买服务工作的重要性和紧迫性,并对实施过程进行规范,政府购买进入了新的阶

---

① 刘红芹,包国宪.政府购买居家养老服务的管理机制研究——以兰州市城关区"虚拟养老院"为例[J].理论与改革,2012(1):67-70.

② 邓广良.需要互惠和责任分担——中国城市老人照顾的政策与实践[M].上海:上海人民出版社,2008.

段。2015年5月19日,国务院办公厅转发财政部、发展改革委、人民银行《关于在公共服务领域推广政府和社会资本合作模式指导意见的通知》,要求政府转变对公共服务的供给方式,大力推进政府购买,通过一定方式鼓励社会力量和资本进入公共服务供给的领域,促进政府与社会组织的深入合作,以期为老年人提供高质有效的服务。

"十二五"期间,"国务院及所属各职能部门共计出台了28项与养老服务相关的政策法规。这些政策法规的贯彻落实,使养老服务体系建设实现了历史的跨越"[1]。2017年3月,国务院出台《"十三五"国家老龄事业发展和养老体系建设规划》,强调各地方政府要着力推广居家社区养老服务,积极实行以政府购买的方式提供服务,进一步推进专业化、高质化的居家养老服务机构的发展建设。2019年11月23日,中共中央、国务院发布了《国家积极应对人口老龄化中长期规划》,这一规划是21世纪我国应对人口老龄化困境的指导性和战略性文件。这一规划从整体上提出了应对人口老龄化的必要性及未来的任务目标,并从宏观上明确了应对的必要方法和手段,不仅会促进我国社会经济的飞速发展,也有利于国家社会的长治久安。[2]

根据现阶段我国各地的具体情况来看,政府向社会组织购买养老服务已经取得了一定成效,但总体水平仍处于初期的发展阶段。我国政府目前出台的政策大都是从宏观上进行指导,对于一些细节性问题,比如养老资源的分配、风险管理机制的建立和运行、相关责任人的权责范围及运行方式等,还有待进一步完善。因此,无论是中央政府还是地方政府都应该重视政府购买养老服务项目,不断完善相关的法律、法规,对政府购买养老服务进行规范管理;同时,增加该项内容的财政支出,对养老资源合理分配,以推进我国养老事业的健康稳定发展。

(五) 政府购买养老服务的内容

1. 购买主体和承接主体

(1) 购买主体

《政府购买服务管理办法》指出,政府购买服务的购买主体是各级行政机关和具有行政管理职能的事业单位,以及纳入行政编制、经费由财政负担的群团组织。在政府购买养老服务中,政府是购买者,通过公开招标、邀请招标等方式,与符合条件的社会组织、事业单位、相关企业建立契约关系,委托承接方向老年人提供居家养老服务。

(2) 承接主体

承接主体包括在管理部门注册登记的社会组织、分类改革后化为公益二类或转为企业的事业单位、在工商部门注册登记的企业及机构等社会力量,以及具备条件的个人。在政府购买居家养老服务中,社会组织、事业单位、相关企业及机构是承接方,利用自身资源和专业能力,直接向服务对象提供相应服务。

在政府购买养老服务中,各级政府是购买主体,从事相关养老服务业务的承接组织是承接主体,双方共同合作,向老年人提供高效、优质的养老服务。

---

[1] 纯光.适应人口老龄化新形势　着力提升养老保障和服务水平——民政部党组成员、全国老龄办常务副主任王建军答记者问[J].中国民政,2015(13):20-24.

[2] 周玉萍.政府购买社区养老服务研究[M].北京:中国社会科学出版社,2019:22-25.

2. 购买内容

根据各地实践及相关文献,政府购买养老服务内容主要包括方便可及、价格合理的各类型养老服务,重点选取生活照料、康复护理和养老服务人员培养等开展政府购买服务工作,其中包括居家养老服务及社区日间照料等社区养老服务。

3. 购买程序及方式

根据《政府购买服务管理办法》,政府应规范购买流程,遵循购买程序。购买程序如下:第一步,根据购买目录和财政预算,制定年度购买计划并交由同级采购监管部门审核;第二步,审核通过后,将购买预算资金、购买内容、竞标要求等信息向社会公开;第三步,遵循采购法,按照公开招标等方式确定承接主体,向承接主体购买服务;第四步,承接组织签订购买合同,明确购买范围、数量、质量、结算方式及违约责任等内容;第五步,组织实施购买,对购买质量进行评价监督,对购买进行验收付款。

根据采购法规定,在政府购买养老服务中,公开招标应作为主要购买方式。政府应遵循市场原则,将竞争机制引入养老服务市场,通过公开招标的方式确定承接组织,竞标价格及承接组织的综合能力为其主要选择标准,政府主要扮演的角色是招商及事后事务管理。采用这种购买方式,有利于吸引更多有实力的、优秀的社会组织加入养老服务的供给中来,利用自身专业化优势来提供养老服务,提高服务质量。

4. 服务对象及服务方式

根据各地实践及相关文献,一般来说,政府购买养老服务可分政府补贴对象、普惠对象两类。政府补贴对象为具有当地户籍、居住在本市范围内,符合特困人员(城市"三无"、农村"五保")、城乡低保对象、重点优抚对象等条件之一的60周岁及以上的失能半失能老年人或70周岁及以上的自理老年人;政府普惠对象为具有当地户籍、居住在本市范围内的80周岁及以上的老年人等。

承接组织承接服务以后,会对符合条件的老人提供养老服务,派遣工作人员为服务对象提供家政服务、生活照料、精神慰藉、紧急救援、医疗护理、健康服务等。

第三节 养老服务业发展现状、挑战与趋势

养老服务业既是涉及亿万群众福祉的民生事业,也是具有巨大发展潜力的朝阳产业。近年来,我国养老服务业快速发展,产业规模不断扩大,服务体系逐步完善。随着人口老龄化程度不断加深和人民生活水平逐步提高,老年群体多层次、多样化的服务需求持续增长,对扩大养老服务有效供给提出了更高要求。

一、养老服务业的定义

养老服务业就是以老年人为目标群体,为老人提供生活照料和护理服务,满足老年人日常生活需要和精神层面需求的服务型行业。主要是围绕老年人衣食住行医护等需求,提供老年人所需求的产品服务,为老年人打造多样化供给服务。养老服务业是养老服务的生活

型服务业,是由老年人消费需求而形成的新兴产业。①

广义上,养老服务业包含养老服务事业和养老服务产业,是为满足老年人需要提供的一系列产品和服务,以老年人作为服务对象,以满足老年人不同层次的需求为目标,向这类群体提供商品和服务的一系列行业的总称。包括家政服务、康复护理、老年教育、老年旅游、托管托养、老年理财、老年心理咨询等。

狭义上,养老服务业是"为老人提供生活照料和护理服务,满足老年人特殊生活需求的服务行业"②。从这一定义上,可以得出狭义的养老服务业主要有三点内容:养老服务业的对象是老年群体,这是区分养老服务业和其他服务行业的最大区别;在产业分类上,养老服务属于第三产业服务业,具有服务属性;养老服务业的目的是为老年人的基本生活提供照顾和护理。

二、养老服务业发展现状

我国的养老服务业发展历程可以分为两个阶段:一是 1949—1978 年,这段时间老年人口占总人口比重较低,老年抚养比低,并且人均收入水平也较低,老年消费市场被忽略;二是 20 世纪 80 年代,随着老年人口基数增加,养老需求逐渐多样化,社会经济发展也迈入新阶层,这才引起一批企业家关注中国的养老消费市场和老年产业发展。企业家意识到养老市场有利可图,开始开发相关服务,但由于其急于盈利忽略了消费者的需求和接受能力,这个开拓新市场的过程变得曲折而艰难。

现阶段养老服务业得到了较快的发展。从 2006 年第十一个五年规划开始,我国就积极出台养老产业引导政策,保障融资、用地、税费减免等优惠政策的实施,鼓励相关行业积极拓展适应老年人需求的康复护理、老年教育、文化娱乐等老年服务业的发展,支持企业开发康复辅具、食品药品、服装服饰等老年用品用具和服务产品。以老年生活照料、老年产品用品、老年健康服务、老年体育健身、老年文化娱乐、老年金融服务、老年旅游为主的养老产业得到了较快的发展,养老服务业增加值在服务业中的占比有了明显提升,老年人对养老产品和服务的需求得到了更好的满足。③ 但我国的养老服务业发展还不够成熟,与其他老龄化国家还存在较大距离,还需要进一步完善。

三、养老服务业面临的挑战

总体来说,养老服务业在我国还处于发展和上升阶段。老龄化速度加快使得我国养老服务需求逐渐增多,但我国养老服务供给还相对不足。我国养老服务业面临的挑战主要体现在以下两个方面。

(一)养老服务需求错位

养老服务需求错位是指养老服务市场对老年人需求的错误感知,往往是高估了市场行

---

① 辜胜阻,方浪,曹冬梅.发展养老服务业应对人口老龄化的战略思考[J].经济纵横,2015(9):1-7.
② 民政部政策研究中心.我国养老服务准入研究[M].北京:中国社会出版社.2013;07.
③ 国家信息中心经济预测部加拿大养老基金投资.人口老龄化背景下的养老服务业发展研究[M].北京:社会科学文献出版社,2019.

情和社会真实需求。在分析养老服务业发展前景时,一直存在着高估养老服务市场需求的情况。目前我国确实存在大量养老服务需求,但更多的需求是潜在的需求,还没有被激发出来,只有少数的需求才是老年人目前展现出来的真实需求。

正如前面所说,老年人口的庞大规模是养老服务市场具备潜力的先决条件,但养老潜力就是潜力,还没能转化成实际需求,而转变为实际市场需求还存在着制约因素:一是受需求产生条件的影响,并不是所有老年人都会产生较多的特定的养老服务需求;二是受需求实现条件的制约,老年人退休后可支配收入有限,并非所有老人都有能力支付自己的潜在需求[①];三是大部分老年健康人口会因为路径依赖沿用进入老年之前的需求实现路径,通过一般性的社会服务和商品来满足自身生活需求,并不会选择老年人特有的商品或者服务。

(二) 养老服务供给错位

养老服务供给错位是指养老服务市场供给与需求严重不平衡、不匹配,具体表现为供给结构和需求结构的脱节,出现结构性的短缺或过剩现象。目前养老服务业供给侧有几个明显的错位现象。一是对象不准。大多数养老项目锁定的对象是健康老人,却忽略了大部分养老需求都来源于失能半失能老年群体,这类群体需求特征明确,但服务难度较大。二是内容不对。部分机构打着养老服务的旗号,却没有将养老服务项目落到实处,还有一些组织为了减少工作量"避重就轻",更需要被服务到的"刚需"人群没有得到所需求的养老服务。市场上只提供一些基础性生活照料服务,主动排除特殊困难老人的照护需求,很少提供专业性服务。存在大量无效供给,养老服务实际使用率较低。三是服务质量不高。市场上个性化、针对性强的高质量养老服务少之又少,供给量最大的服务还是老年人日常的基本需求,对老年人缺乏足够的吸引力。[②] 四是供给结构不合理。相对于机构养老,居家和社区养老服务资源不足。在多层次养老服务体系建设中,政府投入大量的人力物力财力用于机构建设和床位建设,对居家养老、社区养老的重视程度不够。五是供给质量不高。相当数量的养老机构和组织所提供的养老服务与老年人及其家属的质量期望还存在一定差距。市场上个性化、针对性强的高质量养老服务仍然十分难寻,服务多限于满足老年人的基本需求,对老年人缺乏足够的吸引力。六是养老服务专业人员匮乏。现在国内缺乏针对养老服务人员的专业资格认证机构,没有形成养老服务人才培养体系,从业人员多数没有专业知识和资质。和不断增加的老年人口相比,养老服务专业人员匮乏的状态将长期持续。七是养老用品种类过少。国内康复辅具和老年药品生产企业居多,其他日用品稀缺,智能化科技老龄产品无法和国外发展已久的企业竞争。许多国外老年用品企业都已经在中国开办生产厂家,铺设销售渠道,占据了老龄用品市场的很大份额,对国内企业和民族品牌造成了很大冲击。

四、养老服务业发展趋势

养老服务业的兴起不是偶然,而是社会主义市场经济和老龄化加剧的必然趋势。中国

---

① 林宝.养老服务业"低水平均衡陷阱"与政策支持[J].新疆师范大学学报(哲学社会科学版),2017,38(1):108-114.

② 林宝.养老服务业"低水平均衡陷阱"与政策支持[J].新疆师范大学学报(哲学社会科学版),2017,38(1):108-114.

经济正在高速向前发展,经济基础决定上层建筑,也为养老服务业的发展提供了巨大的物质财富和政策支持。养老服务业融合金融业、房地产、文化教育等传统行业,有目标地开发老年产品和服务,培育老年消费市场,增大养老服务业体量,有望发展成产业化、专业化的新兴行业。老年人本身有丰富的人生阅历和生活消费经验,他们是一个相对独特的消费群体。企业开发老年市场的挑战就在于如何去进一步细分老年市场,既能满足老年人多样化需求,也能填补我国服务业发展的短板,拉动内需,扩大购买力,促进经济发展。我们要以动态的眼光看待消费市场,这个时代正是我国养老服务业发展的窗口,老年消费市场潜力巨大,前景也必然更加广阔,将养老服务业打造成"朝阳产业"已经成为当下老年市场的重要战略方向。

随着物质水平的提升、社会文明的发展,新时代老年人不仅追求物质层面的满足,其他消费需求也逐渐凸显。如今中国正在向第二个百年奋斗目标迈进,促进人民共同富裕不仅是促进物质生活和精神生活的全面富裕,还要更高层次地满足人民的美好生活需要。养老服务市场在物质赡养与精神关爱层面双重发展,能切实有效地回应老年人对美好生活的向往。市场在老龄文化、老龄教育、老龄影视、老龄娱乐、老龄婚恋等方面能弥补老人的精神需求,各地老年大学如雨后春笋般涌现在市场上,一些城市老年大学招收名额供不应求,这也证实了老年文娱市场开发的可行性和巨大潜力。[①] 养老服务项目增多,服务层次不断提高,服务内容逐渐细化,不仅涉及经济供养和生活照料等基本内容,还有更高水平的养老服务需求,如体育健身、文化娱乐等发展型和享受型养老服务需求。特别是一些较高收入的老年群体,追求安享晚年、乐享晚年,重视养老服务的内容和质量。[②]

厘清现阶段不同层次的老年群体在消费理念、支付能力、社会保障和服务品质等方面的需求,从需求出发提供产品或服务才能真正打动老年群体,养老市场才能赢来真正的春天,成为"朝阳产业"。养老服务业在未来的发展中,要逐步从发展初期的摸着石头过河的阶段逐步演变成理性的、有序的发展时期,在服务业供给方面形成高质量、高品质的市场发展历程。养老服务业不断聚焦细化,企业数量和规模都持续稳定增长,优质产品或服务不断在市场涌现,养老服务业逐渐焕发生机,开创属于老龄化时期的特殊新型养老服务市场。

延伸阅读

南京:政府购买居家养老服务 对失能老人每月补贴 700 元

2018年6月1日起,具有南京户籍且常住的老年人,其中城乡特困人员、低保及低保边缘的老人、经济困难失能半失能老人、70周岁及以上的计生特扶老人、百岁老人、60岁以上独居老人中确诊患有走失风险类疾病的老人、80周岁以上老人、市政府文件规定的其他对象等,可以申请财政购买服务。

记者从南京市民政局、市财政局昨天联合发布的《南京市政府购买居家养老服务实施办

---

① 杨燕英. 调整财政税收政策 推动我国养老服务产业发展[J]. 宏观经济管理,2013(6):55-56.
② 辜胜阻,方浪,曹冬梅. 发展养老服务业应对人口老龄化的战略思考[J]. 经济纵横,2015(9):1-7.

法(试行)》中了解到,"办法"呼应了南京老龄化社会的实际需求,对老人群体享受服务的补贴也更为宽泛,如提供上门照护中的助浴、家务料理、生命体征检测、紧急呼叫服务等,对于高龄、独居等需要重点关照的老人,还就近整合养老服务组织配备24小时呼叫系统监控服务。政府补贴资金标准为:五类服务对象中失能、半失能老人享受照护服务,其中半失能老人每月补贴400元/人、失能老人每月700元/人,经费由各区按照相关财务规定向相应的养老组织(或家属、友邻等)支付。

在紧急呼叫服务中,五类服务对象中的失能或半失能老人自愿购买紧急呼叫服务的,政府全额承担服务费;其中自理老人自愿购买紧急呼叫服务的,政府承担基准经费80%。

按照"谁照护谁获得补贴"的原则,全市300多家3A级以上社区居家养老服务中心均可承接,符合条件的老人可就近就便选择服务组织。老人周边没有服务组织的,街道(镇)应当征求老人意见,就近委托其亲属或近邻提供服务,并由社区(村)实施服务质量的监管。

为老人建立四级紧急救助体系。根据老人居住周边的实际情况建立"家庭、社区、社会、市场"四级急救体系,紧急响应时间分别在10分钟、30分钟、60分钟、120分钟左右。记者在附件《南京市紧急呼叫服务标准》中看到,相应养老服务社会组织接到老人日常生活方面的紧急求助信号时,要在最短10分钟、最迟不得超过2小时内提供咨询服务;接到危及老人生命方面的紧急求助信号时,要在3分钟内转至南京市院前急救体系(120),同时跟踪并向120急救人员告知老人既往病史、患慢病情况等,并迅速告知家属监护人。

对于重点空巢独居老人,每周至少两次上门或电话联系,了解老人的日常生活和身体状况。

(摘自《南京:政府购买居家养老服务 对失能老人每月补贴700元》,中国政府采购网,http://www.ccgp.gov.cn/gpsr/zhxx/df/201806/t20180605_10042161.htm。)

PPP模式助推养老服务有效供给的可行性分析

PPP是Public-Private-Partnership的缩写,指政府(Public)与私人(Private)之间,基于提供产品和服务的出发点,达成特许权协议,形成"利益共享、风险共担、全程合作"伙伴合作关系。PPP模式具有伙伴关系、利益共享及风险共担的特征,所以PPP模式的优势在于使合作各方达到比单独行动预期更为有利的结果:政府的财政支出更少,企业的投资风险更小。具体来说,PPP模式助推养老服务有效供给的可行性如下。

其一,PPP模式助推养老服务业发展符合政策导向

为积极应对即将到来的老龄化社会,实现真正地老有所养、老有所依,国家相继出台多项政策以规范养老产业的发展,进一步增加养老服务的有效供给。2015年2月25日,民政部、发改委等10部委联合发布《关于鼓励民间资本参与养老服务业发展的实施意见》,文件中明确提出鼓励民间资本可通过PPP等模式,参与居家和社区养老服务、机构养老服务、养老产业发展的具体举措,并就推进医养融合发展、完善投融资政策、落实税费优惠政策、加强人才保障、用地需求等做出了相关规定和政策优惠。例如在税收和土地方面给予私人部门支持,税收减免,免征多种税,水电气的定价按居民生活价收取。《中华人民共和国国民经济和社会发展第十三个五年规划纲要》的颁布,使积极应对人口老龄化引起更高程度关注,养老服务产业发展面临的资金不足等问题有望得到缓解。2016年10月11日,中央全面深化

改革领导小组第二十八次会议审议通过了《关于全面放开养老服务市场提升养老服务质量的若干意见》,提出要紧紧围绕老年群体多层次、多样化的服务需求打造养老产业。更加重视民间资本在养老服务产业中的作用。在此背景下,构建人口老龄化应对体系,有政府政策层面的大力支持作为支撑,将为PPP模式推进养老服务产业更好更快地发展再添强力保障。

国家在鼓励PPP模式对接养老服务业方面相继出台了许多相关指导意见。例如,降低养老服务业的准入门槛,鼓励社会资本投资健康与养老服务工程;支持采取股份制、股份合作制、PPP等模式建设或发展养老机构;鼓励社会力量开办规模化、连锁化的养老机构,重点发展养护型、医护型养老机构;政府部门优先保障养老服务业用地需求,落实税费减免,养老服务机构用水、用气、用暖、电话、电视、入网及其他设施按居民使用价格标准执行的优惠政策。加大对养老服务业发展的财政性资金投入,改善民间资本投资养老服务业的融资环境。有条件的地区,可设立专项PPP扶持资金。

其二,PPP模式与养老服务业发展特点基本吻合

从养老服务产业和PPP模式各自的特点来看,两者之间有很多的共通点。两者相同的基础决定了其对接的可行性,从此长期存在的资金缺口问题将不再是困局。养老服务产业和PPP模式的相通点主要体现在以下两个方面。一是养老服务产业属于公共服务领域,是社会福利的重要组成部分,正外部效应明显,有助于社会的发展和安定。这一点在对空巢老人、"三无"老人、农村"五保"老人、经济贫困的失能老人的机构养老照顾上体现得尤为明显。近年来,随着我国老龄化形势的加剧,社会上的养老机构往往供不应求,"一床难求"的现象并不罕见。为了积极解决这类问题,就有必要发展养老服务供给方式的多元化。在养老服务产业,除了发挥政府部门的主导作用,还要依托PPP模式,适度地引入市场竞争机制,提高养老服务产业的供给效率。二是养老机构及其服务属于准经营性项目,可以通过服务进行收费回笼部分资金,但由于服务对象是老年人,具有特殊性,收入的稳定性一般较差。因此,政府部门可以通过给予财政补贴的优惠政策完善其资金回收机制,建立合理的投资回报机制来提高社会资本的投入积极性。这就为PPP模式介入养老机构建设和运营提供了理论基础。

其三,政府部门和私人部门之间取长补短、相互均衡

养老服务产业应用PPP模式增加养老服务的有效供给具有其独特优势,主要体现在政府和私人部门之间的取长补短、相互均衡上。具体来说,可分为以下三个方面。第一,由于人口老龄化趋势不断加剧,一方面,国家在养老机构的财政投入面临着巨大的压力;另一方面,在经济新常态的背景下,我国的经济由高速增长转化为中高速增长,多个行业内出现产能过剩的现象,因此,民间存在大量的闲置资金。这样看来,PPP模式和养老服务产业的对接可充分缓解政府的财政压力,利用民间私人资本更好地完成公共基础设施的建设。第二,随着我国老龄化进程的加快,尽管养老服务产业市场发展潜力大,但是由于养老机构具有投资大、收益慢、风险高等固有特点,一般的民间投资人还是会望而却步,养老服务的有效供给不能得到切实保证。若是在养老服务领域应用PPP模式,政府兜底,降低投资所带来的风险,可以大大提升民间资本助推养老服务业的积极性,从而增加养老服务的有效供给。第三,在市场竞争体制下,私人部门具有竞争优势,它们拥有先进的管理技术、专业的人才、科

学的决策和评估体系。在项目开始之前,私人部门在数据分析的基础上,充分预估可行性和风险,实现科学决策。在项目的管理运营过程中,实现利益最大化。总之,养老机构作为准公共产品,养老服务作为准公共服务,需要政府部门和私人部门共同提供,以便寻求最佳的效率和公平组合,实现养老服务有效供给增加的养老目标。

(摘自《经济与管理评论》2017年第1期《PPP模式下养老服务有效供给与实现路径研究》,作者郝涛、徐宏、岳乾月等。)

案例思考

案例一:依托综合评估,精准聚焦服务对象

北京市西城区聚焦失能老年人居家照护服务的刚性需求,形成"需求评估—上门服务—标准指导—市场运行—资金监管"的运行闭环。开展中、重度失能老年人居家照护服务试点,在试点中全面优化,确保精准实施,提升老年人获得感和幸福感。一是评估需求确保按需服务。依托专业社会组织开展区域老年人身体状况评估,对符合条件的老年人给予居家照护服务补贴。二是标准化服务确保按质服务。完善上门服务标准化流程,通过签约家庭医生来提供基本生活照料、膳食营养指导等上门服务。三是智能化平台确保精准服务。政府购买服务资金依托北京通—养老助残卡发放、消费,每月以老年人实际消费数据进行结算,补贴实行月结月清,智能化跟踪分析老年人服务消费数据和行为模式。四是第三方监管提升满意服务。统一居家照护服务监督热线,组织专业力量对补贴对象电话回访,集中解答和处理问题,确保老年人使用便捷高效,提高其满意度和获得感。

湖北省武汉市按照"分类施策、精准补助、提升绩效"的思路,集中组织对全市老人进行了摸底调查,出台了《武汉市养老服务对象评估办法(试行)》,优化特殊困难老人养老服务补贴方式,对老年人的身体、经济、居住状况和服务需求等进行全面调查评估。开发完成市级养老服务评估系统,网上受理老人评估申请,开设"电子钱包",按照评估分值补贴,通过电子结算系统,让老人持老年证就可以在全市"互联网+居家养老"服务网点内自由选择服务项目,服务商根据平台统计的补贴总金额,定期结算。

(摘自民政部《全国居家和社区养老服务改革试点经验和典型案例汇编》)

案例二:绘制"关爱地图",开展精准化社区养老服务

四川省成都市对全市高龄、独居、空巢、失能等特殊困难老年人开展摸查工作,绘制集老年人动态管理数据库、老年人能力评估等级档案、养老服务需求、养老服务设施于一体的养老"关爱地图"。一是实现精准快速救助。开展养老服务需求和老年人能力评估,全面摸清60周岁以上低保老人、80周岁以上高龄老人、空巢(留守)老人、低收入家庭中的残疾老人、计划生育特殊困难家庭老人等特殊群体的分布情况及老年人身体状况、经济来源、养老服务需求。

为老服务队伍、为老服务机构通过"关爱地图",及时为他们提供生活照料、医疗护理、精神慰藉、文化娱乐等服务,切实消除服务获取障碍,做到关爱援助精准快速。二是搭建供需

精准对接平台。老年人可以通过"关爱地图"搜索就近的养老服务组织或企业、社区日间照料中心、老年大学、就餐服务点、养老机构、医院、超市等分布信息，可以快速查询养老服务设施的收费、服务等情况，结合自身需求，有针对性地选择养老服务。解决了以往养老服务机构布局与老年人实际人数不匹配，服务内容与老年人实际需求不匹配的问题。

（摘自民政部《全国居家和社区养老服务改革试点经验和典型案例汇编》）

案例三：设立"养老顾问"，解决养老供需信息不对称

上海市虹口区为进一步提升社区养老服务水平，促进养老服务资源供需对接，增强基层治理水平的提升，设立"养老顾问"。"养老顾问"能有效解决养老供需信息不对称问题，推动养老资源优化分配和社会治理重心下移，主要提供的服务内容：根据养老服务的性质、对象和特点，为符合政府资助条件的老年人购买助医、助购、助餐、助浴等上门服务；建立"养老顾问"服务清单，引导社会力量和各方资源，鼓励更多社会组织和志愿者成为管家，让老人在家里就能享受"身边人"的上门服务。同时，将社区"养老顾问"设在"养老顾问点"工作。

"养老顾问点"分为三类：街道顾问点、市民驿站（综合为老服务站点）和虹口区居委会顾问点。其中街道顾问点设在8个街道综合为老服务中心内，依托中心现有工作力量以及街道其他养老工作管理人员提供顾问服务。市民驿站顾问点设置在区35个市民驿站内，依托市民驿站现有工作力量以及其他养老工作人员提供顾问服务。居委会顾问点设在209个居委会办公接待场所内，依托居委会老龄干部和助老志愿者，参照"全岗通"模式提供顾问服务。

（摘自民政部《全国居家和社区养老服务改革试点经验和典型案例汇编》）

案例四：以老年人为中心构建大配餐服务体系

广东省广州市通过打造布点社区化、筹资多元化、运营社会化、服务个性化的大配餐服务体系有效解决了困难老年人用餐难问题。已建立1 024个长者饭堂，形成"中心城区10—15分钟、外围城区20—25分钟"服务网络，覆盖全市街镇、村居，有效解决包括独居、孤寡、失能等特殊困难老年人在内的全体常住老年人的吃饭问题。为确保助餐配餐服务的可持续发展，采取政府补一点、企业让一点、慈善捐一点、个人掏一点"4个一点"的办法，找到企业保本赢利、财政可承受、老人能负担的平衡点。

（摘自民政部《全国居家和社区养老服务改革试点经验和典型案例汇编》）

问题：1. 如何有效开展养老服务供给与需求的精准化对接？

2. 如何理解养老服务供给与需求的信息不对称问题？解决该问题有哪些有效途径？

本章关键术语

养老服务需求；养老服务供给；养老服务需求的特性；养老服务供给的主体；养老服务业发展趋势

本章思考题

1. 养老服务需求的基本内涵与特征是什么？
2. 养老服务供给的主体有哪些？
3. 我国养老服务业的发展面临的挑战有哪些？
4. 如何理解养老服务业发展趋势？

第七章　养老服务评估与监管

本章学习引导： 本章介绍了养老服务标准化的定义、内容与建设意义，以及养老服务评估与监管的概念、体系架构、评估实施、监管方法等知识，为学生对养老服务评估与监管的认知培育提供参考。

本章学习重点： 养老服务标准化的概念及建设；养老服务评估内容及实施；养老服务监管主体。

第一节　养老服务标准化

标准化就是为解决问题或达到最优秩序，在一定条件下制定出共同的、使用范围广且具有实践意义及可操作性的行为规范。养老服务标准化就是严格制定并执行养老服务产业的内部硬件、软件标准，从而达到提高养老服务质量的目标。推进新时期的养老服务标准化建设，不仅是满足老年人美好生活需要的保障，更是实现社会治理现代化下优化养老服务供给的助推剂。

标准化对于养老服务的发展具有重要的作用。首先，标准化是实现科学管理的前提。随着科技的飞速发展，当今养老服务的劳动分工越来越精细，技术需求也越来越高。这就需要精确地制定和严格执行各项规范，在技术和管理上保持高度的一致性。其次，标准化是养老服务质量的重要保证。服务品质是养老服务的灵魂，而优质、可达到的服务品质特征由言语表达出来后就形成了养老服务标准，是衡量养老服务品质是否达标的重要参考。最后，标准的制定可以促进养老服务产业的可持续发展，并使有限的人力物力资源得到有效开发。同时，标准是各国已有先进经验的集合，标准化是推广经验、技术和科研成果的重要载体。

一、养老服务标准化定义

养老服务标准化是指在养老服务发展过程中，由相互关联、相互影响的标准化元素构成的一个有机整体。它的构成元素有以下三个方面。

（一）构建依据

养老服务标准化体系的构建依据以法律法规、政府规范性文件和相关规划及标准为主。其中，法律法规主要有《中华人民共和国标准化法》《中华人民共和国老年人权益保障法》《国务院办公厅关于建立健全养老服务综合监管制度促进养老服务高质量发展的意见》（国办发〔2020〕48号）、《民政部关于加快建立全国统一养老机构等级评定体系的指导意见》（民发〔2019〕137号）、《关于推进养老服务发展的意见》（国办发〔2019〕5号）、《民政部关于加强养老服务标准化工作的指导意见》（民发〔2014〕17号）、《关于加快发展养老服务业的若干意见》（国办发〔2013〕35号）、《国务院办公厅关于发展家庭服务业的指导意见》（国办发〔2010

43号)、《关于全面推进居家养老服务工作的意见》(全国老龄办〔2008〕4号)、《关于加快发展养老服务业的意见》(国办发〔2006〕6号)、《民政部关于支持社会力量兴办社会福利机构的意见》(民发〔2005〕170号)等;相关规划及标准主要有《国民经济和社会发展第十四个五年规划和2035年远景目标纲要》《"十四五"国家老龄事业发展和养老服务体系规划》《"十四五"民政事业发展规划》《养老机构等级划分与评定》(GB/T37276—2018)、《养老机构服务质量基本规范》(GB/T35796—2017)、《养老机构服务安全基本规范》(GB 38600—2019)、《标准体系表编制原则和要求》(GB/T13016—2009)。

(二)构建原则

构建养老服务标准化体系应遵循以下三大原则:一是全面系统、协调统一,即科学梳理养老服务各领域、各要素,构建内容全面、结构完整、层次清晰的标准体系;二是开放兼容、动态优化,即保持体系的开放性和可扩充性,结合养老服务的发展变化,适时调整完善;三是突出重点、适度超前,即优先制定基础通用、行业急需、支撑保障类标准,标准体系的建构和标准的制定要结合行业发展适度超前,不断提高标准体系的引导性与适用性。[①]

(三)构建方法

在养老服务标准化体系的建设中,应采用过程法与分类法相结合的方式,对养老服务业标准化对象进行深入了解和探究,并在借鉴世界现有养老服务业标准的基础上,提出一整套的养老服务标准体系的发展思路。

二、养老服务标准化内容

(一)维度分类

养老服务标准化内容可从分布领域、标准类别、标准级别、标准约束力四个维度进行阐述。

1. 分布领域

目前我国尚未对"养老服务"业务进行界定,《国民经济行业分类》(GB/T4754—2017)也没有把养老服务作为一种单独的产业来看待。因此,本书在梳理国内外养老服务标准化建设的基础上,总结了我国养老服务标准化建设的基本情况。结合《服务业组织标准化工作指南》(GB/T24421—2009)中关于标准体系总体结构的规定,按照立足本国实际、适当参考国际的原则,可将养老服务业标准划分为"基础通用标准""服务管理标准"及"支撑保障标准"三大领域。[②]

基础通用标准是指在养老服务领域中广泛使用的、具有广泛指导作用的准则;服务管理标准是指根据提供服务的场所和方式,将其划分为"机构"和"社区"两类,以保证政府和社会所提供的养老服务的质量;支撑保障标准是指针对支持养老服务业的各种经营活动所制定的标准。

[①] 谷甜甜,张建坤,李灵芝,等.典型福利国家养老服务体系发展历程对比及启示[J].经济体制改革,2017(3):158-163.

[②] 伍德安,杨翠迎,沈亦骏.人口流动及家庭结构变迁:养老服务何去何从[J].中国人力资源开发,2014(23):87-93.

2. 标准类别

从标准类别的角度来看，我国的养老服务标准应当包含服务标准、管理标准、工作标准、技术标准和产品标准五个方面。

服务标准是为服务对象提供的各类养老服务工作制定标准；管理标准是为满足养老服务行业管理事务而制定的标准；工作标准是为规范岗位、工作方法、人员资质要求等，以协调工作的全过程，提高工作质量和效率而制定的标准；技术标准是为养老服务标准化工作中的技术问题而制定的标准；产品标准是为支持养老服务发展而设计的硬件产品标准。

3. 标准级别

从标准级别角度来看，养老服务标准化体系由国家标准、行业标准、地方标准、企业标准四类标准组成。

若硬、软件需求要在全国统一，则要制定相应的国家标准；对于没有国家标准，但在养老服务领域内有统一的硬、软件需求，则应当制定行业标准；在国家和行业标准的前提下，根据不同区域的养老服务需要，可以综合考虑当地的经济与社会发展状况和养老服务的特征，制定相应的地方标准；同时，养老机构还可以根据自身的经营和服务需要，进行标准化建设，制定行业标准。

4. 标准约束力

从规范约束的视角来看，我国的养老服务标准化制度分为两大类：强制性和推荐性。根据《中华人民共和国标准化法》的相关规定，对人身、财产的安全，以及法律、行政法规规定的标准为强制性标准，其他标准为推荐性标准。强制性标准需要所有的利益相关者严格地执行，而推荐性标准鼓励有关各方积极地使用。养老服务业作为一个服务类的标准体系，应该是以推荐性的标准为主，但在老年人的健康和财产安全方面，应该建立强制性的规范。

（二）框架构建

按照《服务业组织标准化工作指南》中关于标准体系总体结构的规定，结合现代质量管理中 PDCA 循环原理，养老服务标准体系由四个子体系组成[①]，如图 7.1 所示。

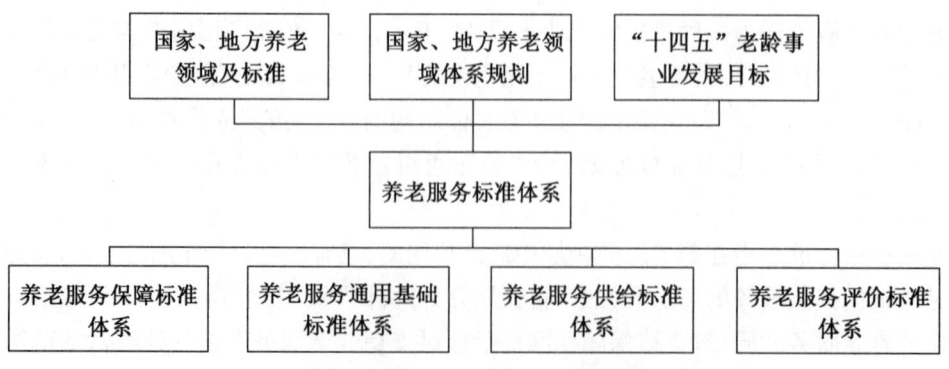

图 7.1　养老服务标准化体系框架

---

① 尹豪. 人口学导论[M]. 北京：中国人口出版社，2006：208.

养老服务保障标准体系是在服务管理、人力资源、职业健康、环境管理、设备设施、安全管理、风险管理、信息化管理等方面建立起来的。养老服务通用基础标准是指在其他标准中普遍使用的、具有广泛指导作用的标准,如标准化指南、术语和缩略语、符号和标志、分类、评估、数据、质量管理等。养老服务供给标准是指与养老相关的具体内容和问题。服务供给标准包括生活照料、精神慰藉、健康管理、医疗护理、安宁疗护、社会工作、休闲娱乐、文化教育、权益保障等。而养老服务的评价标准则主要是由服务内容、服务过程、服务结果、综合质量和服务满意度等构成。

(三)养老服务标准化实施要求

根据2017年民政部、国家标准委共同组织发布的《养老服务标准体系建设指南》,我国关于养老服务标准化体系的组织实施包含以下四个要求。

推动建立协同工作机制。民政部联合国家标准委组建养老服务标准化体系建设工作组,建立养老服务标准绿色通道,协同推进养老服务标准的制定、宣贯与实施。实施动态更新完善机制,适时修订《养老服务标准体系建设指南》。

加快急需标准制定与实施。围绕养老服务业的发展需求,对养老服务标准体系中行业急需、空缺的标准,优选文本质量高、实施效果好的地方标准上升为行业标准、国家标准,通过动员社会力量等多种方式加快标准研制,尽快填补行业空白。民政部、国家标准委联合开展养老服务标准化试点示范创建工作,引导推动有条件的地方率先建立养老服务标准体系。[1]

加强标准宣贯工作。推动建立省级社会福利(养老)服务标准技术委员会,健全部省两级的养老服务标准化工作组织。充分借助各级民政部门、科研机构及行业协会等力量,通过培训、咨询等手段推进标准的宣贯和实施。

强化政府与市场标准协调推进。根据不同层次的养老服务需求,在大力开展政府主导制定标准的同时,强化市场主导的团体标准和企业标准的制定和实施。鼓励养老服务机构和组织制定高于国家标准、具有竞争力的企业标准,推动养老服务机构和组织制定的企业标准建立自我声明公开制度,用标准赢得更多的服务市场,通过标准规范和质量提升,更有效地支撑养老服务领域的持续发展。[2]

三、我国养老服务标准化建设现状

为了使养老机构的管理和服务更加规范化、可持续,使工作的效率和质量得到最大程度的保障,党中央、国务院高度重视养老服务标准化建设。

2006年2月,《关于加快发展养老服务业的意见》明确指出,"要组织或促进制定建筑设施、卫生条件、质量标准、服务规范等养老服务行业标准,开展服务质量评估和服务行为监管,促进养老服务业向规范化、标准化发展"。2011年12月发布的《社会养老服务体系建设

---

[1] 雷雨若,王娟.地方政府购买居家养老服务中的监管失灵及其矫正——基于南京、宁波、广州、合肥和深圳的分析[J].济南大学学报(社会科学版),2020,30(1):145-156,160.

[2] 刘金金.信息化时代精细化管理的养老服务体系构建及实现路径探究——评《居家养老服务信息化的建设实践》[J].中国科技论文,2022,17(2):245.

规划(2011—2015年)》,将养老服务标准作为社会养老服务体系的重要组成部分,提出"丰富服务内容,健全服务标准","大力推动养老服务业标准化"。2013年9月,国务院印发的《关于加快发展养老服务业的若干意见》也明确指出,"行业标准科学规范"的目标和"健全市场规范和行业标准,确保养老服务和产品质量"的任务。2014年初,民政部联合5部门出台《关于加强养老服务标准化工作的指导意见》,提出"行业标准和市场规范是推进养老服务工作的重要基石"。2017年8月,《养老服务标准体系建设指南》得以制定并发布,进一步指出要"加快建立全国统一的养老院服务质量标准和评价体系"。养老服务业标准化建设工作正日益受到广泛关注和重视。2019年12月27日,国家市场监管管理总局、国家标准化管理委员会发布公告,正式批准《养老机构服务安全基本规范》为强制性国家标准并予以公布。这是我国首部为老年人提供养老服务的"红线"的强制性国家标准,其发布标志着我国养老服务标准体系的初步建立,有利于防范、排查和整治养老机构的安全隐患,促进养老服务高质量发展。① 2020年11月26日,国务院办公厅下发《关于建立健全养老服务综合监管制度促进养老服务高质量发展的意见》,对养老服务综合监管相关部门职责分工做了明确规范,进一步建立健全了养老服务综合监管制度,更好满足了人民群众日益增长的养老服务需求。② 目前,我国养老服务标准化建设现状主要表现在以下五个方面。

(一)养老服务标准修订工作稳步开展

我国在养老服务方面的标准化制度工作源于民政领域开展的标准化体系研究与实践。2011年,民政部加强了对《养老服务标准化》的修改,采用了彩票公益金的形式,并将其与中国社会福利协会行业标准化委员会、国家标准化研究院等单位联合开展了一系列的工作。我国目前制定了许多有关养老服务的国家标准和行业标准,并在不断地发展和完善,具体如表7.1所示。

表7.1 养老服务标准修订工作

分布领域	序号	标准名称	标准号(计划号)	标准级别	标准性质	标准类别	标准状态
基础通用标准	1	老年人能力评估	MZ/T001—2013	行标	推荐	管理	已发布
	2	养老机构分类与编码	20120699-T-314	国标	推荐	管理	制定中
	3	养老服务图形符号标识	MZ/T131—2019	行标	推荐	管理	已发布
	4	养老机构照护等级划分	DB23/T2690—2020	行标	推荐	管理	已发布
	5	养老机构标准体系建设指南	MZ/T170—2021	行标	推荐	管理	已发布
	6	养老服务基本术语	DB12/T977—2020	行标	推荐	管理	已发布
	7	养老机构服务风险评估通则	MZ2017-T-2016	行标	推荐	管理	制定中

---

① 张恺梯,郭平.中国人口老龄化与老年人状况蓝皮书[M].北京:中国社会出版社,2010:5-10.
② 崔恒展,李宗华.老龄化背景下的养老内容研究[J].山东社会科学,2012(4):29-35.

(续表)

分布领域	序号	标准名称	标准号(计划号)	标准级别	标准性质	标准类别	标准状态
服务管理标准	8	老年社会工作服务指南	MZ/T064—2016	行标	推荐	服务	已发布
	9	养老机构康复服务规范	DB61/T1311—2019	行标	推荐	服务	已发布
	10	养老机构预防压疮服务技术规范	MZ/T132—2019	行标	推荐	服务	已发布
	11	养老机构社会工作服务规范	MZ/T169—2021	行标	推荐	服务	已发布
	12	社区居家老年人助浴服务规范	DB37/T3775—2020	行标	推荐	服务	已发布
	13	居家老年人康复服务规范	MZ2017-T-015	行标	推荐	服务	制定中
	14	养老机构生活照料服务规范	MZ2017-T-018	行标	推荐	服务	制定中
支撑保障标准	15	老年人居住建筑设计规范	GB50340—2016	国标	强制	技术	已发布
	16	养老机构基本规范	GB/T29353—2012	国标	推荐	管理	已发布
	17	养老设施建筑设计规范	GB50867—2013	国标	强制	技术	已发布
	18	社区老年人日间照料中心服务基本要求	GB/T33168—2016	国标	推荐	管理	已发布
	19	社区老年人日间照料中心设施设备配置	GB/T33169—2016	国标	推荐	管理	已发布
	20	老年人社会福利机构基本规范	MZ008—2001	行标	强制	管理	已发布
	21	老年养护院建设标准	建标144—2010	行标	强制	技术	已发布
	22	社区老年人日间照料中心建设标准	建标143—2010	行标	强制	技术	已发布
	23	养老机构安全管理	MZ/T032—2012	行标	推荐	管理	已发布
	24	社区居家养老服务基本规范	T/ZSFL003—2020	国标	推荐	管理	已发布
	25	养老机构设施设备配置	T/CASWSS 003—2019	行标	推荐	管理	已发布
	26	养老机构服务满意度测评	MZ2014-T-002	行标	推荐	管理	制定中
	27	养老机构信息数据交换规范	MZ2016-T-046	行标	推荐	管理	制定中
	28	养老机构老年人健康档案技术规范	DB11/T1122—2020	行标	推荐	管理	已发布
	29	社区老年人日间照料中心风险防控要求	MZ2017-T-017	行标	推荐	管理	制定中

(二)一批养老服务业基础核心标准发布实施

2011年,民政部组织编制,经住房和城乡建设部、国家发展改革委批准的《社区老年人日间照料中心建设标准》(建标143—2010)、《老年养护院建设标准》(建标144—2010)两项养老服务业建筑标准发布实施,明确了社区老年人日间照料中心和老年养护院的建设要求,为养老服务设施建设提供了基本依据。

2012年3月,行业标准《养老机构安全管理》(MZ/T032—2012)发布,这是我国首次以标准的形式从养老机构的安全管理体系建设、设施设备安全、食品安全、消防安全、突发事件应急管理及安全教育与培训等10个方面对安全管理进行了统一规范和要求。[①] 2012年底,推荐性国家标准《养老机构基本规范》(GB/T29353—2012)发布,于2013年5月实施。2013年8月,推荐性行业标准《老年人能力评估》(MZ/T001—2013)发布,于2013年10月1日实施。此外,诸多省市也在充分调研本地实际情况的基础上,颁布实施了一批养老服务业的规范性文件(见表7.2),积极开展标准化建设工作。[②]

表7.2 部分地区养老服务规范性文件标准汇总(不完全统计)

序号	地区	发文单位	文件名称
1	江苏省	江苏省民政厅	《江苏省示范性养老机构评估细则(暂行)》
2		无锡市民政局	《无锡市养老机构规范化建设基本标准(试行)》
3			《无锡市居家养老机构规范化建设基本标准(试行)》
4	上海市	上海市民政局	《上海市养老机构管理和服务基本标准(暂行)》
5			《上海市社区养老服务管理办法》
6	浙江省	浙江省老年服务业协会	《养老护理分级标准》
7		杭州市民政局	《杭州市养老机构服务标准(试行)》
8			《杭州市国办养老机构准入评定办法(试行)》
9	辽宁省	沈阳市民政局	《沈阳市星级社会福利机构评定细则(试行)》
10		大连市民政局	《大连市城乡社区养老服务中心建设标准(试行)》
11		抚顺市民政局	《抚顺市社会福利机构等级评定标准(试行)》
12	山东省	青岛市民政局	《青岛市社区养老服务场所规范化管理暂行办法》
13			《青岛市养老机构等级管理办法(试行)》
14		淄博市民政局	《淄博市社会养老机构星级管理办法》
15	湖北省	湖北省民政厅	《养老机构服务质量规范》
16			《养老机构护理员日常服务操作规范》
17			《养老机构老年人日常护理精细化服务流程》

(三)相关行业积极开展养老服务管理研发工作

2011年2月,中国社会福利协会(2015年更名为"中国社会福利与养老服务协会")在其成立1周年的新闻发布会上设立了"福怡助老专项基金",用于组织国家相关专业院校、科研机构开展养老服务与管理课题研究。福怡助老专项基金以为老服务为主题,成立了十大应用型研究课题,从老年人生活居住环境、康复服务、护理服务、中医保健服务、精神文化服务、养老服务机构标准化建设、信息化建设及人才培养模式等方面,号召国内外专家共同学习研

[①] 戴秀,徐萍风.医养结合服务标准化建设的SWOT分析[J].中国卫生事业管理,2019,36(2):108-109,132.
[②] 韩艳.中国养老服务政策的演进路径和发展方向——基于1949—2014年国家层面政策文本的研究[J].东南学术,2015(4):42-48,247.

究,并及时整理总结研究成果向全社会推广,从而促进养老服务业的软件建设。① 其研究成果为推进养老服务相关技术标准及相关职业技能培训标准的制定和修订工作夯实了基础。

(四)养老服务标准化技术组织逐步健全

2009年,全国社会福利服务标准化技术委员会(SAC/TC315)成立,主要负责全国社会福利领域的标准化建设工作。② 全国社会福利服务标准化技术委员会组织开展老年人康复服务、护理服务、中医保健服务、精神文化服务、社区老年人日间照料中心服务、社区老年人日间照料中心设施设备配置等基础项目研究,推动了养老服务业标准化建设工作的开展。此外,住房和城乡建设部、全国服务标准化技术委员会(SAC/TC264)、全国残疾人康复和专用设备标准化技术委员会(SAC/TC148)也在一定程度上参与了养老服务业标准化研究标准的制修订与归口管理工作③,共同推动了我国养老服务业的标准化发展。

(五)养老服务标准化实施力度增大

随着我国养老服务业标准化建设工作的逐步开展,国家及地方关于养老服务标准化的实施力度不断加大。

国家层面,2021年度养老服务业领域国家级服务业标准化试点共有41项,占全部126项的32.5%,可见国家对养老服务标准化实施的重视。地方层面,很多省市启动了养老服务业标准化建设工作,开展了丰富多彩的活动。如北京率先开展了养老机构星级评定及养老服务业地方标准制修订工作;黑龙江在全省范围内开展了养老机构等级达标活动;天津、上海大力推进养老服务标准化建设;江苏加强养老服务设施设备建设,规范行业服务标准;宁波在推进城市居家养老服务规范化、标准化的基础上,积极开展城乡一体化居家养老服务试点工作。④

四、养老服务标准化建设意义

目前,我国正处于一个高速发展的人口老龄化时期,养老服务需求和消费需求迅速增长。行业标准、行业规范是推动养老服务发展的重要基础,也是为老年人服务、加强行业管理的指导和依据。加快养老服务产业标准化建设,事关养老产业的健康发展,关乎养老事业的长远性、基础性、战略性工程,有利于贯彻落实《中华人民共和国老年人权益保障法》和《养老机构管理办法》,是保障老年人合法权利、促进社会和谐的稳定器。加强标准化建设,把标准化建设作为一种新型的社会治理手段,是积极应对人口老龄化的一个重要方面,有助于养老服务产业相关利益者进一步提高认识,强化责任感,增强紧迫感。加快制定和完善养老服务标准,加强服务质量评估和服务行为监管,健全市场规范,促进养老服务业标准化、规范化发展的社会意义如下。

第一,可以有效地规范养老机构的经营,促进其良性、有序地发展。

---

① 赵丽君.以标准化模式打造一流养老服务机构——记北京市第一社会福利院标准化体系建设工作[J].社会福利,2009(5):13-15.
② 董红亚.从孝文化到照护文化、敬老文化——构建适应老龄社会的新文化体系[J].中州学刊,2020(9):68-74.
③ 王皓田."十四五"时期完善养老服务体系需要"通堵点、消痛点"[J].中国经贸导刊,2021(19):46-48.
④ 重庆市民政局.重庆:多元保障构建基本养老服务体系[J].中国社会工作,2021(32):8.

第二,可以使标准化的养老机构获得更加规范的评价,并获得政策和资金的支持,从而得到强有力的支撑。

第三,养老产业属于高风险产业,因此,随着标准化建设的不断深入,老年消费群体和养老机构的权利归属问题将会得到清晰的界定,从而为老年人的合法权益提供有力的保障。

第四,开展养老服务标准化工作,有利于养老服务专业人才队伍的建设,培训合格的专业技术人才,规范养老服务流程,促进养老机构的服务与管理工作,从而提高其管理与服务的品质。

第二节 养老服务评估

一、养老服务评估概念

通过对养老服务质量的评估,可以方便、准确地对养老服务进行分析、测量、控制和评价,从而促进养老服务质量的改进和提升。养老服务质量评估的内容包括评估目标、评估标准、评估内容和评估方法,具有客观公正性、系统性、规范性、统一性和客观性的特征。

(一)评估工作的客观公正性

客观公正性是指在评估养老服务的过程中,要遵循客观规律和事实,不能有主观随意性,要注重科学。首先,评估者要避免各种先入为主的观念,依据实事求是的原则,排除自身或外部因素的影响,克服片面性。其次,评估人员要对现实情况进行调查,对所搜集的信息进行全面、系统的掌握,保证所搜集的信息的真实性和可信度,这是质量评估取得成效的基本前提。[1]

(二)评估分析的系统性

运用系统化的理念来评价养老服务,需要评价人员从内部因素中的内在关联、内部因素与外部因素的互相影响和作用出发,全面、动态地分析和论证。[2] 系统性原则要求评估者克服分析问题可能存在的单一性与片面性,对养老服务质量进行综合评审和估测。

(三)评估方法的规范性

评估方法是养老服务质量评估的核心部分,方法的规范性要求评估工作中所采用的定性或定量的方法符合客观实际,能够体现事物的内在联系。使用规范性的方法是做好质量评估的重要基础,如果评估者忽视方法的规范性,脱离公认的标准,使用自认为可行的方法,那么所得出结论的适当性将无从判断。

(四)评估指标的统一性

如果使用不同的指标,其效果可能大相径庭。指标的标准化是对服务品质的统一度量。统一的评价指标,既是衡量养老服务质量的一个标准尺度,又是在选择不同养老服务时对比的水平基础。若标准不一致,不同的养老服务也就无法相提并论。

---

[1] 张丽,严晓萍.智慧养老服务供给与实现路径[J].河北大学学报(哲学社会科学版),2019,44(4):96-102.
[2] 沙勇,周建芳,白玫.养老服务管理[M].北京:社会科学文献出版社,2019.

（五）评估结果的客观性

养老服务质量评估不仅是对养老服务过程进行评估，同时也是对已完成的服务工作的评估。前者是指对服务对象进行评估，包括评估服务对象、服务方案、服务人员的能力；后者是对开展后的服务进行评估，是评估服务的影响和效果。

二、养老服务评估内容

通过对养老服务质量的评估，可以方便、准确地对养老服务进行分析、测量、控制和评价，从而促进养老服务质量的改进和提升。养老服务质量评估由相互联系、相互制约、相互作用的评估要素构成，包括评估目标、评估对象、评估主体、评估标准和评估作用，具有整体性、系统性、协调性的特征。

（一）评估目标

养老服务质量评估的目标是建立科学合理、运转高效的长效评估机制，实现养老服务质量评估的科学化、常态化和专业化，继而提高养老服务的水平和质量。

（二）评估对象

养老服务质量的评估对象可以分成养老机构、服务项目和服务成效三个方面，对服务工作的整个过程和整体成效的评估也必须围绕这三个方面展开。[①]

养老机构作为提供养老服务的专业机构和养老服务的主要承担者，所提供的养老服务的质量必须接受各方的监督，主要包括养老机构的素质、能力、养老服务质量等。

服务项目是提供养老服务最主要的形式和载体，是最主要的评估对象。养老服务通常是由养老机构的服务者直接提供或通过其组织提供。[②] 对养老服务项目的评估主要有综合评估与单项评估两种方式。其中，综合评估主要评估的服务项目既包括对服务对象的需求评估、方案评估、过程评估和效果评估，也包括对项目服务团队管理制度、人员素质等方面的评估。单项评估则主要是指针对养老机构服务队伍的评估，主要包括资质和服务两个方面。[③]

养老服务成效评估是进行评估工作的主要目的。养老机构服务质量评估体系可以从服务提供、活动开展、设施建设等方面进行完善，促进养老服务质量的提升，提高老人的生活质量，从而增强老年人的幸福感及对养老机构的归属感。

（三）评估主体

在养老服务领域，评估主体主要涉及养老机构、政府主管部门及第三方。

作为服务质量评价的自我监督与审核主体，养老机构应该积极主动地开展服务质量自我评价。首先，对服务对象需求进行评估，包括在服务之前的评价和在服务过程中由需求改变导致的进一步评价。其次，对服务方案进行评估，在初步提出可供选择的服务方案后，应对不同方案进行比较和评价，并从中选出最合适的方案。再次，对服务过程进行评估，养老

---

① 万雨龙,谢军.基于标准化建立养老服务质量评价指标体系研究[J].标准科学,2014(6):31-35.
② 民政部社会福利和慈善事业促进司.国外养老服务质量控制的启示[J].社会福利(理论版),2012(7):45-51.
③ 李芳,李靖,龙艳芳,等.国外养老服务综合评估工具的应用现状与启示[J].护理研究,2020,34(9):1546-1551.

机构服务者应主动了解和把握服务进程,及时发现问题并进行解决。最后,对服务结果进行评估,总结经验有助于优化评估指标,促进养老服务工作的长效开展,提高养老服务质量。

政府既是养老机构的资助者和支持者,又代表着社会大众和服务对象的公共利益,双重角色决定了政府主管部门有权对养老机构的运行及服务状况进行监管、检查和评估。[①]

第三方是指与政府及服务机构没有利益关系、相对独立的一方,可以是行业中有资质的专业调查、研究和评估机构,也可以是临时组成的专家小组。由第三方对养老机构服务质量进行的评估被称为第三方评估。第三方具有相对独立的地位,可以更多地从老年群体的需求和感受出发,较为客观地判断养老机构服务水准的高低,因此其评估结果往往更容易得到老年人的信任。

(四)评估标准

1. 客户服务质量评估标准

客户服务质量评估标准是衡量服务质量的一种有效方法,又称 RATER 指数。RATER 分别代表信赖度(Reliability)、专业度(Assurance)、有形度(Tangibles)、同理度(Empathy)、反应度(Responsiveness),这是影响客户满意度评价的五大要素。

信赖度(Reliability)是指一个企业能够始终如一地履行自己对客户所做出的承诺时,就会拥有良好的口碑,使顾客对其产生信赖感。专业度(Assurance)是指企业的服务人员所具备的专业知识、技能和职业素质,包括但不限于服务人员提供优质服务的能力、对客户的礼貌和尊敬,以及与客户有效沟通的技巧。有形度(Tangibles)是指有形的服务设施、环境、服务人员的仪表,以及对客户的帮助和关怀的有形表现。服务本身是一种无形的产品,但是整洁的服务环境、为幼儿提供的专用座椅、餐厅里专门的儿童看护员等,都能使服务这一无形产品变得有形。同理度(Empathy)是指服务人员在任何时候都能站在客户的立场上,真正了解客户的情况,了解客户的真实需要。反应度(Responsiveness)是指服务人员对于客户的需求做出快速的响应并及时反馈。当服务出现问题时,迅速回应与及时解决能够给服务质量带来积极正面的影响。

2. 养老机构服务质量评估标准

服务质量评估指标体系由保障服务的设施设备环境、工作基本要求、标准体系要求、标准实施与持续改进要求、服务评价和绩效评估等指标构成。[②] 其中,硬件是服务质量的首要保障,服务是核心,绩效评估则是老人及其家属的满意程度和经济社会效益。各类指标及其子指标见表 7.3。

[①] 章晓懿,梅强. 社区居家养老服务绩效评估指标体系研究[J]. 统计与决策,2012(24):73 - 75.

[②] 杨倩文,杨硕,王家合. 政府购买机构养老服务绩效评价指标体系构建与实证应用[J]. 社会保障研究,2021(5):60 - 71.

表 7.3 养老机构服务质量评估指标体系

一级评审指标	二级评审指标	三级评审指标
设施设备环境	总体设计、居室、厨房及餐厅、卫生及洗浴、医疗及康复、文化娱乐、公共区域、安全及环境	机构选址的交通急救便利性、建筑层数、居室通风采光、紧急呼救设施配置、厨房及餐厅设施、洗衣卫浴设施、防滑安全设施、医疗设施、文化娱乐设施、公共区域设计、特种设备、安全标志、公共场所消毒灭菌等
工作基本要求	机构管理、人员管理、工作管理、信息管理	领导机构、工作职责、人员配置、人员资质、管理办法、监管检查制度、标准信息库、措施建议记录等
标准体系要求	总体要求、体系规范性、体系完整性、体系协调性、体系有效性、基础标准子体系、保障标准子体系、服务提供标准子体系	与实际相符、体系合规、构成合理、可操作、完整性等
标准实施与持续改进要求	宣贯标准、实施准备、实施情况、实施检查、自我评价、持续改进	宣贯活动、岗位人员掌握、执行检查、服务行为规范、标准实施率、评价记录、建议落实等
服务评价	个人生活照料、老年护理、心理支持、安全保护、环境卫生、休闲娱乐、协助医疗护理、医疗保健、居住生活照料、膳食、洗衣、物业管理维修、陪同就医、咨询、通信、送餐、教育、购物、委托、交通和安宁疗护	操作规范、服务须知、记录保留、效果评估等，其中老年护理细化为个案管理、护理计划和评估、落实措施率、基础护理合格率、护士技术操作合格率、严重护理缺陷为零、养老护理员工作定期检查与培训、效果评估等
绩效评估	顾客满意度、经济效益、社会效益、品牌效应、标准化创新	顾客满意率、经济效益、社会效益、品牌效应、标准化创新等

(五) 评估作用

养老服务质量评估可以有效促进养老机构发展，提高养老服务质量。一方面，积极落实科学的评估标准有助于促进养老服务机构长效发展。评估作为一项贯穿养老服务全过程的活动，有助于服务提供者及时发现服务过程中存在的问题，对服务工作的开展具有重要参考意义；通过将政府补贴与养老服务质量评估结果挂钩的形式，能够有效推动护理人员专业能力的提升。另一方面，养老服务质量评估可以有效规避因养老服务内容不确定、无法预测照护效果而带来的服务过程中的风险，推动养老服务健康发展。①

三、养老服务评估模式与方法

(一) 养老服务评估模式

1. 政府部门直接评估

从全国范围看，自 2007 年以来，民政部就授权部属参公管理的正局级事业单位——民间组织服务中心，对全国性的社会组织进行直接评估。各地也在政府购买社会组织服务评估法规中授予相关职能部门直接开展评估的权力，如 2012 年广东省颁发的《政府向社会组

---

① 民政部社会福利和慈善事业促进司. 国外养老服务质量控制的启示[J]. 社会福利(理论版),2012(7):45-51.

织购买服务暂行办法》,2013年上海市杨浦区制定的《杨浦区政府购买社会组织公共服务项目绩效评估办法(试行)》等,都规定有关政府部门可以直接购买服务评估。政府部门直接评估模式的一般特征是政府授权财政、民政、审计、监察等政府部门、相关事业单位或者购买主体,直接行使对购买服务的问责权,政府官员在评估程序、评估指标体系的构建、评估结果的认定及运用中居于主导地位,其他参与评估的人员多处于被领导的位置,常常只能发挥咨询或辅助作用。这种评估模式的优点是便于集中人力、物力、财力展开评估,评估主体、评估过程和评估结果的权威性较强;弊端在于对传统总体性支配方式存在路径依赖,强调政府直接管理福利领域,无法重构公共权力与社会权力的关系来实现福利治理,缺乏对其他社会成员的信任,使得对购买服务的监管力度越大,技术监管的不充分性就越明显,同时也很难遏制评估中的寻租现象。

2. 第三方评估

我国社会组织服务的第三方评估模式经历了社会组织发育较早地区先行先试,然后通过模仿机制传导压力,推动各地普遍实施,最后自下而上,形成全国性政策法规的过程。早在2011年,东莞市就明确要求引入独立的第三方进行绩效评估。2012年,广东省民政厅颁发的《政府向社会组织购买服务暂行办法》将这一原则推广到全省。与此同时,上海、北京等地也都相继引入了第三方评估模式。在各地政策创新的基础上,2015年5月,民政部发布《民政部关于探索建立社会组织第三方评估机制的指导意见》,随后,民政部自身也委托6家会计师事务所,对2015年立项的446个中央财政支持社会组织参与社会服务项目进行全面审计和重点评估,标志着第三方评估正式成为国家层面倡导、践行和推广的政府购买社会组织服务评估模式。①

第三方评估的特征是政府相关部门依据相关评估法规,首先对第三方机构的资格条件、组织形式、选择方式、活动准则进行明确界定,然后与其签订明确的评估合同,由其对社会组织所提供的服务项目进行独立的评估。这里的第三方机构主要是指会计师事务所、审计事务所、法律事务所、社工机构、专家、管理咨询公司、专业调查公司、相关社会组织等独立机构。目前,第三方评估模式在全国政府购买社会组织服务中受到了广泛推崇和迅速普及,主要有以下两点原因。第一,第三方机构拥有更多的专业技术人员,熟悉评估的业务与流程,具有较强的科学性和专业性,评估的客观性和公正性得以保证。地方政府可以通过实施第三方评估,增强在承接服务社会组织选择及其服务绩效认定上的形式合理性,从而减少民众质疑,增加购买服务的社会公信力。第二,地方政府还可通过实施第三方评估,响应中央政府关于"推进国家治理体系与治理能力现代化"的政策号召,来获得上级领导的赞许和认可,从而有助于工作的顺利进行。但是,由于我国第三方机构在专业性和独立性方面都难以严格保证,因此,预期效果也往往很难真正实现。

3. 综合性评估

2014年,财政部、民政部、工商总局等正式确立了综合性评估模式,规定财政部门可对由政府设立的评估中心、监督管理部门、行业主管部门、服务购买方、服务对象、服务提供方

---

① 唐小茜.多层次养老服务体系建设创新实践与思考——评《社会养老服务体系建设研究》[J].科技管理研究,2021,41(17):224.

及第三方评估主体等综合性评估机构进行评估。① 目前,各地综合性评估模式的评估程序与内容虽然不尽相同,但都强调吸收多元社会主体参与评估过程,体现了对以往自上而下福利管理模式弊端的初步反思,彰显了各级政府改进社会管理、增进社会参与的初步尝试,表明政府部门已经初步意识到多元社会主体参与评估的重要性。但是,目前关于综合性评估模式的政策规定一般都还相当笼统,缺乏可操作性,并没有对评估过程中不同社会主体的责任、权利、参与方式、参与程序等做进一步的明确,难以保证多元社会主体对评估的参与,所以,该模式仍然不是西方意义上强调多元参与、多方互动的合作式评估模式。②

(二)养老服务评估方法

评估方法是养老服务质量评估的核心部分,在对老年人服务项目进行评估时,应充分考虑到老年人的个体特征,制定符合评估对象特质的评估方法,如果接受服务的老年人出于某种原因排斥或抗拒某种评估方式,则无法准确掌握老人的真实想法、感受和意见,从而影响评估的有效性。养老服务质量评估应选择能够确保评估科学性和有效性的方法,通常采用定量研究与定性研究相结合的方法。

1. 定量研究法

定量评估是指运用数量指标来进行评估。数量指标又可以分为两种类型,即客观指标和主观指标。所谓客观指标是指某种可以用数量表示的客观存在的指标。在设计这些指标时,务必考虑它们的可比性。同时,选取客观性更强的结果性指标,可能更能反映事实真相。但要说明的是,调查样本的抽取很有讲究。在评估的过程中,常常会涉及服务对象的主观感受,因此需要用主观指标来衡量。目前使用的主要是态度量表。

定量方法的优点是可以用直观的数据来表述评估的结果,看起来一目了然,便于评估者掌握调查选取的样本范围内面上的情况。但如果要用调查的结果来推及全面,一定要用随机抽样的方法。随便找服务对象进行访问并不是"随机",而是"随意抽样",这样的调查结果是无法推测的。定量方法的缺点是为了量化,可能会使本来比较复杂的事物简单化、模糊化,有的意见被量化以后可能被误解和曲解。譬如问一个问题,最后回答"满意""一般""不满意",原来很复杂的事物,就变成几个很简单的选项了。同时,应试教育和电视上的"益智"节目,造成了一种特别的心理,就是追求标准答案。如果调查对象总是在那里捉摸,选哪个选项是"对的",而不是据实回答,调查就失败了。所以,一定要避免这样的结果。必须明白,定量的方法也会有一些难以控制的因素在发生作用,我们要进行定量调查,要做数量分析,但是也不能完全迷信"数字"。

2. 定性研究法

定性分析是通过对用文字或其他方式记载的资料进行分析来做研究,常用的有问卷调查法和访谈法。

(1)问卷调查法

问卷调查法在养老机构服务质量评估中得到广泛应用,在选择问卷调查法对养老服务

---

① 王嫒嫒. 政府购买养老服务绩效评估综述:理论、指标与方法[J]. 五邑大学学报(社会科学版),2021,23(4):65-69,89,92.

② 章晓懿,梅强. 社区居家养老服务绩效评估指标体系研究[J]. 统计与决策,2012(24):73-75.

质量进行评估时,应注意以下两点。首先,科学合理的问卷设计是研究顺利开展的基础,必须以研究需要为导向,从被调查者出发,提出具有针对性的问题,发挥问卷应有的最大效用。其次,选择合适的问卷类型。问卷调查一般可通过自填式问卷或结构式访问的方式进行,问题形式主要有两种,分别是开放式和封闭式。开放式问题是不为回答者提供具体答案,由回答者自由回答,调查人员从中提取有用信息;封闭式问题则是在提出问题的同时给出若干选项,要求回答者根据自己的情况进行选择。在使用问卷进行养老服务质量评估时,应结合评估目的选取恰当的问卷类型。[1]

(2)访谈法

访谈法指调查者依据调查提纲与调查对象直接进行交谈来搜集所需信息。访谈法一般包括设计访谈提纲、及时搜集资料、恰当进行提问、准确捕捉信息、适当做出回应、做好访谈记录等步骤。整个访谈过程是调查者与被调查者相互影响、相互作用的过程,与观察法和问卷调查法相比,高质量的访谈可以得到更多有价值和深度的信息。

依据不同的标准,访谈可分为不同类型。根据访谈对象的数量,可分为集体访谈和个别访谈;根据层次差异,可分为常规访谈和深度访谈;根据媒介不同,可分为当面访谈和电话访谈;根据访谈进程,可分为结构型访谈和非结构型访谈。在进行养老服务质量评估时,应根据评估目的选取合适的访谈类型。

进行访谈之前,应当做好充足的准备工作,包括确定访谈对象、选拔并培训访谈人员、准备访谈工具。同时,访谈计划编制、问题设计、过程实施、结果整理与分析等,均应科学合理、有序进行。[2]

在访谈过程中,调查者与被调查者之间建立的信任与合作关系、调查者的素质和访谈技巧等都是影响访谈质量的关键因素。因此在实施访谈时,需要重点关注以下几点。首先,在访谈过程中,调查者应保持中立态度,避免对被调查者进行暗示性或引导式提示,以免对信息内容的真实性和准确性造成不利影响;同时注意把握访谈方向和主题焦点,防止谈话偏离调查主题,从而影响采访的效果。其次,调查者应根据被调查者的特点,灵活运用问题的措辞和语气。无论是问卷调查法还是访谈法,其编制的问题及选项都应具备明确性、可行性和清晰性的特征。明确性,即问题应与评估目的、主题及相关服务紧密关联,通过对问题的整理,能够得到有价值的信息;[3]可行性,强调问题设置的合理性,被调查者无法回答或无法清晰表达的问题,是缺乏研究价值的,也无法对评估工作产生积极影响;清晰性,要求问题的表达是清晰明了、没有歧义的。

如上所述,定量方法与定性方法各有利弊。在调查实践中,将定量的方法与定性的方法结合起来可能是一个有效的方法:如果在解读问卷调查得来的数据时,能够与深入访谈得来的个案资料配合,即用定量研究来获得面上的印象,用定性研究来深入发掘问题的内核,这样可能会帮助评估者更好地理解和认识研究问题的真相。虽然在一些研究者看来,定性研究和定量研究两种研究方法有着不同的价值观和方法论,甚全是完全相悖的,但如果绕开这

---

[1] 唐钧. 养老机构服务质量:标准、管理和评估[J]. 行政论坛,2018,25(1):29-33.
[2] 杨倩文,杨硕,王家合. 政府购买机构养老服务绩效评价指标体系构建与实证应用[J]. 社会保障研究,2021(5):60-71.
[3] 郝大海. 社会调查研究方法[M]. 北京:中国人民大学出版社,2005.

些争论,仅仅将这两种方法作为研究的工具来使用,常常会有超出上述争论的收获。

四、养老服务评估实施

一般而言,养老服务评估的流程遵循社会服务项目评估的一般步骤:准备阶段、实施阶段、总结与应用阶段。①

(一) 准备阶段

在养老服务评估的准备阶段,要明确评估方、评估目的、评估内容及评估方法等一系列问题。这一阶段最重要的工作是制订科学可行的评估计划。②

养老服务质量评估的提出一般源自委托方的评估需要。其中,委托方主要包括养老服务或项目的监管者和执行者,委托方需求不同,评估目的不尽相同。在接受委托后,评估方应当与委托方共同明确评估目的,从而确定评估内容,选定评估方法。通常情况下,评估目的可以分为改进服务或项目和总结判断服务两种。

在接受委托并明确评估目标后,评估者应当根据对被评估服务或项目的初步了解,与委托方或项目组协商,以确定评估重点,并提出明确的评估问题。养老服务质量评估普遍关注的焦点有:服务对象需求、服务项目理论与设计、服务项目过程、服务项目结果、服务项目的效率。③

在确定评估焦点后,需要制订兼具科学性与操作性的评估计划。一方面,尽可能采用定性与定量相结合的评估方法;另一方面,在评估设计过程中注重把握评估细节,如制作评估时间进度表、确定经费预算、分配人力资源等。同时,评估者在制订评估计划时应充分考虑人力、物力和财力的协调和组织,以在规定的时间内完成评估。

(二) 实施阶段

能否顺利进入现场是评估工作能否顺利、有效进行的关键。实施阶段要求评估者深入实际,与各方进行沟通互动,通过观察、访谈等多样化的方法搜集与评估目的相关的资料,并加以整理分析。在搜集相关资料时,评估者应当注意选取合适的对象,确定搜集的方法并明确评估的焦点,提出清晰的评估问题。

(三) 总结与应用阶段

评估者在完成评估资料的搜集和分析工作后,应当撰写评估报告,并加以运用。根据评估目的,评估报告在完成后会提交给评估委托方或养老机构,有时还会以适当形式予以公开。一份完整的评估报告应包括标题、目录、导言、评估方法、评估发现、结论与对策建议、附录等多个部分。其中,评估报告标题应能体现出评估焦点;导言一般应介绍评估的背景意义,并陈述评估问题;评估结论与对策建议可以由评估者与委托方或项目方共同讨论,在达成共识的基础上对相应的养老服务进行改善;在实际操作中,并不是必须在评估结束或评估报告完成之后才能进行相应的改善提升,也可以在评估实施过程中就不断与被评估方进行

---

① 杨翠迎,刘玉萍. 养老服务高质量发展的内涵诠释与前瞻性思考[J]. 社会保障评论,2021,5(4):118-130.
② 曲绍旭. 养老服务体系主体协同动力机制[J]. 学术交流,2022(1):140-152.
③ 李绵利,VIRGINIA P, JACQUI A,等. 澳大利亚老年护理综合评估体系介绍及其对我国养老服务的启示[J]. 护理研究,2021,35(14):2546-2550.

沟通,以评促改、边评边改;附录中则主要将涉及的重要文献、评估工具、评估图片等予以呈现,使评估更具有说服力。当然,在实际评估操作过程中,因评估情况而异,评估者需要对评估报告进行相应的调整。

养老服务质量评估报告重在应用。一方面,根据评估结果及对策建议,改进养老服务质量,满足老年人的实际需求;另一方面,应依据评估发现,决定服务或项目的存废及发展方向,优化资源配置。[1]

第三节 养老服务的监管

一、养老服务监管定义

监管是养老服务管理活动中的关键环节,对保证和提升养老服务质量有着至关重要的作用,其中,养老服务质量监管分为内部监管和外部监管两大类。[2]

养老服务机构的内部监管主要分为监管服务过程和主要监管方式。监管服务过程包括护理质量监管、医疗服务质量监管、膳食服务质量监管、财务管理监管,以及行政与后勤保障服务质量监管五大环节。监管方式主要有养老服务组织内部的自查与自纠、领导者和职能部门的监管、部门和员工的强化考核,以及老年人和亲属的监管四个方面。

养老服务外部质量监管的主要目的是督促养老机构依法经营,提高服务质量。按质量监管执行主体的不同,外部质量监管可分为行政监管、行业监管和社会监管三类。2020年,民政部颁布的《养老机构管理办法》第三条规定:"县级以上地方人民政府民政部门负责养老机构的指导、监管和管理。其他有关部门依照职责分工对养老机构实施监督。"因此,由政府部门主导的"行政监管"是最主要的外部质量监管形式。

二、养老服务监管主体

(一)内部监管主体

养老服务内部监管主体为机构本身,需要压实机构主体责任。人是监管的第一要素,养老服务从业人员是养老服务组织最重要的资源之一。养老服务内部监管是通过组织内部员工参与服务提供的全过程来实施的,各级管理者和一线员工的工作状态与行为会对服务质量产生直接影响。养老服务从业人员大多是社工与养老护理员,目前我国该群体的职业素质普遍不高,社会地位低,待遇差,工作时间长,导致群体流动性大,机构极易面临人员缺失的困境。对此,在养老服务内部管理过程中,必须充分认识到人的重要作用,识别员工在认同感、工作满意度、能力及知识发展等方面的需求和期望,激发员工的积极性和参与性,引导他们参与养老服务质量管理的全过程,从而使质量管理成为全员自觉自愿的行为。

养老服务机构要坚持党的领导,加强党的建设,符合条件的要按照应建尽建原则及时建

---

[1] 边恕,黎蔺娴.积极老龄化视角下的我国多维养老服务体系研究[J].辽宁大学学报(哲学社会科学版),2019,47(2):83-91.
[2] 韩烨,付佳平.中国养老服务政策供给:演进历程、治理框架、未来方向[J].兰州学刊,2020(9):187-198.

立党组织,充分发挥基层党组织战斗堡垒作用和党员先锋模范作用。在依法登记、备案承诺、履约服务、质量安全、应急管理、消防安全等方面,养老服务机构承担主体责任,其主要负责人是第一责任人。养老服务机构应当不断提高养老服务、安全管理、风险防控、纠纷解决的能力和水平。

(二)外部监管主体

按监管执行主体的不同,外部质量监管可以分为行政和行业监管、社会监管两类。

1. 行政和行业监管

养老服务机构从设立登记备案经营许可、业务开展,到服务质量评估等,都要接受政府的监管管理。对养老机构服务质量的监管涉及民政、卫生、医疗、消防、防疫、工商、税务和环境保护等多个政府部门。政府通过与行业及社会的协同管理和监管,发现并督促改善养老机构在经营、服务与管理过程中存在的不规范之处,帮助养老服务机构依法经营、规范服务,从而提高其服务质量。

(1)登记备案管理和行业监管

地方养老服务业务管理归口于地方民政部门,因此民政部门往往兼具行政监管和行业监管的双重角色。民政部门依法负责对养老服务机构的设立登记、安全运营、服务质量等各方面进行监督管理,通过开展养老服务机构信用评定,对社会服务性质的养老服务组织和养老服务领域的企业进行登记备案管理和业务指导,推进养老服务标准化体系建设。《养老机构管理办法》第二章第九条规定:"设立营利性养老机构,应当在市场监督管理部门办理登记。设立非营利性养老机构,应当依法办理相应的登记。养老机构登记后即可开展服务活动。"第十条规定:"营利性养老机构办理备案,应当在收住老年人后10个工作日以内向服务场所所在地的县级人民政府民政部门提出。非营利性养老机构办理备案,应当在收住老年人后10个工作日以内向登记管理机关同级的人民政府民政部门提出。"此外,《民政部关于贯彻落实新修改的〈中华人民共和国老年人权益保障法〉的通知》明确规定,自新修改的《中华人民共和国老年人权益保障法》发布之日起,各级民政部门不再受理养老机构设立许可申请。同时,人力资源和社会保障部门依法会同民政部建立完善养老护理员国家职业技能标准,依照职责权限做好院校外和技工院校的职业技能等级证书的监管管理,推动社会保障卡在养老服务领域的应用,加强老年人社会保障公共服务的信息共享。[1]

(2)卫生防疫监管

卫生监管是加强卫生管理的重要手段。养老服务机构为老年人提供集体住宿、统一膳食、颐养环境,应主动接受地方卫生防疫部门的监管检查。卫生防疫部门主要针对与卫生相关的法规、条例、标准、办法等实施情况进行检查,以达到保护环境、预防疾病和促进老年人身心健康的作用。其主要监管范围包括环境卫生、食品卫生和疾病预防三方面。[2]

其中,环境卫生监管主要是指机构内部的卫生状况,尤其是公共区域的基础卫生设施是否齐备、安全。食品卫生监管包括卫生制度的建立、健全及其执行情况;从业人员的身体健

---

[1] 沙勇,周建芳,白玫.养老服务管理[M].北京:社会科学文献出版社,2019.
[2] 纯光.适应人口老龄化新形势着力提升养老保障和服务水平——民政部党组成员、全国老龄办常务副主任王建军答记者问[J].中国民政,2015(13):20-24.

康情况;日常食品、饮用水的检验检测是否正常;食品消毒流程是否正确;消毒设施是否健全、完好及其运行情况。除此之外,还应当加强从医疗执业规范性、医疗废弃物处置合理性等方面对传染性疾病的防控进行监控。

(3) 医疗服务监管

开展临床医疗和医疗保健服务的养老服务机构应主动接受卫生局(厅)的监管和技术指导。卫生部门依法负责养老机构设立医疗机构的审批或备案,对医疗机构的执业活动和医疗卫生服务质量进行监管;依法负责指导养老服务机构聚集性传染病处置、突发公共卫生事件的医疗卫生救援和应急工作;依法负责采集、汇聚、存储、应用、共享老年人基本健康医疗数据。养老服务机构应在卫生部门的监管和指导下不断完善医疗服务设施,提高医疗服务水平,杜绝医疗差错与医疗事故的发生,保证医疗安全。

(4) 消防安全监管

养老服务机构是消防工作的重点单位,特别是设备陈旧老化、环境堪忧的养老机构,更应注重消防安全。应急管理部门负责按程序提请本级安全生产委员会将养老服务安全生产监管管理工作纳入对本级政府有关部门和下级人民政府的年度安全生产考核之中。[①] 消防救援机构依法负责对养老服务机构实施消防监管检查。各养老服务机构应积极配合消防安全部门查找隐患、制定措施、加强整改,加强对老年人和员工消防安全意识的教育和消防设备使用的培训,确保消防安全落到实处。[②]

(5) 财务审计监管

养老服务机构财务状况已经纳入行业年度审查的范畴,养老服务机构应如实汇报其财务管理情况、经济运行状况,自觉接受行业主管部门、工商税收部门的审计监管,保证养老机构财务管理规范,经济运行有序。具体来说,财政部门负责会同发展改革部门、民政部门,依法对养老服务机构建设补贴和运营补贴资金使用情况、政府购买养老服务进行监管。发展改革部门依法负责对中央预算内投资支持的养老服务项目建设资金实施管理,对普惠性养老项目实施评估。审计部门依法负责对财政资金的使用情况、政府购买养老服务进行监管。银保监部门依法负责对银行业、保险业金融机构参与养老服务市场相关行为进行监管,指导和督促银行、保险机构做好对涉嫌非法集资风险的排查。

(6) 行业协会监管

养老服务行业协会以社会组织的形式协助政府执行行业监管职能。养老服务行业协会是由养老机构、社会团体及个人自愿组成的行业性、非营利性的社会组织,一般经各地民政部门批准成立,作为联系政府与养老机构的桥梁和纽带,协助政府对养老服务业进行专业化管理,承担行业自律、指导和服务质量监管等职责。因此,养老机构除了积极参加行业协会外,还要主动接受协会的指导与监管。[③]

2. 社会监管

社会对养老机构服务质量的监管主要涉及公众监管和舆论监管两个方面。公众监管主

[①] 曲绍旭. 城市居家养老服务政社关系类型的转换效应及对策研究[J]. 华中科技大学学报(社会科学版),2020,34(5):114-123.

[②] 沙勇,周建芳,白玫. 养老服务管理[M]. 北京:社会科学文献出版社,2019.

[③] 伏威. 政府与养老服务社会组织合作的优化路径研究[J]. 延边大学学社版,2020,53(1):93-100,142-143.

体主要是指机构内部工作人员、老年人及其家属在内的社会大众,其通过批评、建议、检举、揭发、申诉、控告等方式,对养老机构及其工作人员权力行使行为的合法性与合理性进行监管。[1] 舆论监管是指社会利用各种传播媒介和采取多种形式,表达和传导有一定倾向的议论、意见及看法,以实现对政府及养老机构中偏差行为的矫正和控制。养老机构应规范经营,科学管理,从服务老年人、促进发展、稳定社会的角度出发,努力提供优质的养老服务,自觉接受公众及舆论的监管,弘扬中华民族尊老、爱老、敬老、孝老的传统美德。[2]

三、养老服务监管内容

监管服务过程就是保障服务质量的过程,养老服务监管的具体内容包括老年人的生活起居、医疗护理和安全保障等相关工作,并在不同工作的监管上各有侧重。

(一)护理质量监管

护理质量监管包括生活照料在内的各项护理服务,并依据护理规范、流程、服务质量与考核评价标准进行检查评估。

一是服务场所的卫生状况,通常采用"6s"质量管理方法检查养老机构内部的硬件设施和居住环境。所谓"6s",是指整理(Seiri)、整顿(Seiton)、清扫(Seiso)、清洁(Seiketsu)、素养(Shitsuke)、安全(Security)。在对养老服务的质量监管中,"6s"质量管理方法可应用于检查老人居室、楼层地面、门窗墙壁、家具电器和卫生间等是否符合卫生标准,尤其要注意地面是否湿滑、道路是否有障碍物等。[3]

二是老年人生活护理,主要检查老年人的饮食营养、清洁照料、仪容衣着、休息睡眠、服药护理情况等是否符合相关质量标准。如对于营养饮食的检查,主要可以从膳食结构是否均衡、老年人营养状况是否良好、是否建立了老年人进食护理规范等方面进行。[4]

三是老年人心理护理,养老服务人员应当根据老年人在心理方面的需求,为其提供情绪疏导、心理咨询、危机干预等精神慰藉服务。在进行心理护理服务方面的质量检查时,可以围绕养老机构是否对养老服务人员进行专业化培训、是否定期对老年人心理状况进行评估、是否有专门的心理护理记录,以及实施心理指导的效果等进行评估。

四是老人康复护理,主要对高龄、长期卧床、因疾病等造成偏瘫的老人的康复护理进行检查和监管,如康复体位护理、主动或被动运动和压疮护理、组织老人进行团体康复训练等。此外,还应对老年人患病期间的各项护理操作进行监管,如基础护理、专科护理、临终护理等是否规范、准确。[5]

五是老年人安全护理,老年人的安全护理重点是防范意外的发生,可以针对老年人比较常见的意外事件进行监管考核,如防火、防盗、防噎食、防烫伤、防跌倒、防坠床和防走失等方面的措施是否落实,是否存在安全隐患。

---

[1] 董克用,王振振,张栋.中国人口老龄化与养老体系建设[J].经济社会体制比较,2020(1):53-64.
[2] 邰鹏峰.政府购买公共服务的监管困境破解[J].甘肃理论学刊,2013(2):74-78.
[3] 王歆昱.政府购买公共服务监管途径研究[J].管理观察,2016(5):33-35.
[4] 李玉玲.我国养老服务质量建设的难点及治理研究[J].兰州学刊,2020(2):192-199.
[5] 沙勇,周建芳,白玫.养老服务管理[M].北京:社会科学文献出版社,2019.

(二) 医疗服务质量监管

对于拥有医疗服务人员或内设医疗服务中心的养老服务机构及组织,需要定期进行医疗服务质量监管,主要检查医务人员的执业情况与医疗服务工作。[①] 在监管的全过程中,要把重点放在具体的医疗工作环节上,加强流程监督,按照医疗机构管理办法、临床诊疗规范所规定的服务和评价标准,对其进行质量评估。

首先,对执业资格的检查,包括养老机构或组织是否具有行医执照,行医执照是否进行年审,医务人员是否具有执业资格,以及是否进行注册等方面。

其次,对诊疗操作的检查,检查内容主要涉及病历、医嘱、处方书写和临床诊疗操作是否符合规范,护士用药是否严格按流程规定执行,护理操作是否娴熟、规范等。[②] 对医护人员进行监督和教育,使其认真履行工作职责,严格执行各项医疗卫生管理法律、行政法规、部门规章和诊疗护理规范,谨慎遵守职业道德。

最后,对诊疗效果的检查,可以从疾病诊断的准确率、误诊或漏诊率、治疗的有效率、治愈率、差错与事故率等方面对养老服务机构及组织的医疗服务进行检查评估。

(三) 膳食服务质量监管

养老机构在进行膳食管理时,不仅要保障老年人饮食营养均衡的需要,还要兼顾不同老年人的需求。一方面,膳食服务应当是多样化的,根据老年人的需求制定与贯彻不同的供餐原则、标准和形式;另一方面,对膳食服务的质量监管均应严格依据食品卫生管理办法制定的服务与考核评价标准进行。

首先,对员工进行监管,日常检查员工是否按要求统一着装、佩戴工牌,是否做到"四勤"(勤洗手洗澡、勤理发修面、勤换洗衣服、勤修剪指甲),是否有不良的卫生行为;定期检查员工的健康状况和职业资格,包括员工是否按时进行体检、有无健康证明,厨师岗位的员工是否具有职业资格证书等。[③]

其次,对食堂进行监管,食堂及周边环境是否符合卫生清洁要求,食堂地面是否湿滑,是否设有安全提醒或放置警示牌;食品采购流程是否规范,采购的食材是否新鲜,是否具有采购验收记录;食物原料是否清洗彻底,加工过程是否卫生;食物是否按规定留样……食品安全问题关乎生命安全和身体健康,不容忽视,因此在质量监管过程中应更为严格、细致。

最后,对其他相关工作进行监管,如老年人餐具清洗和消毒工作是否符合规范,发放膳食是否准确到位,食堂账目记录是否清晰等。

(四) 财务管理监管

财务管理监管主要是依据会计法和财务工作管理条例规定的服务质量与评价标准,对财务制度建立与执行情况、财务账目情况、现金支票资金的管理,以及其他捐赠情况进行全方位的管理监管。

---

① 马跃如,文铮,易丹. 多主体视角下的养老服务监管系统动力学研究[J]. 西北人口,2020,41(6):88-101.
② 林宝. 党的十八大以来我国养老服务政策新进展[J]. 中共中央党校(国家行政学院)学报,2021,25(1):91-99.
③ 沙勇,周建芳,白玫. 养老服务管理[M]. 北京:社会科学文献出版社,2019.

(五) 行政及后勤保障服务质量监管

依据相关的规章制度,应当妥善管理与老人健康档案和养老信息等相关的行政文书及资料,确保信息的完整性。同时,在物资采购、设施维修、车辆管理等其他后勤保障方面,也应按时监管,为养老服务的正常开展提供支持。

四、养老服务监管方法

(一) 养老服务内部监管方法

1. 部门的自查与自纠

各部门应把服务质量检查监管作为日常性工作,定期自查与自纠,不断改进服务质量。可以通过编制企业养老服务质量管理体系手册以规定养老机构的质量管理体系要求,为各部门实施各项质量管理活动提供作业指导书。建立服务质量管理体系所需的相关配套制度,准确把握养老服务过程中的关键控制点,明确质量目标和指标,以及实现目标指标的方法和途径。

2. 领导者和职能部门的监管

领导者和职能部门负责人应深入基层进行定期和不定期的监管,与老年人及其亲属建立联系,了解老年人实际情况及对服务质量的满意度,及时发现存在的质量问题,督促整改。应考虑成立专门的品质管控小组,依据相关规章制度、服务流程,定期进行品质检查;任命主要负责人担任整改项目责任人,发现质量问题迅速着手整改,及时修订和完善现有服务流程。①

3. 部门和员工的强化考核

通过月度、季度和年度服务质量评价及考核,督促部门和员工提高对服务质量的重视程度。采取内部反馈与外部反馈相结合的方式定期实施绩效考评;考核评价结果与部门奖金挂钩,与员工的工资、评优、续聘挂钩。②

4. 老年人及其亲属的监管

老年人及其亲属作为养老服务的对象,本应属于外部监管范畴。此处的老年人主要指正在接受养老服务的老年客户,因此可归于内部监管。养老服务机构应设立意见箱、投诉箱,公开投诉电话,自觉接受老年人及其亲属的监督;建立并完善与老年人(亲属)的沟通交流机制,相关管理人员应走进老年人生活,经常性组织召开与老年人(亲属)的座谈会,关心老年人的生活点滴,听取服务和管理方面的意见、建议,了解实际服务水平,获取第一手的感受信息,并做好每一次的意见分析与回复。

(二) 养老服务外部监管方法

1. 机构养老服务的外部监管方法

首先,完善养老服务行业标准。依据养老机构实际运营状况,建立合理有效的养老服务发展规范,完善养老服务质量监管体系。根据养老机构的功能对其进行合理分类,对不同类

---

① 沙勇,周建芳,白玫. 养老服务管理[M]. 北京:社会科学文献出版社,2019.
② 睢党臣,曹献雨. 芬兰精准化养老服务体系建设的经验及启示[J]. 经济纵横,2018(6):116-123.

别的养老机构的服务标准、服务内容、专业护工人员配比、基础设施设备配置数量、安全隐患排查、奖惩措施等做出标准化要求,保证养老服务行业监管有据可循,推动养老服务行业规范发展。①

其次,增强监管的有效性。一方面,增强政府的监管力度。政府依据养老服务行业规章制度,综合协调各部门职能,广泛听取人民群众和入住机构老年人的意见、建议,着力引导养老机构规范化发展,加大对养老机构的监管力度,定期对各养老机构进行实地调查,根据养老机构的运营状况及服务质量水平适时采取奖惩措施;同时,通过实地了解探究养老机构在发展过程中存在的阻力,着力帮助养老机构化解难题,改善养老机构发展环境。② 另一方面,完善养老机构监管内容。相关部门在对养老机构进行监管时,应不断完善监管内容,涵盖养老机构的环境卫生状况、硬件设施的配备和运营管理情况,养老服务的收费标准、服务内容、护理标准、操作规范,以及老年人的入住满意度等多个方面。同时,各监管部门之间应相互协调配合,相互监管,认真落实监管行动,杜绝敷衍了事、应付差事的行为,切实提高政府对养老机构监管的有效性。③

2. 居家养老服务的外部监管方法

(1) 强化政府质量监管角色,增强监管主体的独立性

在传统公共部门提供服务的运作模式中,政府集资助者、"生产者"、质量监管者于一身,多重角色易模糊,且相互之间存在利益冲突,因此有必要进一步明确政府质量监管角色,增强其行使职权的独立性。

应进一步明确政府角色,依法加强政府质量监管职权的行使。目前,养老服务领域普遍采用政府购买养老服务的方式。这一方面简化了政府事务,突出了政府经费资助、质量监管的角色;另一方面,也要求政府通过加强立法、监管执法等方式,强化其在居家养老服务体系中的质量管理职责。

设立具体机构,增强质量监管的独立性。质量监管机构的独立性会对监管与评估结果的可靠性、有效性和社会信度产生影响。通过设立具体监管与评估机构的形式,有利于政府质量监管作用的长效发挥,保证服务质量监管的真实有效。目前,我国居家养老服务体系缺少具体专门的服务质量监管机构,老年人及机构工作人员对服务质量问题无法进行有效投诉,不利于社会化养老服务的发展,对建设居家养老服务质量监管体系产生消极影响。

(2) 提高信息的透明度和可及性

以瑞典为例,在瑞典的官方网站,有关社会养老服务事项的介绍很多,社会民众能够方便地了解到养老服务的内容、目标、提供方式及自身权利,这被认为是保障服务质量和公民权利的途径之一。我国目前养老服务信息的透明度和可及性很差,政府常通过"红头文件"的方式下发服务决议,很多老年人不知道自己能够获得何种服务及如何获得该服务,遑论知晓服务质量监管信息。④ 因此,必须加强养老服务相关信息的宣传普及,完善相应的质量监

---

① 沙勇,周建芳,白玫. 养老服务管理[M]. 北京:社会科学文献出版社,2019.
② 罗鹏哲. 养老服务场所消防安全的分析及其对策[J]. 吉首大学学报(社会科学版),2015,36(S2):50-51.
③ 汪沂. 社会养老服务机构的法律规制[J]. 南京人口管理干部学院学报,2013,29(4):48-53.
④ 钮学兴. 江苏:推动养老服务扶持监管并重[J]. 社会福利,2009(12):12-13.

督与评价的方法,使老年人及其亲属充分了解相关信息,并在此基础上行使他们的合法权利。从具体的改进手段看,可从以下角度展开行动:建立并完善信息公开的政务服务网站,便于市民及时查询相关信息;加强新闻媒体等对居家养老服务相关信息的宣传,利用社区宣传栏等多种平台,对居家养老服务信息进行普及宣传;加强对居家养老照护负责人的培训,使其能够对老年人及其亲属提供咨询服务,完整有效地将相关服务信息传递给咨询者或服务申请者。

(3) 重视中央与地方、服务供给与质量监管的有机统一

我国各地居家养老服务发展水平差异显著,所辖老年人口数量庞大,且城乡差距显著,难以实施统一的服务质量监管标准:标准过高,对发展落后地区不具有现实操作性;标准过低,则无法满足发达地区的服务需求。因此,可通过法律规范确定养老服务的总体目标,设立基本养老服务质量监管标准与评估指标(指导规范);地方政府则在法律允许的范围内,参考国家指导规范,结合本地区实际情况,制定具体的服务质量监管标准,包括服务质量标准、服务质量评估方式等。与此同时,通过建立国家主导、地方配合的质量监管机制,切实监管和控制居家养老服务供给中存在的质量问题与风险。

(4) 重视老年人及服务人员的参与

在服务质量评估中,老年人作为服务"消费者"理应得到较高关注,国家和地方政府应尽快开发专门针对老年人的评估指标和质量评价模型。同时,在构建居家养老服务质量监管机制时,应把老年人和服务照护人员作为重要的监管主体进行衡量,积极发挥其主观能动性,改变以往老年人被动接受服务的状况。

延伸阅读

养老服务综合监管相关部门职责分工

发展改革部门依法负责对中央预算内投资支持的养老服务项目建设资金实施管理,对普惠性养老项目实施评估。

教育部门依照权限负责管理监管考核院校内(技工院校除外)职业技能等级证书的实施。

公安部门依法负责查处扰乱养老服务机构工作秩序,故意伤害、虐待老年人等侵犯老年人人身权利,以及以养老服务为名实施非法集资和诈骗等侵犯老年人财产权利的违法犯罪行为。加强人口管理信息的共享应用,提升行业监管能力和服务管理效率。

民政部门依法负责对养老服务机构服务质量、安全、运营的监督管理,推进养老服务标准化体系建设,开展养老服务机构信用监管,以及对社会服务机构性质的养老服务机构和养老服务领域行业组织的登记管理和业务指导监管工作。

财政部门负责会同发展改革部门、民政部门依法对养老服务机构建设补贴和运营补贴资金使用情况、政府购买养老服务进行监督管理。

人力资源社会保障部依法负责会同民政部建立完善养老护理员国家职业技能标准,依照职责权限做好院校外和技工院校的职业技能等级证书的监督管理。推动社会保障卡在养

老服务领域应用,加强老年人社会保障公共服务的信息共享。

自然资源部门依法负责对养老服务机构规划用地等进行监督检查。

生态环境部门依法负责对养老服务机构环境影响评价的审批或者备案,对养老服务机构污染物排放情况进行监督检查。

住房城乡建设部门依法负责对养老服务设施工程建设质量安全的监督管理,依法负责养老服务设施工程建设标准规范的执行监督。

卫生健康部门依法负责养老机构设立医疗机构的审批或者备案,对医疗机构的执业活动和医疗卫生服务质量进行监管管理。依法负责指导养老服务机构聚集性传染病处置、突发公共卫生事件的医疗卫生救援和应急工作。依法负责采集、汇聚、存储、应用、共享老年人基本健康医疗数据。

应急管理部门负责按程序提请本级安全生产委员会将养老服务安全生产监督管理工作纳入对本级政府有关部门和下级人民政府年度安全生产考核。消防救援机构依法负责对养老服务机构实施消防监督检查。

审计部门依法负责对财政资金的使用情况、政府购买养老服务进行监督检查。

市场监管部门依法负责查处养老服务机构不执行政府定价、政府指导价和不按规定明码标价等价格违法行为,推动养老服务标准化工作,对营利性养老机构进行登记管理,对养老服务机构的特种设备安全、食品安全进行监督检查。

医疗保障部门依法负责对纳入医保定点的养老机构内设医疗机构医保基金的使用进行监督管理。

银保监部门依法负责对银行业、保险业金融机构参与养老服务市场相关行为进行监督管理。指导和督促银行、保险机构做好对涉嫌非法集资风险的排查。

事业单位登记管理机关依法负责对公办养老机构进行登记管理。

(摘自《国务院办公厅关于建立健全养老服务综合监管制度促进养老服务高质量发展的意见》)

案例思考

养老产业,不能把老年人当"韭菜"

打着养老的旗号卷走老人的钱,这样的机构、这样的行为、涉事的人员让人气愤。一段时间以来,"老年人的钱好赚"似乎成了一些人的共识,这些人纷纷动起歪脑筋。各种攻势、陷阱之下,不少老人心甘情愿掏腰包,有的甚至拿出毕生积蓄,而一旦出了事,老人们的维权能力又很弱。数十万元的钱财打了水漂,对任何一个人尤其是老人来说,都是不小的打击。相关始作俑者应该也必须受到严厉的制裁。

一些养老机构之所以纷纷"跑路",大体是两种情况:其一,投资养老机构往往回报周期长,一些经营者出于种种现实压力经营不下去,比如前期投入巨大、运营成本不菲、疫情影响客户新增,导致资金链断裂,难以为继;其二,一些养老机构以销售会员卡、优惠卡等名义,让老人存入一笔钱,以获得优先入住和打折优惠资格,甚至承诺返还本金或高额利息,这实际上是借"养老"之名行非法集资、非法吸收公众存款之实。近期跑路的养老机构以后者的情况居多。

我国已进入老龄化社会,2年前的权威统计显示,我国60岁及以上老年人口有2.41亿人,占总人口的17.3%。一方面,养老产业是"夕阳"产业,因为它是为数以亿计的老年人服务的,是为了让这些已经为社会服务了几十年的人安享退休生活;另一方面,养老产业也是"朝阳"产业,在未来近半个世纪中,我国的老年人口将继续呈现快速增长趋势,而目前国内专为老年人提供产品和服务的产业远远不能满足老年人需求,养老产业是一片巨大的"蓝海"。很多老年人对更安心、舒心、放心的养老机构和环境有现实需求。

正是因为供给与需求间的不平衡,国家允许、鼓励民营养老机构、营利性养老机构的创办和运营,对诸如"会员制"、养老地产、养老金融、旅居养老等新业态也保持包容、审慎的态度,这某种程度上给了一些敛财者、行骗者可乘之机。

面对一些养老机构圈钱跑路的现实,除了提醒老年人提高警惕、审慎选择养老机构和产品,更多的还是要在监管上下功夫。比如,据业内人士建议,提高行业准入门槛,尤其要防范部分养老地产、旅居养老等新业态钻空子、逃避监管;对提供会员制服务的养老服务机构,要求其在账户中预留一定资金比例;建立专门的平台,要求相关企业在平台上备案,且交纳一定额度的风险保障金,等等。

事实上,近年来,中央及一些地方也在不断探索筑牢、织密监管的笼子。去年11月1日,民政部修订的《养老机构管理办法》开始实施,其中规定,"养老机构应当在醒目位置公示各类服务项目收费标准和收费依据,接受社会监管","民政部门应当加强对养老机构非法集资的防范、监测和预警工作"等。北京市规定,除利用自建或自有设施开办的养老服务机构外,严禁实施会员制,会员制收费额度原则上不能超过经营者可抵押物估值,会员费不得投资风险行业;南京市规定,养老机构不得以还本付息、给付回报或者约定回购等方式,诱导社会公众购买养老服务产品、养老公寓、预售卡、优惠卡,或者投资养老服务项目;长沙市民政局每个季度对已办理养老机构许可或备案的养老机构进行数据更新,并公开发布,以提醒老年人远离非法集资,切莫上当受骗。

必须明确的是,养老产业是一片"蓝海",但老年人不是"唐僧肉"。近年来,一些人在诸如医疗保健、金融理财、娱乐文化、老年生活用品等方面,把老年人当成"韭菜"割了一茬又一茬,更不用说那些盯着老年人群体的种种骗局。很难想象一个钱财尽失的老人该如何面对今后的生活,很难想象一个骗老人者可以逃避监管及制裁的社会如何回应老年人的现实需求。

让老年人拥有体面、安心的晚年生活,让他们相信社会诚信、远离各种欺骗和陷阱,是一个社会的良心,也是各方应该努力的方向。

(摘自《个别养老机构"跑路"养老产业要加强监管》,《经济日报》2021年1月5日。)

问题:1. 养老产业的监管对社会和老年人分别有什么意义?
2. 你认为养老产业还有哪些内容应纳入监管范围?
3. 除了做好监管,你认为还有哪些办法可以提升养老产业的规范性?

本章关键术语

养老服务标准化;养老服务标准化建设;养老服务评估;养老服务监管;内部监管;外部监管

本章思考题

1. 养老服务标准化体系建设的原因有哪些?
2. 我国养老服务标准化建设的基本现状及面临的挑战是什么?
3. 养老服务质量管理方法有哪些?
4. 简述养老服务质量评估的方法及流程。
5. 简述养老服务内部监管与外部监管。

第八章　养老服务人才队伍建设

本章学习引导：本章介绍了养老服务人才的类型与要求，人才队伍建设的意义、目标、相关政策，以及养老服务人才的培养模式、职业发展体系和监督管理等内容，使学生对养老服务人才队伍建设有全面、系统的了解。

本章学习重点：养老服务人才类别及基本要求；养老服务人才队伍建设；养老服务人才培养模式；养老服务职业发展体系。

第一节　养老服务人才类别及人才队伍建设的意义

一、养老服务人才类别及基本要求

自1999年我国进入老龄化社会后，我国老龄化速度不断加快，养老服务行业不断发展，养老服务行业人才的需求也在不断增加。但受养老服务行业社会认识不足，养老服务职业的工作性质、工作对象较特殊，工资待遇相对较低且发展前景较不明朗等诸多因素的影响，养老服务人才发展过程中面临着人才数量不足、职业技能水平不高、服务质量不优等问题。党的十九大提出，中国特色社会主义进入发展新阶段，要实现"老有所养"，将"养老"作为民生发展的重要任务之一，面对社会发展形势，我国需要大力加强养老服务人才队伍的专项化建设，不断提升养老服务水平。2019年，国务院印发了《国家积极应对人口老龄化中长期规划》，强调要全面提高养老服务领域人力资源素质。近几年，国家不断加强养老服务紧缺人才培养，支持技能培训教育和职业等级评定，以扩大老年医学、老年护理、康复治疗、中医养生等相关专业人才规模，提升养老服务专业化水平。2020年3月，在中华人民共和国人力资源和社会保障部发布的16个新职业中，健康照护师、呼吸治疗师等均与养老、照护相关。2020年7月，人社部联合国家市场监管总局、国家统计局向社会发布了9大新职业，老年人能力评估师也在其中。养老服务工种越来越细分，专业化程度越来越高，进一步拓展了养老服务人才体系。

人才作为养老服务发展的核心力量，在养老服务过程中发挥着关键作用，其质量高低决定了服务效果的好坏，进而影响着老人的服务获得感和幸福感。在当前养老服务体系建设背景下，根据老年群体需求及专业知识类别，可将养老服务专业人才划分为运营管理人才、专业技术人才、专业服务人才三类，具体分类及基本要求见表8.1。

（1）运营管理人才

具有一定管理知识和经验的运营管理人才，能为养老机构/组织运行提供极大的帮助。养老服务行业的运营管理人才需要具备较高的综合素质，既要懂得食品、医疗、卫生、人力资源等多学科知识，又要能够及时了解把握相关法规政策，与民政、公安、消防及医院等保持良好的沟通，有较强的客户服务理念和市场意识。

（2）专业技术人才

专业技术人才为老人提供针对性的专业化服务，在满足老人多样化服务需求方面发挥着重要作用。根据不同专业类别，可将其细分为医务人员、康复师、营养师、心理咨询师和老年社会工作者、健康照护师、老年人能力评估师。因其服务内容的专业化程度较高，各类人才应在具备相应的学科学历的基础上，取得资格证书，以保障其服务质量及效果。

（3）专业服务人才

养老护理员是养老专业服务人员中不可或缺的基础力量，作为养老服务的一线人员，其工作直接决定了养老服务的质量。护理人员首先应掌握专业知识，参加职业培训并获得资格证书，运用专业服务技能为老人提供生活照料、基础护理、心理帮助等服务；同时遵守职业道德规范，尊重老人的人格和权利，坚守岗位，尽职尽责，为老人提供全面、专业、细致的服务；另外，还需要具备沟通能力与人际交往能力，与老人及家属保持联系，及时了解老人意愿和需求，对服务进行不断完善。

表 8.1　养老服务人才类别及基本要求

人才类别		基本要求
运营管理人才		具有管理学、心理学、护理学等专业知识，熟悉养老服务相关政策，有较强的服务理念和市场意识，负责处理养老机构/组织的运营管理问题。
专业技术人才	医务人员	所有养老医务人员（医生、护士、医技等）需具备执业资格并在当地卫生行政部门注册，承担老人常见疾病诊治、突发疾病救治、意外事件处置和健康教育等工作。
	康复师	临床医学、中医、康复治疗等专业的人员，掌握现代康复治疗方法，具有康复师资格证书的治疗师，负责对老人做出评估和康复计划，通过科学手段帮助病、伤、残老人尽可能恢复能力。
	营养师	接受过系统营养资格教育，具有公共营养师或注册营养师资格证的专业人员，掌握老年人营养状况评估和营养配餐方法，负责老年人营养指导和食品安全知识传播。
	心理咨询师	心理学等相关专业的持证人员，掌握与老人沟通的技巧和方法，负责老人心理健康维护，通过心理咨询等方法帮助老人解决老年抑郁、离退休综合征等问题。
	老年社会工作者	具有相关资质的社会工作人员，掌握与老年人相关的法律法规、心理学、老年学知识，能够运用社会工作专业方法协助老人解决问题，策划组织与老人相关的活动。
	健康照护师	通过相关资格认证，掌握基本医学护理和生活照料复合技能的人员，运用基本医学护理知识与技能，在家庭、医院、社区等场所，为老人提供健康照护及生活照料。
	老年人能力评估师	通过职业技能培训获得职业等级认定的专业人员，为有需求的老人提供生活活动能力、认知能力、精神状态等健康状况测量与评估，为老人能力恢复提出建议。
专业服务人才	养老护理员	按要求参加职业技能培训，并取得相应资格证书，拥有专业护理技能，为老人提供生活照料、基础护理、康复护理、心理护理等养老服务，按照工作能力和经验依次递进，可分为初级、中级、高级、技师和高级技师五级。

二、养老服务人才队伍建设的意义和目标

（一）养老服务人才队伍建设的意义

第一，为促进我国养老事业发展，必须加强对我国养老事业的人才支持。同时，加强养老服务人才队伍建设也是养老服务产业供给侧结构性改革的重要内容，所谓"供给侧结构性改革"，就是以改革的方式推动经济结构的调整，减少无效、低端的供给，扩大有效、精准、高匹配度的供给，以增强养老服务产业结构的适应性和弹性，从而提高其全要素生产率，适应不断变化的养老需求结构。养老服务人才的专业化水平是决定养老服务质量的关键因素，在养老服务需求日益增加、养老人才紧缺的现状下，加强养老人才队伍建设是应对人口老龄化、保障和改善民生的必然要求，是适应传统养老模式转变、满足人民群众养老需求的必由之路，是让老年人安享晚年生活，促进社会和谐稳定，增强老年人获得感和幸福感的重中之重。

第二，加强老年服务业的人才培养，是拉动内需、促进消费的重要途径。养老服务是一项涉及范围广、产业链长的综合性服务体系，其中包括满足老年人日常生活需要的日常照料、医疗、护理、文化娱乐，以及在老年人经济和社会生活中扮演重要角色的支撑系统等多个行业领域，在促进生产、拉动消费、稳定就业等方面发挥着重要作用。我国人口众多，对养老产品和服务有很大的需求，因此，养老服务行业发展前景十分广阔。"银发经济"是新的经济形势下的"朝阳产业"，高素质的养老服务人才是促进"银发经济"发展的主要动力，刺激养老市场迸发出巨大发展潜能。

第三，加强养老服务人员的培训，增强其工作的稳定性，这对提高我国养老服务从业者的社会地位、保障劳动者的劳动权利、强化劳动者的劳动保护和职业保护都是有益的。要促进养老服务机构与养老服务从业者依法订立劳动合同，建立劳动关系，改善工资待遇，健全激励和考核机制。增加对养老服务从业者的社会保障，为社会福利事业参与者创造一个良好的工作环境。

（二）养老服务人才队伍建设的目标

2022年，国务院提出要加强养老服务人才队伍建设，主要目标内容如下。

养老服务人才队伍扩容。积极增设养老服务相关本科专业，支持有条件的普通高校增设老年学、养老服务管理等专业。动态调整养老服务领域职业教育专业目录，支持有条件的职业院校开设养老服务相关专业，扩大养老服务技术技能人才培养规模。

老年医学人才队伍培养。对全国二级及以上综合性医院老年医学科和医养结合机构的1万名骨干医护人员、国家安宁疗护试点市（区）从事安宁疗护工作的5000名骨干医护人员，开展诊疗知识和技能培训。加强临床医学硕士专业学位老年医学领域研究生临床能力培养。在基层医疗卫生人员招聘、使用和培养等方面向医养结合机构倾斜，鼓励医养结合机构为有关院校学生提供实习岗位。将老年医学、护理、康复等医学人才纳入卫生健康紧缺人才培养体系。开展相关人才培训，提升医养结合服务能力，依托现有资源设立一批医养结合培训基地。

为老服务人才队伍提质。在一流本科专业建设中加大对养老服务相关专业的支持力

度,引领带动养老服务相关专业建设水平和人才培养质量整体提升。完善和发布一批养老服务相关专业教学标准。加强养老服务领域职业教育教学资源建设,遴选一批优秀课程和教材,持续推动职业院校深化养老服务领域教师、教材、教法改革。积极稳妥推进"1+X"证书制度,推进老年照护等职业技能等级培训及考核工作。

当前,全国大部分省份都已推进养老服务人才队伍建设工作,其主要目标要求见表8.2。

表8.2 全国主要省份养老服务人才队伍建设发展目标

地区	养老服务人才队伍建设目标(到2025年)
北京市	1. 加强养老护理员职业体系建设,畅通职业晋升通道。 2. 引导企业积极开展养老服务人员职业技能等级认定,实行教育培训制度。 3. 加强养老服务技能人才培养选拔和宣传工作。 4. 构建多元评价体系。 5. 依托现有资源,建设3—5所市级养老服务人才培训院校。
上海市	1. 全市具有职业资格证书或技能等级证书的护理员占比达到80%。 2. 发展老年社会工作,到2025年,每个养老机构、街镇养老综合体各至少配备1名社会工作者。 3. 完善养老服务从业人员激励褒扬机制。
广东省	1. 全省养老服务人员培训人次达到20万,全省养老机构院长和养老护理人员培训上岗率均达到100%。 2. 养老护理服务从业人员职业素质和工作质量整体提升。 3. 推动社会工作专业人才参与养老服务,鼓励公益慈善支持普惠养老服务,扶持发展为老志愿服务。
山东省	1. 全省培养培训2 000名养老院院长、20万名养老护理员、1万名养老社会工作者。 2. 养老护理员岗前培训率达到100%,养老机构中从事医疗护理、康复治疗、消防管理等服务的专业人员持证上岗率达到100%。 3. 每千名老年人至少配有1名社会工作者。
浙江省	1. 每万名老年人配有持证养老护理员25人。 2. 高级和技师级护理员占持证护理员的18%以上。
江苏省	1. 养老服务人员培训达到20万人次。 2. 新增通过职业等级认定的养老护理员达10万人。 3. 每百张养老机构床位配备社会工作者1人。
江西省	1. 全省培训养老院院长2 000人次、养老护理员6万人次、专业社会工作者2 800人次;到2025年,实现培训规模和技能水平整体提升,全省养老机构院长和养老护理人员培训上岗率均达到100%。 2. 到2025年,每个设区市依托区域示范性养老机构或职业院校建成1所养老服务从业人员实习实训基地。
贵州省	1. 每千名老年人配备养老工作者1人以上。 2. 本科高校、职业高校养老专业招生规模要明显增长。
安徽省	实施养老护理员职业技能提升行动,到2025年底,力争培训养老护理员12万人次。
湖北省	每千名老年人、每百张养老机构床位配备社会工作者不少于1名。

(续表)

地区	养老服务人才队伍建设目标(到 2025 年)
湖南省	1. 将养老护理员纳入政府急需工种职业目录,制定有针对性的养老专业护理员培训计划,通过委托有执业资质的专业培训机构,每年培养培训专业养老护理员。 2. 建立健全养老护理员职业技能等级认定制度,完善养老服务人员职业技能等级、工作业绩、服务质量等因素与薪酬待遇挂钩机制。 3. 每百张养老机构床位配备 1 名社工。
河北省	1. 本科高校、职业院校养老服务相关专业招生规模明显增长。 2. 每千名老年人配备社会工作者人数达 1 名及以上。
河南省	1. 全省培养培训养老服务人员 15 万人次以上。 2. 养老机构院长和养老护理人员培训上岗率均达到 100%。 3. 每千名老年人配备 1 名社会工作者。
青海省	职业院校养老服务相关专业招生规模明显增长,每千名老年人配备 1 名社会工作者。
广西壮族自治区	每千名老年人配备 1 名社会工作者。
内蒙古自治区	养老护理员职业技能培训人数达 1.5 万人次。
宁夏回族自治区	设置养老服务相关专业的院校数量不少于 10 所。
福建省	力争培养培训养老护理员 5 万人、养老院院长 1 000 人、专兼职老年社会工作者 5 000 人。
吉林省	职业院校养老服务相关专业招生规模明显增长,每千名老年人配备 1 名社会工作者。
黑龙江省	加大养老服务人才教育培养力度;开展养老服务人员职业技能评价;加强养老服务人员激励保障;广泛组织职业技能竞赛活动。
云南省	1. 本科高校、职业院校养老服务相关专业招生规模明显增长。 2. 每千名老年人配备社会工作者人数保持 1 人以上。
山西省	1. 实施养老服务人才系统化培养工程。 2. 健全养老服务培训机制,推动养老从业人员职业化和专业化建设,壮大养老护理员、老年社会工作者队伍。 3. 开展养老护理员关爱活动。
陕西省	每千名老年人配备社会工作者人数保持 1 人以上。
四川省	1. 每千名老年人配备社会工作者人数保持 1 人以上。 2. 职业院校养老服务相关专业招生规模明显增长。
海南省	全省培训养老护理人员 1.5 万人次。
甘肃省	1. 养老护理员与入住老年人的比例不低于 1∶4。 2. 培养培训 5 万名养老护理员,每千名老人、每百张养老机构床位均拥有 2 名社会工作者。 3. 全省养老院长和养老护理人员培训上岗率达到 100%。
天津市	培养培训 2 万名养老护理员,实现每千名老年人、每百张养老机构床位配 1—2 名专业社会工作者。
重庆市	1. 每千名老年人配备社会工作者人数或每百张养老床位配备社会工作者人数大于等于 1。 2. 培养培训养老护理员超过 10 万人次。 3. 每年培养引进 500 名养老护理主管,每年培养引进 100 名养老管理院长。

近年来,国家和各级政府部门大力鼓励养老服务人才队伍的建设,在政策、资金支持力度方面不断加强,社会各界对养老服务人才队伍建设越来越重视,取得了良好的成效。但是,当前养老服务人才在数量上、质量上还远远满足不了市场需求,同时面临人才流失较严重、行业标准欠缺、社会认知度较低等问题,因此,迫切需要完善养老服务人才职业发展体系,通过政府、企业和学校等多方共同努力培育一批专业化、高素质的服务人才,来满足老龄化社会的需求,提高老年人生活质量,提升老年人的获得感和幸福感。

第二节 养老服务人才政策

随着我国养老服务体系的不断发展,养老服务人才政策建设作为体系建设的重要组成部分,经历了从无到有、不断完善的发展历程,并呈现出政策目标更加清晰、政策设计更加科学、政策结构更加优化、政策内容更加完善的趋势。根据政策内容精细化程度,可以将养老服务人才政策建设分为三个阶段。

一、2012 年之前

我国养老服务人才政策正规化起步,是从 2000 年开始的。原劳动和社会保障部首次提出养老护理员工种。随后,国务院及相关部委逐步对护理员等养老服务人才职业划分和职业发展进行了规范。

(1) 养老服务人才职业分类建设政策

2000 年 3 月 16 日,原劳动和社会保障部令第 6 号颁布了《招用技术工种从业人员的规定》,提出自 2000 年 7 月 1 日起,养老护理员等 90 个职业正式列入"持职业资格证书就业的工种(职业)目录"。[①]

2004 年 8 月,原劳动和社会保障部建立了新职业信息发布制度,对职业分类与职业标准开发实行动态管理。

2005 年 12 月,颁布了《中华人民共和国职业分类大典》(2005 年增补本),将养老护理员职业纳入其中。

2006 年 7 月,为加强社会工作专业技术人员队伍建设,规范社会工作专业技术人员职业行为,提高社会工作专业技术人员素质,国家颁布了《社会工作者职业水平评价制度暂行规定》和《助理社会工作师、社会工作师职业水平考试实施办法》,规范了养老服务专业技术人员职业水平评价工作。[②]

(2) 养老服务人才专门性规范

2001 年 7 月,《中国老龄事业发展"十五"计划纲要(2001—2005 年)》提出,加强社区老

[①] 中华人民共和国民政部. 谁来守护"夕阳红"?——养老护理职业化发展 20 年记. https://mzzt.mca.gov.cn/article/zt_zylfw/mtbd/202005/20200500027280.shtml.

[②] 中华人民共和国中央人民政府. 关于印发《社会工作者职业水平评价暂行规定》和《助理社会工作师、社会工作师职业水平考试实施办法》的通知. http://www.gov.cn/zwgk/2006-07/31/content_350714.htm.

年管理与服务人员的培训,提高职业道德和业务素质;建立管理人员定期培训制度。①

2006年8月,《中国老龄事业发展"十一五"规划》发布,针对扩大为老服务队伍,提出如下六条措施:① 加快老龄产业人才培养,特别是老龄产业管理人员、服务人员的培养;② 建立职级评聘体系,编制养老护理员国家职业标准和培训教材;③ 根据国家职业标准,组织开展养老护理人员职业培训和鉴定工作;④ 在有条件的普通高等学校和中等职业学校,在相关专业开设老年学、老年心理学和护理服务等课程;⑤ 养老机构和社会培训机构要适应市场需求,培训养老护理员和服务员,落实持证上岗制度,逐步建立覆盖全国城乡的基层为老服务队伍;⑥ 积极培育为老年人服务的非营利性民间组织,大力发展志愿者队伍和社工队伍。②

2006年12月,《中国老龄事业的发展》白皮书再次提到了养老人才的职业建设与规范内容。③

2011年9月,《中国老龄事业发展"十二五"规划》提出,加强人才队伍建设,加强老龄工作队伍的思想建设、组织建设、作风建设和业务能力建设;加快养老服务业人才培养,特别是养老护理员、老龄产业管理人员的培养;根据国家职业标准,组织开展养老护理人员职业培训和职业资格认证工作;有条件的普通高校和职业学校,在相关专业开设老年学、老年护理学、老年心理学等课程;大力发展为老服务志愿者队伍和社会工作者队伍。④

(3) 养老服务人才建设相关规划

2011年10月,《全国民政人才中长期发展规划(2010—2020年)》提出,到2020年,培养养老护理员600万。⑤

2011年11月,中央组织部、中央政法委、民政部等18个部门和组织联合发布了《关于加强社会工作专业人才队伍建设的意见》,这是中央第一个关于社会工作专业人才的专门文件,该文件提出要重点加大社会福利、社会救助、社区服务、残障康复等社会服务机构管理人才培养力度。⑥ 2012年3月,中央组织部、中央政法委、民政部等19个部委和群团组织联合印发了《社会工作专业人才队伍建设中长期规划(2011—2020年)》,规范养老服务等相关人才建设任务和工作。⑦ 同年5月,民政部《关于贯彻落实〈社会工作专业人才队伍建设中长

---

① 中华人民共和国中央人民政府. 国务院关于印发中国老龄事业发展"十五"计划纲要的通知. http://www.gov.cn/gongbao/content/2001/content_60985.htm.
② 中华人民共和国中央人民政府.《中国老龄事业发展"十一五"规划》发布. http://www.gov.cn/govweb/fwxx/wy/2006-09/28/content_401421.htm.
③ 中华人民共和国中央人民政府. 新闻办发表《中国老龄事业的发展》白皮书(全文). http://www.gov.cn/jrzg/2006-12/12/content_467201.htm
④ 中华人民共和国中央人民政府. 国务院关于印发中国老龄事业发展"十二五"规划的通知. http://www.gov.cn/zwgk/2011-09/23/content_1954782.htm.
⑤ 中华人民共和国民政部. 民政部关于印发《全国民政人才中长期发展规划(2010—2020年)》的通知. https://xxgk.mca.gov.cn:8445/gdnps/pc/content.jsp?mtype=1&id=14388.
⑥ 中华人民共和国中央人民政府.《关于加强社会工作专业人才队伍建设的意见》发布. http://www.gov.cn/gzdt/2011-11/08/content_1988417.htm.
⑦ 中华人民共和国中央人民政府.《社会工作专业人才队伍建设中长期规划》颁布. http://www.gov.cn/gzdt/2012-04/26/content_2124185.htm.

期规划(2011—2020年)》的通知》,提出要尽快落实规划任务和相关工作。① 2012年10月,民政部办公厅发布《关于进一步加强社会工作专业人才队伍建设宣传工作的通知》,提出要进一步加强社会工作专业人才队伍建设宣传工作,加快推进社会工作全面深入开展。②

二、2013—2020年

2013年开始,国家开始重视养老服务人才培养,并于2014年正式印发《养老护理员培训大纲(试行)》。随后,国家相关部委开始响应国家号召,在各层级高校和培训机构开展养老服务业人才培养。这个阶段,总体政策是围绕养老服务人才培养展开的。

2013年9月,国务院《关于加快发展养老服务业的若干意见》发布,提出要完善人才培养和就业政策;教育、人力资源和社会保障、民政部门要支持高等院校和中等职业学校增设养老服务相关专业和课程,扩大人才培养规模,加快培养老年医学、康复、护理、营养、心理和社会工作等方面的专门人才,制定优惠政策,鼓励大专院校对口专业毕业生从事养老服务工作;充分发挥开放大学作用,开展继续教育和远程学历教育;依托院校和养老机构建立养老服务实训基地;加强老年护理人员专业培训,对符合条件的参加养老护理职业培训和职业技能鉴定的从业人员按规定给予相关补贴,在养老机构和社区开发公益性岗位,吸纳农村转移劳动力、城镇就业困难人员等从事养老服务。

2014年4月,民政部职业技能鉴定指导中心出台《关于印发〈养老护理员培训大纲(试行)〉的通知》,提出让从业人员通过本课程的理论学习和实际操作培训,能够达到相应职级的技术水平,培养造就一支高素质、职业化的民政高技能人才队伍,提高一线从业人员的整体素质,确保民政事业健康发展。

2014年5月,《关于做好全国民政行业养老护理员职业技能培训工作的意见》为社会养老服务体系建设提供了较为充足的人才保障政策,提出要充分认识并强化养老护理员技能培训工作的重要意义,建立和完善养老护理员职业技能培训基地,积极开展养老护理员在线远程培训工作,大力开展养老护理员培训队伍建设。③

2014年6月,教育部等9部门联合出台了《加快推进养老服务业人才培养的意见》,提出到2020年,基本建立以职业教育为主体,应用型本科和研究生教育层次相互衔接,学历教育和职业培训并重的养老服务人才培养培训体系,培养一支数量充足、结构合理、质量较好的养老服务人才队伍,以适应和满足我国养老服务业发展需求。④

2014年12月,教育部办公厅、民政部办公厅、原国家卫生计生委办公厅发布《关于遴选全国职业院校养老服务类示范专业点的通知》,提出要通过开展职业院校养老服务类示范专业点遴选和建设工作,促进职业院校围绕本地区养老服务业发展需求,深化专业课程改革,

---

① 中华人民共和国民政部. 民政部关于贯彻落实《社会工作专业人才队伍建设中长期规划(2011—2020年)》的通知. https://xxgk.mca.gov.cn:8445/gdnps/pc/content.jsp?mtype=1&id=14272.
② 中华人民共和国民政部. 民政部办公厅关于进一步加强社会工作专业人才队伍建设宣传工作的通知. https://xxgk.mca.gov.cn:8445/gdnps/pc/content.jsp?mtype=1&id=14268.
③ 中华人民共和国民政部. 关于做好全国民政行业养老护理员职业技能培训工作的意见. http://jnjd.mca.gov.cn/article/zyjd/zxwj/201405/20140500634793.shtml.
④ 中华人民共和国教育部. 教育部等九部门关于加快推进养老服务业人才培养的意见. http://www.moe.gov.cn/srcsite/A07/s7055/201406/t20140618_170939.html.

强化师资队伍和实训基地建设,规范教学管理,创新人才培养模式,充分发挥示范引领作用,全面带动相关职业院校养老服务类专业点建设。

2015年7月,人力资源和社会保障部、原国家质量监督检验检疫总局、国家统计局共同颁布了《中华人民共和国职业分类大典》(2015年版),养老护理员职业被正式纳入其中。同时,养老护理员职业下设一个独立工种:失智老人照护员。

2016年7月,教育部办公厅、民政部办公厅、原国家卫生计生委办公厅发布《关于公布首批全国职业院校养老服务类示范专业点名单的通知》,在各地申报的基础上,经专家评议,教育部、民政部、原国家卫生计生委共同确定北京社会管理职业学院的老年服务与管理专业等65个专业点为首批全国职业院校养老服务类示范专业点并予以公布。

2016年12月,国务院办公厅《关于全面放开养老服务市场提升养老服务质量的若干意见》发布,再次强调提升养老服务人才素质,将养老护理员培训作为职业培训和促进就业的重要内容。[1]

2017年2月,国务院《"十三五"国家老龄事业发展和养老体系建设规划》提出,在养老服务、医养结合、科技助老等重点领域,每年培养造就一批高层次人才,符合条件的享受人才引进政策,示范带动养老服务业发展;在全国各类养老服务机构中,培养选拔优秀护理员,提供居住落户、住房保障、子女就学等方面的政策扶持;实施养老护理人员培养培训计划,"十三五"时期力争使全国养老机构护理人员都得到至少1次专业培训;对各级老龄工作机构的人员定期开展老龄政策和相关知识培训。[2]

2019年4月,国务院办公厅《关于推进养老服务发展的意见》提出,建立完善养老护理员职业技能等级认定和教育培训制度,加强对养老服务机构负责人、管理人员的岗前培训及定期培训,按规定落实养老服务从业人员培训费补贴、职业技能鉴定补贴等政策,鼓励各类院校特别是职业院校(含技工学校)设置养老服务相关专业或开设相关课程,推进职业院校(含技工学校)养老服务实训基地建设等。[3]

2019年8月,人力资源和社会保障部印发《关于改革完善技能人才评价制度的意见》,明确养老护理员可参加职业技能等级认定,实现技能提升。

2020年10月,民政部组织制定了《养老院院长培训大纲(试行)》和《老年社会工作者培训大纲(试行)》。前者提出以建设职业化、专业化、规范化养老院管理队伍为目标,聚焦养老院管理服务的特点和实践,突出针对性、实践性、规范性、指导性和时代性,明确了养老院院长等管理人员的培训目标、培训方式、培训内容、培训课时、考核方式等重点内容。后者提出以老年人为中心,聚焦养老服务新需求,按照老年社会工作者的工作内容,采取基础班、提高班、高阶班三个培训层次分级编写方式,逐一细化政策趋势、理论知识和实务技巧等内容,明

---

[1] 中华人民共和国中央人民政府. 国办印发《关于全面放开养老服务市场提升养老服务质量的若干意见》. http://www.gov.cn/xinwen/2016-12/23/content_5151816.htm.

[2] 中华人民共和国中央人民政府. 国务院关于印发"十三五"国家老龄事业发展和养老体系建设规划的通知. http://www.gov.cn/zhengce/content/2017-03/06/content_5173930.htm.

[3] 中华人民共和国中央人民政府. 国务院办公厅关于推进养老服务发展的意见. http://www.gov.cn/zhengce/content/2019-04/16/content_5383270.htm.

确培训目标、培训对象、培训方式、培训时间、考核要求等要素。①

三、2021 年至今

2021 年开始,国家的养老服务人才政策开始聚焦于养老服务人才的福利待遇。

2021 年 11 月 18 日,在《关于加快发展养老服务业的若干意见》基础上,中共中央国务院颁发了《关于加强新时代老龄工作的意见》,提出强化老龄工作保障,加强人才队伍建设;加快建设适应新时代老龄工作需要的专业技术、社会服务、经营管理、科学研究人才和志愿者队伍;用人单位要切实保障养老服务人员工资待遇,建立基于岗位价值、能力素质、业绩贡献的工资分配机制,提升养老服务岗位吸引力;大力发展相关职业教育,开展养老服务、护理人员培养培训行动;对在养老机构开办的医疗机构中工作的医务人员,可参照执行基层医务人员相关激励政策。②

2022 年 2 月,国务院印发《"十四五"国家老龄事业发展和养老体系建设规划》,对加强人才队伍建设、完善人才激励政策、扩宽人才培养途径,提出了新的要求:① 养老服务人才队伍扩容;② 老年医学人才队伍培养;③ 为老服务人才队伍提质。③

四、养老服务人才政策发展趋势

(一)政策目标更加清晰

政策目标是影响政策文件综合效力的关键因素。清晰明确的政策目标有利于厘清目标主体责任,强化政策执行力度。发挥政策目标的持续指引作用需要根据政策执行情况及时做出调整,制定新的政策目标,逐步实现目标精确化。从养老服务人才政策的内容来看,政策目标从起步阶段的扩大从业数量为主,逐步过渡到适应新时代老龄工作需要、提高从业人员数量和质量等目标上来,政策的目标逐渐明确和清晰,将更有力地推动养老服务人才政策落实。

(二)政策设计更加科学

在进行政策设计时,养老服务人才政策将逐步聚焦于坚持以人为本的科学发展观,兼顾公平和效率。明确政策对象的需求,整合人才资源,提高人才的使用效益。既要考虑到拔尖专业人才的利益,也要考虑到绝大多数适用性人才的利益,做到统筹兼顾。在新的形势下,要制定能够发挥各方面积极性的新的人才政策,使激励与规制发挥最大作用。如加强健康产业科技人才激励的同时,推进养老护理人员的职业培训与教育,从政策上充分体现出对各层次人才的关怀,以激发各类人才的工作热情,促进人才队伍的稳定,为养老服务发展提供有力的智力和人才支持。

---

① 中华人民共和国民政部. 民政部办公厅关于印发《养老院院长培训大纲(试行)》和《老年社会工作者培训大纲(试行)》的通知. https://www.mca.gov.cn/article/xw/tzgg/202010/20201000029995.shtml.

② 中华人民共和国中央人民政府. 中共中央国务院关于加强新时代老龄工作的意见. http://www.gov.cn/zhengce/2021-11/24/content_5653181.htm?trs=1.

③ 中华人民共和国中央人民政府. 国务院关于印发"十四五"国家老龄事业发展和养老服务体系规划的通知. http://www.gov.cn/zhengce/content/2022-02/21/content_5674844.htm.

（三）政策结构更加优化

随着实践的不断推进,政府和社会将逐步认识到,养老服务人才的发展是一项复杂的社会系统工程,涉及多个领域、多个环节、多个层级,并非一项单一性、单向性的工作,具有复杂性和多变性的特征。这就决定了不能仅靠单一政策,而要基于整体性、差异性、互补性原则进行各类政策的组合使用,将零散的政策整合为系统的政策群,以发挥政策合力。通过将规制类政策与指导类政策配套,对制度性条例加以规定的同时,有针对性地选择设计,通过各项政策的系统组织与综合运用来提高政策效力。如对人才制度加以规定的同时,对培养人才的具体实施路径提供指导;做出顶层设计的同时,对人才政策的对象、路径、标准多方面进行阐述和解释等。这些举措都将对促进养老服务政策体系的构建和完善起到重要作用,有利于推进养老服务人才政策的深化落实。

（四）政策内容更加完善

从政策内容维度审视养老服务人才政策文件的发展变化,国家和社会将逐步准确把握养老服务人才政策的演进过程和阶段特征,研判养老服务人才政策进一步发展的重点和趋势。养老服务人才政策将经历从一般到具体,从系统框架构建到逐步精细化、完善化的转变过程。主要体现在三个方面。一是围绕顶层设计制定具体实施细则。从指导性政策到养老服务人才的各类实施细则、实施办法等,对具体领域落实人才政策提供了明确的实践路径。如制定《养老院院长培训大纲(试行)》和《老年社会工作者培训大纲(试行)》,具体地规定出老年社会工作者的培训目标、培训对象、培训方式、培训时间、考核要求等内容。二是主体精准化。后期人才政策内容逐渐从多主体角度展开,如从制度建设、机构、非营利组织、学校、个人等多角度制定各类政策。三是政策内容精细化。如将养老服务人才分解成培养、考核、招聘、激励、配套措施等环节来完善政策的内容。

第三节　养老服务人才培养模式

一、产教融合型人才培养模式

（一）基本内涵

产教融合型育人模式是一种新型的高职院校人才培养模式,其特点是在人才培养过程中积极引导企业参与。在这种模式下,人才培养的主体不再为单一的学校,很好地解决了企业人才需求与高职教育之间的矛盾。[1]

高职院校承担着为社会发展提供高端技能型人才的责任。发展"双主体"产教融合型育人模式,通过学校与企业双主体育人、轮流执教与岗位培养等方式,提升养老服务人才的综合素质,让人才培养契合产业发展需求,是提高养老服务水平的重要途径。[2]

---

[1] 陈年友,周常青,吴祝平.产教融合的内涵与实现途径[J].中国高校科技,2014(8):40-42.
[2] 徐宏,王金,郝涛.新时代背景下我国养老服务人才供给困境与路径选择[J].齐鲁师范学院学报,2021,36(2):62-71,101.

(二) 培养路径

1. 加强师资建设,培养"双师"队伍

优越的教师队伍是学校高质量教学的重要保证,也是促进教育改革的着力点,但养老服务专业师资力量较弱的现象在高职院校普遍存在。[①] 要通过一系列方案打造出结构合理、师德高尚、技能精湛的"双师"队伍。

首先,培养"双师型"教师。合格的职业素质、渊博的基础知识和熟练的实践能力是养老服务相关专业的老师所必备的。学校聘请养老机构优秀技能大师来校任教,成立名师工作室,并给予一定绩效补贴。教师不仅要具备理论教学素质,也应具备实践教学素质,成为"双素质"教师。其次,促进教师良好发展。根据专业需求、市场导向、目标实施、动态考核的原则,着重引进一批高端专家学者来校任教,并提高岗位薪资,加强考核管理。一方面,健全"双师型"教师激励机制,促使教师提高学术能力、教学基本功和实践操作能力;增加资金投入,保证优秀教师的薪资待遇。另一方面,创造良好舒适、积极进取的工作环境,营造比学赶超的浓厚学术氛围,设置有利于教师个人发展的晋升计划。

2. 发展校企联合,打造高水平实训基地

通过实训基地,校企双方共同制定实训计划,指导实训过程,提高学生医养岗位适应能力,将学生培养成可用的高端技术技能型人才。

首先,打造实体基地。在政府统一管理下,建设一批先进的医养产教融合实训基地。推动学校企业联手建设开放型、共享型、智慧型,集教学实践、社会服务、技能培训、真实生产于一体的实训基地。积极招募医院、养老机构、社会团体参与,借鉴其他国家成功经验,打造一批具有中国特色的医养实训基地运营模式。其次,打造网络基地。围绕老年护理、康复治疗、健康管理等关键课程,推进网络平台资源和实习实训资源共建共享,组建一批灵活多样的虚拟仿真实训基地,以适应人工智能、大数据、物联网等新兴移动医疗和智慧养老的时代要求及"互联网+职业教育"的发展需求。[②]

3. 建立"上下齐管、多方参与"的实践教学管理机制

建立"上下齐管、多方参与"的实践教学管理机制,将实践技能培养作为人才培养工作的中心,建立有效促进实践教学水平提升的管理体系,从而促进实践教学的顺利开展。

首先,形成"上下齐管、多方参与"的实践教学组织机构。实验(实训)中心实行校、系两级上下齐管的方式,教务处负责宏观管理,系部负责组织实施。同时,依据行业企业实践技能需要重新设计实践教学计划,形成行业企业与学校多方参与的新型管理体系。[③] 其次,构建校企合作的"三三三"实践教学管理机制。学校在实践教学和社会服务对接过程中,校企共同确立实践教学"三定、三培、三管"原则。"三定"为定方案、内容、措施;"三培"为专业技能、礼仪、心理培训;"三管"为实习前、实习过程、实习效果管理,并通过"反馈、总结"的形式,加强实践教学管理。最后,开展全方位、多角度的实践教学质量监控。在依托校内外实践教

---

① 曹丹.从"校企合作"到"产教融合"——应用型本科高校推进产教深度融合的困惑与思考[J].天中学刊,2015,30(1):133-138.
② 马树超,郭文富.高职教育深化产教融合的经验、问题与对策[J].中国高教研究,2018(4):58-61.
③ 吴彬,马秋平,黄颖,等.养老服务业发展视角的"产教融合、公建民营"护理专业实体建设的研究与实践[J].中国职业技术教育,2015(20):5-10.

学基地开展社会服务时,加强对校内外实践教学基地的监控,对实践教学内容设计、实施过程、教学效果等进行全方位监控,健全规范严谨的实践教学相关制度,推动实践教学不断规范化、制度化。

(三) 典型实践——皖西卫生职业学院产教融合型育人模式

1. 产教融合型育人模式实施

(1) 以立德树人为根本,实施"双导师"和"双基地"教育教学

按照"双元育人、交替训教"的人才培养路径,皖西卫生职业学院以企业真实生产案例为载体,充分利用信息化技术,以立德树人为根本,以课程思政为手段,实施项目化教育教学改革。以老年养护能力培养为引领,统筹发挥校企导师和共建共享实训基地资源,实施"双导师"和"双基地"教学。这一模式使学生在岗学习课时超过了50%,提升了学生学习兴趣,培养了学生的职业技能和综合能力。

(2) 校企合作、互利共享,共建校内外实训基地

近4年来,皖西卫生职业学院与南京朗诗常青藤养老服务有限公司合作,投入资金300多万元,建设了老年康复护理、生活照护及急救护理等8个校内实训室和1个养老职业体验馆,并强化内涵建设。同时,以中国现代养老职业教育集团为依托,强化校外实训基地建设。

(3) 开展项目研究,创新专业课程体系建设

团队成员通过"老年服务与管理专业管理类课程项目化设计与实施"省级重点教学研究项目研究,总结近年来高职院校在老年服务与管理专业管理类课程建设方面的经验与不足,查摆存在的问题,寻求校企共同的利益点,给出应对策略与办法,形成一套完整的、符合校企合作需要的课程体系,促进"双主体"产教融合育人模式有效落地。

(4) 开展培训和技能鉴定,助推企业员工技能提升

充分发挥"双师型"师资队伍优势,积极面向养老护理机构及老年居家照护人员进行培训和技能鉴定,培训鉴定年均超过500人次。

2. 产教融合型育人模式成效

(1) 专业品牌好,示范作用明显

2015年,该专业被评为安徽省专业综合改革试点专业;2016年,被评为高等职业教育创新发展行动计划老年服务与管理骨干专业,获得安徽省同行认可。安徽卫生健康职业学院等学院领导来校交流研讨;团队成员在2019年华夏大健康养老专业设置高峰论坛上面向全国20余家职业院校和相关企业进行经验交流和推广。

(2) 校企双主体,技术技能人才培养成果显著

自2015年项目实施以来,学生在各类职业技能大赛中成绩突出,在省级及以上大赛中共获得奖励28项。在近4年的麦可思就业年报中,老年服务与管理专业各项数据均居于学校前列。

(3) 核心课程项目化课程改革取得成效,带动全校课程改革

以项目化课程教学为抓手,深入推进"产教融合、校企合作"。以核心课程为重点,推进项目化改革走向深水区。专业课程中有8门课程均采用项目化课程教学。在学校第一批项目化课程教学设计与教学能力测评通过的9名教师中,老年服务与管理专业带头人实施项

目化教学连续3年优秀,是学校项目化课程教学改革的领头羊。①

二、政校联合型人才培养模式

(一) 基本内涵

政府与高等院校联合培养人才模式以构建全国性试点学校及示范专业设置为基础,通过试点学校与示范专业设置逐步完善养老人才学历教育。

以政府颁发的政策和主持开办的养老服务人才培训班为撬动点,以高校开设养老服务相关专业为主渠道实施的养老服务人才模式称为政校联合型人才培养模式。政府主抓资格认证与培训教育,逐步建立起"四级国家职业标准—职业技能培训鉴定站"链条式养老人才培养与职业认证体系②;高职院校引领养老服务的发展方向,是开设养老服务相关专业、培养养老服务人才的主体,为养老服务行业提供科学与知识动能,是高素质人才的基础。③

(二) 培养路径

1. 加大政府财政支持力度,提供资金保障

养老服务人才大规模的培养离不开政府资金的大力支持。政府要加大该方面的财政支持力度,为学校在养老服务人才培养过程中提供充足的资金保障。

首先,政府应给予学校在教学设施建设方面充足的资金支持。完备的硬件及软件设施是有序开展教学的基础。例如,在校内护理实训基地的建设上,政府可以给予一定的财政支持,为学校教学工作顺利开展提供坚实基础保障。其次,政府应积极鼓励院校扩大招生渠道,不断进行招生机制的创新,从而保证生源充足。政府应切身履行好自身职责,在财政政策方面予以一定的倾斜。例如,可通过免除入学学生学费、为学生提供优厚的奖助学金、给予毕业学生入职补贴,以及开设"公费养老服务生"等多种方式,吸引更多学生报考养老服务相关专业,并且毕业之后从事该行业工作。④

2. 举办养老职业技能大赛,深化教学改革

养老职业技能大赛可丰富学生的基本知识和基本技能,推动相关专业的教育教学改革,提升实践教学水平,增强学生创新创业能力和团队意识。

首先,政府与学校回应养老服务市场需求,共同制定比赛项目、比赛标准及评分细则,根据在校生理论水平和实践能力进行比赛初选,依据学生语言表达能力、综合分析能力、自我控制能力、逻辑思维能力等进行复选,从病案问诊、健康评定、康复治疗等方面进行强化培训,最终根据实际病例考察相关操作。其次,对学生的基本技能、操作水准和临床思维能力进行重点评估,同时也对学生的随机应变能力、医患沟通技巧、人文关怀等职业素养进行考

---

① 赵久华,段敏. 基于"双主体"产教融合的养老护理类高精缺技能人才培养创新与实践[J]. 公关世界,2021(12):29-30.
② 周芳芳,杨春. 我国养老服务人力资源建设研究[J]. 人口与社会,2021,37(4):8-14.
③ 高秋萍,韩振燕,曹永. 开放大学开展养老服务人才培养的优势、挑战与路径[J]. 中国成人教育,2021(1):20-24.
④ 刘理晖,王伟进,顾天安,等. 我国养老护理职业教育的进展、问题及政策建议[J]. 中国职业技术教育,2021(17):10-17.

察,以赛促学、以赛促教、赛教融合。①

3. 加强舆论引导,增强养老服务职业认可度

由于受传统观念影响及认识不足,养老服务职业社会地位不高,公众对该职业存在着极大的偏见,而这将会严重影响从业者的自我认同感及社会价值。因此,政府应通过广泛宣传,有效提升公众对该职业的认可度,只有这样,才能有效缓解养老服务人才不足的局面。

首先,政府应发挥舆论引导作用,使公众对养老服务职业有一个新的认识。例如,借助大众媒体,引导媒体多从正面深入报道养老服务行业,弘扬养老服务先进事迹,以增强从业人员的自我认同感②;同时,通过广泛宣传,让公众认识到养老服务不是简单的伺候人的职业,需要通过专门的培训及学习,才能够将此项工作做好。其次,为养老服务专业学生营造良好的就业环境及工作环境。政府应尽快完善老年服务人才培养体系,发展多层级的学历学位教育,填补本科及研究生教育阶段的空白,为建立一支高质量的老年服务人才队伍提供根本保障。在学生培养的过程中,应该注重提高学生的综合素质,不能拘泥于课本上的知识,应把理论和实际操作结合起来。③

(三) 典型实践——深圳市政校联合型人才培养模式

1. 以民政、人社及社会福利协会为主导的官方培训主体

目前,我国涉及养老人才培训的部门包括民政、人社、卫计、商务及社会福利协会等,其中,主要以民政、人社和社会福利协会为主,培训对象包括管理人员、护理人员、职业技师、社工、专业照护、健康管理师、营养师、康复辅助器具师、居家照护员、院长等不同从业群体。具体执行中,深圳市政府一方面通过民政部培训中心、深圳社会管理职业学院等自有机构进行培训,另一方面通过政府购买支付等形式与机构类实训基地合作进行人才培训。

2. 通过试点学校与示范专业设置逐步完善养老人才学历教育

2016年7月,教育部办公厅、民政部办公厅、原国家卫生计生委办公厅发布了《关于公布首批全国职业院校养老服务类示范专业点名单的通知》,公示了首批全国65所职业院校9大养老服务类示范专业点。从职业院校数量分布来看,广东最多,江苏、辽宁次之,北京、黑龙江、浙江、河南、贵州与云南为第三梯队;从专业方向设计来看,护理类专业数量最多,老年服务与管理类专业次之,康复治疗技术(老年康复)为第三梯队。

2018年,深圳成立了全国首家由地方民政部门与地方高校合作创建、以养老服务人才培养为核心业务的独立法人新型事业单位——深圳健康养老学院,依托学院加强养老服务人才培养,加大国际合作交流。

3. 政校联合,开办各类型养老人才职业竞赛及国际培训班项目

第一,深圳市相关政府机构与院校合作开设国际培训班,组织相关人员赴海外留学,逐步丰富人才培训资源背景的同时,提升养老服务从业人员的国际竞争力。

第二,打造家庭护老者培训示范基地。2020年11月,深圳市人力资源保障部门批准"深圳健康养老学院"为"深圳市家政服务培训示范基地(养老服务)"。2020年12月,经广

---

① 刘利君. 养老服务专业人才队伍建设策略研究[J]. 社会福利(理论版),2012(4):34-39.
② 武佳琳,王君俏,陆美玲,等. 居家高龄老年人照护需求及满足情况调查[J]. 护理学杂志,2013,28(12):89-91.
③ 刘银丽. 老年长期照护服务人才队伍建设中政府责任研究[D]. 长春工业大学,2022.

东省人力资源和社会保障厅同意,以"南粤家政"工程为依托,深圳健康养老学院实施"高端创新工匠培育改革项目",着力培养高层次养老服务人才。

第三,深圳市开展各类型养老人才职业竞赛作为构建养老服务人才队伍的重要举措,通过竞赛评选,对接资质认证、政府奖励补贴及社会名誉评级等,提升养老从业人员的社会地位与认同感。先后举办了2019年深圳养老护理员职业技能竞赛、深圳市第十届职工技术创新运动会暨2020年深圳技能大赛——高级养老护理员职业技能竞赛,为各类养老服务人才提供了成长与发展的机会。

三、高职院校主导型人才培养模式

(一)基本内涵

高职院校在养老服务专业人才培养方面肩负着重要责任。我国养老服务专业教育已基本形成了从技工院校、中职学校、高职院校到本科学校的立体化教育体系。高职院校作为养老服务人才培养体系的中坚力量,承担了培养大规模具有先进服务理念、专业知识技能、良好职业素养、较强沟通协调能力的养老服务专业人才的重要任务。[1]

经过不断探索与完善,我国初步形成了以老年服务与管理、老年保健与管理等为基础的养老服务人才培养体系。2019年,共有221所高职院校开设老年服务与管理专业,2020年增至278所。就具体课程设置而言,一般包括职业道德与职业素养、生活照护、基础医学、康复、社会工作等,教学体系主要针对老年人的生活照料、医学护理、康复、社会工作等方面,教学模式一般采取校企联合、新型学徒制等。师资队伍主要来源于医学护理、康复等专业经过一定的专业技能培训后转为养老服务教育方向的专业教师。养老服务专业人才的考核一般采用理论和实操相结合的方式,另外,在学习期间学生需要考取相关职业资格证书或职业技能等级证书。[2]

(二)培养路径

1. 将"行业需要"作为人才培养目标的确定依据

首先,注重层次化培养,根据服务对象的实际需求设计人才培养方案。高职院校需要紧紧依托岗位与服务对象的实际状况来进行。要将市场对于养老服务行业人才需求的最大化作为人才培养的参考依据,从而促进人才培养方案能够更加符合社会发展的实际需求。

其次,不断创新培养机制,以养老服务业专业人才的创新创造思维作为培养的核心内容。社会发展需要对行业的创新创造力进行不断提升,养老服务行业的发展与人才的培养也不例外。积极创新产教融合,能够有效改善高职院校养老服务行业人才培养的育人机制,并同企业、养老行业、养老机构形成紧密衔接,将专业人才培养同岗位需求充分结合。[3]

2. 通过组建专业群,统领高职院校建设与发展

由于高职院校与普通院校的培养目标不同,其组群逻辑也与普通院校存在差异。在组

---

[1] 李洁,徐桂华,姜荣荣,等.我国养老护理服务人员现状及人才培养展望[J].南京中医药大学学报(社会科学版),2012,13(4):236-239.

[2] 程静,袁国.老龄化背景下高职院校养老服务专业人才培养研究[J].教育理论与实践,2019,39(15):27-29.

[3] 杜超,张梅奎,严云卷.院校合作探索医养结合养老人才培养新模式[J].中华医院管理杂志,2017,33(6):457-459.

建专业群方面,普通院校主要从科学研究的角度,根据学科之间的知识逻辑组群,目的是促进学术研究;高职院校主要从培养应用型人才的角度组建专业群,目的是促进专业技能人才培养。① 高职院校组建专业群应在高职教育培养技术技能人才的基础上,增加知识链条,形成基于知识关系的专业族群。

3. 系统构建专业群平台课,充分发挥职教本科支柱作用

充分发挥专业群在养老服务人才培养中的优势,需要构建专业群平台课,这也是专业群建设的基础。

专业群平台课是指通过梳理专业群中各专业的基础课、核心课、拓展课,对各专业必修的课程组群,建成底层可共享、中层可分立或可融合、高层可互选的课程体系。专业群平台课是专业群内各专业之间潜在知识关系固化的载体,是专业群各专业之间的纽带。通过专业群平台课的开展,增强了各专业间的相互依赖性和共生性。②

养老类专业群平台课程开发的主要思路是以养老高职院校专业为群内支柱专业,发挥其支柱作用。平台课程通常就是以此专业的基础理论为基本内容。例如:基础护理技术、老年营养膳食、老年心理健康等。构建模拟养老机构实训平台,老年心理、营养膳食技术研发平台,利于快速提升养老职业教育本科专业及专业群内各专业建设水平。③

4. 将"1+X"证书融入教学,形成书证融通

2019年2月,《国家职业教育改革实施方案》中提出"1+X"证书制度,以增加高职院校学生发展的可选择性,提升职业教育适应产业发展的可持续发展能力。

首先,高职院校作为职业教育的一部分,要推进"1+X"证书的有机衔接,发挥"1+X"职业技能等级证书在促进养老职教本科人才培养、课程建设、教材开发、实训项目设定、水平评价等方面的优势④,根据"1+X"职业技能等级证书项目内容,对接专业人才培养方案。其次,"1+X"职业技能等级证书的设置应当突出对学生专业技能的培养。因此,在职业教育"能育"的课程体系和逻辑框架下,结合"1+X"证书制度,决定了高职院校课程体系的构建及课程内容的选择应以获取职业能力为核心。⑤

(三) 典型实践——厦门高职院校主导型人才培养模式

1. 从办学定位看:提高养老服务类专业与养老服务产业需求的匹配度

随着经济社会的发展、科学技术的进步和人民生活水平的提高,未来的老龄社会面对的将是懂得充分接纳新兴事物、更加积极地运用现代科技的新一代老年人。职业教育要主动对接养老服务产业发展需求,完善专业动态调整机制,提高办学专业与区域产业需求的匹

---

① 徐国庆.基于知识关系的高职学校专业群建设策略探究[J].现代教育管理,2019(7):92-96.
② 兰萌.培养学生应用护理程序能力的两种教学方法比较[J].护理研究,2004,18(5):936-937.
③ 张俊浦.供给侧结构性改革视角下高校养老服务人才培养路径研究[J].中国职业技术教育,2018(20):54-57,83.
④ 潘海生,李阳.职业教育1+X证书的外在表征与本质解构——基于15份职业技能等级标准的文本分析[J].中国职业技术教育,2020(6):5-12.
⑤ 高华.基于"1+X证书"制度产教融合实践教学体系构建与应用——以老年服务与管理专业为例[J].教育现代化,2020,7(47):81-84.

配度。①

厦门城市职业学院主动服务区域养老托幼等民生事业发展需求,主动组织与学科专业特色相符的分层次、分类别、分行业的校园招聘活动,受到了以厦门弘爱养护院、厦门莲花医养集团等为代表的高端医养结合型养老机构和以厦门智宇信息科技有限公司为代表的智慧健康养老企业的支持和欢迎。大型国有高端养老机构——厦门溢佰养老中心,多次参与校园招聘会,在其护理部、渠道客服部、办公室和后勤等众多部门中,均活跃着该校老年服务与管理专业同学的身影。

2. 从人才培养看:办学精准育人,培养高素质复合型养老服务人才

在新时代,老年人对美好生活的追求,以及个性化和多元化的需求,使得专业技术人员、社会生产和生活服务人员等养老服务业从业者呈现日益细化的趋势。养老服务类专业综合性强,涉及学科较多,因此,今后养老服务行业从业人员在掌握老年服务与管理、社会工作、护理等专业知识的同时,也要拥有善良的内心、良好的语言沟通能力、较强的现场应对能力等职业素养。

在厦门市重点民生工程建设中,不论是日常运营还是服务管理,该校毕业生都发挥着不可或缺的作用。用人单位对该校老年服务与管理专业毕业生的工作能力给予充分肯定,对其职业素养也大加赞扬。职业院校在办学中,改革养老服务类专业人才培养模式,精准办学、精准育人,增强养老服务人才培养的适应性,尤其是要培养"懂专业、会管理、能经营、善服务"的高素质复合型养老服务专业人才。

3. 从职业生涯发展看:更加重视养老服务类专业的职业生涯发展教育

养老服务人才培养要在年轻人身上下功夫,养老服务行业岗位的多样性和可塑性,能为有目标、有抱负的年轻人提供实现自我价值的机会。然而,由于缺乏职业生涯发展规划,在顶岗实习等一线实际工作过程中,很多学生会产生一种落差感。因此,职业院校要结合生源特点和就业岗位类型,加强职业生涯规划与教育,打通学校教育与岗位需求的"最后一公里"。

厦门城市职业学院创新创业学院通过"优秀校友回母校"系列活动,邀请往届优秀毕业生返校,与在校生交流在养老服务机构和企业工作的经验和心得,开展校园励志教育。不断拓宽毕业生就业渠道,实现用人单位与毕业生的有效对接,营造支持毕业生就业创业发展的良好氛围,帮助更多的毕业生实现职业生涯发展的梦想。

4. 从学历提升空间来看:构建养老服务类专业不同层次学历之间的立交桥

随着人口老龄化的逐步加深和养老服务业的快速发展,我国职业院校养老服务类专业从无到有、由少变多。以老年服务与管理专业为例,开设老年服务专业的中职学校由2004年的3所发展到100余所;技工院校2018年专业目录增设老年服务与管理、健康服务与管理等专业;全国开设老年服务与管理专业的高职院校总数达278个。在本科教育方面,2019年增设养老服务与管理专业、老年学专业,填补了老年教育在本科阶段的空白,从而逐步构

---

① 肖来付.地方院校服务于区域养老服务供给侧结构改革的思考——以厦门城市职业学院为例[J].社会福利(理论版),2019(1):48-51.

建了从技工院校、中职学校、高职学校到本科学校多层次的老年专业教育体系。①

厦门市主张构建一个以职业教育为主体,应用型本科和研究生教育层次相互衔接,学历教育和职业培训并重的养老服务人才培养、培训体系,对培育新时代养老服务人才起到了重要的作用。②

第四节 养老服务人才职业发展体系

近年来,国家和各级政府部门大力鼓励养老服务人才队伍的建设,在政策、资金方面的支持力度不断加强,社会各界对养老服务人才队伍建设越来越重视,取得了良好的成效。但是,当前养老服务人才在数量上、质量上还远远满足不了市场需求,同时还面临人才流失较严重、行业标准欠缺、社会认知度较低等问题,因此迫切需要完善养老服务人才职业发展体系,通过政府、企业和学校等的多方共同努力培育一批专业化、高素质的服务人才,来满足老龄化社会的需求,提高老年人生活质量,提升老年人的获得感和幸福感。

一、养老服务人才职业发展体系的内涵

职业发展体系是指组织内部各职位和员工职责的发展顺序,是一种兼顾纵向和横向发展的系统的渐进过程。

养老服务人才职业发展体系,是针对养老服务人才,特别是养老护理员等建立的组织内部各职位和员工职责的发展顺序,兼顾纵向和横向发展的系统的渐进体系。该体系引导员工关注职位提升,同时注重自身职业技能的积累和提升。当员工的职业技能生涯发展到一定高度,员工的竞争力、自身价值及职位就会同步提升。与此同时,员工的主动性、进取心和事业心就能够得到引导和激发。

二、完善养老服务人才职业发展体系的必要性

养老服务业的从业人员,特别是养老护理员等,其从事的工作具有劳动强度大、风险压力大、职业自由度低、工作环境较压抑等特点。根据工资差异补偿理论,近年各地政府纷纷出台针对养老机构的建设及运营的补贴政策,以及养老服务人才补贴政策等,希望通过给予从业者较高工资或是直接发放津贴,提供多样化的福利及职业晋升机会等方式,留住现有人才,吸引优秀人才。

但是,养老服务人才职业发展通道的不畅,依然严重制约着养老服务人才队伍的稳定和发展。众所周知,职业发展前景与晋升机会是个体坚持从事劳累艰辛工作的支撑。③ 以养老护理员为例,一般的养老机构规模不大,职业晋升空间非常有限。因此,面对这种前途比较"渺茫"的职业,专业对口者在就业时纷纷改行,也在情理之中了。这也直接导致了养老机

---

① 杨根来,曹雅娟.养老专业人才紧缺困境如何破解[N].法制日报,中国教育报,2020-04-07(9).
② 肖来付.需求侧视角下职业教育养老服务类专业人才培养策略思考——以厦门城市职业学院为例[J].新疆职业大学学报,2021,29(2):27-32.
③ 朱凤丽,陈友华.养老机构服务人才缺口审视与策略研究[J].重庆科技学院学报(社会科学版),2022(2):49-56.

构服务人才尤其是专业性人才的结构性短缺。

由此看来,完善养老服务人才职业发展体系,对于解决当前养老服务人才结构性短缺问题很有必要。只有进一步完善养老服务人才职业发展体系,才能改善养老服务从业人员的职业发展前景,增加其晋升机会,引导员工提高职业满意度,产生自我价值认同感,从而树立职业认同感与归属感。由此可见,只有完善养老服务人才职业发展体系,才能畅通养老服务人才职业发展通道,这是养老服务行业能够留住人才,进而吸引优秀人才的关键因素之一。

三、完善养老服务人才职业发展体系的主要措施

1. 完善养老服务一线从业人员薪酬体系

近年来,各地陆续出台了鼓励应届大中专毕业生从事养老服务行业的入职津贴、补贴政策,对激励专业人才进入养老服务行业产生了一定的功效。但是,要想维护养老服务行业队伍,特别是养老服务一线从业人员队伍的整体稳定性,并且吸引更多的人才加入,制定一套合理的从业人员薪酬体系尤为重要,这是增强养老服务职业吸引力的根本所在。因此,要基于养老服务一线从业人员的岗位价值、能力素质、业绩贡献建立工资分配机制,科学评价技能水平和业绩贡献,强化技能价值激励导向,促进养老护理员工资合理增长。完善养老服务一线从业人员薪酬体系,调整原有的单一薪酬方式,制定含有底薪、适当的绩效奖励、基本的保险及岗位津贴的综合性薪酬体系,保障养老服务人员劳有所值。其中,适当提高绩效奖励,目的是拉开合理差距,激发技能水平高、劳动贡献高的员工的积极性,促进养老服务水平和质量的提升。另外,福利制度的设计,可以通过多样化的形式,实现引导员工提升职业满意度、产生自我价值认同感的功能,使其感受到来自养老服务机构或企业的尊重、认可与温暖。此外,还应当加强对养老服务一线从业人员的职业关怀,比如慰问、谈心、职业规划引导、团建活动、专业心理咨询辅导等,让养老服务一线从业人员真切感受到温暖与关爱,从而树立职业认同感与归属感。①

2. 规范养老护理员职业技能等级认定制度

建立健全养老护理员薪酬待遇与职业技能等级挂钩制度,鼓励符合条件的养老服务人员参与养老护理员职业技能等级认定,推动养老护理职业技能水平的提升。将养老护理员职业技能等级证书作为养老护理员获得相关的政策、福利待遇等的重要依据。积极引导护理学、康复治疗技术、中医养生保健等相关医疗专业毕业生参加养老护理员职业技能等级认定,从事为老服务相关工作。面向社会开展养老护理员职业技能等级认定,引导养老机构、养老服务行业协会和职业院校(含技工院校)申报养老护理员职业技能评价机构,进一步规范养老护理员职业技能评价机构的发展。

3. 健全养老机构医护人员支持政策

在当前推动医养康养相结合的养老服务体系建设背景下,居家、社区和机构养老服务对医护人员的需求量逐年递增,尤其是护理院等养老机构,更需要医护人员发挥重要作用。因此,完善养老机构医护人员支持政策的重要性日益凸显。其一,需要鼓励退休医生和护士到

---

① 朱凤丽,陈友华.养老机构服务人才缺口审视与策略研究[J].重庆科技学院学报(社会科学版),2022(2):49-56.

养老机构中的内设医疗机构工作,其执业类别、范围保持不变,由用人单位为其办理相关保险业务;其二,需要加强医疗护理员培训工作,扩大专业护理服务供给,满足老年群体的护理服务需求。在这部分群体的职业发展方面,对于医疗护理员在本地养老机构连续工作满一定年限的,可通过相应程序评转通过养老护理员职业技能认定,并享受相应的补贴待遇;对于到养老机构中的医疗机构执业的医务人员,与其他医疗卫生机构的医务人员享有同等的职称评定、专业技术人员继续教育等待遇;养老机构不具备为医务人员提供继续教育培训条件的,由卫生健康部门统筹安排集中培训。

4. 拓宽养老服务人才职业发展空间,畅通晋升渠道

养老服务人才的职业发展,既需要拓宽发展空间,也需要畅通晋升渠道。因此,基于以上两方面的需求,其一,按照满足岗位需求、提升发展空间的原则,在养老服务相关的机构或企业内科学设置养老护理、专业技术、运营管理等岗位,加强岗位管理,细化岗位责任,通过开展多岗位锻炼,培养高级复合型养老服务人才;其二,建立养老护理员的职务选拔晋升机制,从一线养老护理员中遴选表现突出者担任业务管理人员,畅通养老护理员职业晋升渠道,打通晋级通道,明确晋级激励,实现养老服务人才资源管理的科学化、规范化和系统化。

5. 建立养老服务人才职业发展的褒扬机制

在当前人口老龄化日渐加深的背景下,养老服务各类型的人才为不断满足广大老年人多层次、专业化的养老服务需求做出了应有的贡献,因此,建立养老服务人才职业发展的褒扬机制,是对养老服务各类型人才所付出劳动的一种认同和肯定。其一,养老服务机构应与养老护理员签订劳动合同,参加社会保险,落实带薪休假、免费体检政策,从事"临终关怀"等特殊岗位的护理员应定期给予其心理疏导并帮助其享受喘息服务。其二,引导养老服务机构综合考虑养老服务从业人员的工作年限、技能水平等因素,合理制定养老护理员薪酬等级体系。其三,组织开展养老护理职业技能大赛,评选"养老服务能手",对获奖选手按规定给予奖励并晋升相应职业技能等级。

6. 建设养老服务专业社工和志愿者队伍

养老服务的规范化、专业化、标准化建设,离不开养老服务专业社工和志愿者的大力支持和参与。因此,需要从以下几个方面着手,大力建设养老服务专业社工和志愿者队伍。其一,鼓励现有养老服务从业人员积极参加全国社会工作者职业水平考试、社会工作学历及学位教育,引导养老服务机构、居家和社区养老服务组织优先吸纳、使用社会工作专业人才。其二,引导养老服务机构、居家和社区养老服务组织与社会工作服务机构合作开展服务,加大社会工作专业岗位开发,提倡养老服务机构内部设立社会工作科(室、站)。其三,倡导各类群体积极加入养老服务志愿者队伍,为各类为老服务志愿组织的成长创造条件,开展形式多样的为老志愿服务活动,服务老年群体,服务社会。其四,加强养老服务志愿者队伍管理和培训,规范志愿者注册制度,探索推广"时间银行"互助机制和"积分奖励"等制度。

7. 提高养老服务从业人员的职业社会声望

养老机构和企业提供的薪资,仅能满足其工作人员物质层面的需求,较高层次的需求如精神层面的需求、自我价值实现需求等难以得到满足。养老服务从业人员,特别是养老护理员等,通过劳动强度较大的护理、照护等工作,为老龄群体的老有所养、老有所乐做出了贡献,这种职业本身就应被社会尊重。但是,社会群体对养老机构和养老服务从业人员的行业

偏见和职业偏见长期存在，严重影响了养老服务从业人员的职业社会声望。因此，一方面，可利用各级官网、公众号等网络平台，以及户外广告橱窗、社区宣传栏等传统媒体渠道，对养老服务从业人员进行广泛的关注和报道，给公众正确的概念和导向，让人们对养老服务的工作性质、社会价值及意义有充分的认识，增强对养老服务职业的认同感，提高社会公众对各种类型养老模式及养老服务机构的理解度和信任度，消除社会群体对养老机构及养老服务从业人员的行业偏见和职业偏见，使养老服务从业人员心怀正能量，安心本职工作。对于处在养老服务一线的养老护理员等群体，主流媒体、相关政府部门等应大力宣传德技双馨的养老护理人员的先进事迹，让社会成员逐渐认识到养老护理工作的重要性，加强对养老护理工作的信任和认同。另一方面，要弘扬传统美德，构建尊老、敬老、爱老、助老的社会环境，增强对养老机构服务人员的尊敬与爱戴，营造全社会尊老敬老、爱老助老的良好风尚。当社会对从事养老服务这类职业的观点改变了，这类职业的社会声望有所提高，才会吸引更多年轻人、更多人才去从事养老服务行业。

第五节　养老服务从业人员监督管理

一、加强养老服务从业人员监督管理的重要性

针对养老服务从业人员开展的监督管理，主要包括：养老护理员登记制度、养老护理员基础信息采集维护制度、养老服务机构从业人员（包括养老服务机构的法定代表人、主要负责人、管理人员，以及养老护理员等相关人员）职业道德教育培训、养老服务从业人员信用评价体系、养老服务行业社会评价机制、养老服务人才流动促进机制等。

加强养老服务从业人员监督管理的重要性主要体现在以下几个方面。

（1）有利于推动养老服务的规范化、标准化建设。加强养老服务从业人员监督管理，有助于确保养老场所的安全性，规范养老服务的基本流程，推动养老服务的规范化、标准化建设。

（2）有助于促进养老服务高质量发展。加强养老服务从业人员监督管理，有助于推动养老服务机构的标准化运营，促进养老服务人员素质的提升和专业水平的提高，最终推进养老服务高质量发展。

（3）有益于提升老年群体的满意度和获得感。加强养老服务从业人员监督管理，能够让老人享受到高质量、规范化的服务；推崇人性化服务，有助于维护老年人应有的尊严，提升老年群体的满意度和获得感。

二、加强养老服务从业人员监督管理的主要举措

（1）完善养老护理员注册登记制度。依托统一的服务平台，对养老护理员实行统一登记管理，包括从业经历、从业年限、服务对象评价、参加培训经历、投诉处罚等。

（2）建立养老护理员基础信息采集维护机制，制定规范化的信息归集和使用标准，形成各地区统一、可查询、可共享的养老护理员信息数据库。

（3）建立评价监督机制。加强养老服务从业人员职业道德教育，坚守职业底线，在爱岗

敬业中提升服务意识和服务质量。鼓励符合条件的养老服务机构开展技能人才自主评价,根据需要合理确定人才技能等级。建立养老服务从业人员信用评价体系,作为今后评职、晋级、提薪、转岗的重要依据。对于优秀养老服务人才,优先给予深造学习、推荐奖评、职级晋升机会。对涉嫌严重违法失信的养老服务从业人员,依法列入养老服务联合惩戒名单,实施信用约束和联合惩戒措施。依法依规从严惩处养老服务机构欺老、虐老等侵害老年人合法权益的行为。

（4）降低养老服务行业准入门槛。拓宽参与渠道,实施"物业＋养老服务""家政＋养老服务""护理＋养老服务""照护＋养老服务"行动计划,引导更多专业人才跨行业、跨领域参与养老服务。

（5）健全养老服务人才流动促进机制。在各地区探索建立养老服务中高级管理人才信息库,搭建人才与机构间的合作交流平台。畅通流动渠道,保障养老服务从业人员在不同的养老服务机构、组织之间有序流转。鼓励从事执业护士、家政服务员、健康管理师、照护服务员等职业的人员申报养老护理员技能等级认定,拓展养老护理员入职渠道。

延伸阅读

老年人能力评估师:守护夕阳晚景

我国人口老龄化形势越来越严峻,进入中度老龄化社会。据中国疾病预防控制中心公布的数据,2020年我国失能老人有5 271万人,预测到2030年,失能老人数量可能会达到7 765万人。老年人群对全方位护理、专业化养老服务的需求也日趋增加。一种新职业应运而生,它就是老年人能力评估师。2020年7月,人社部等部门联合发布9个新职业,其中就包括老年人能力评估师。该职业是为有需求的老年人提供日常生活活动能力、认知能力、精神状态等健康状况测量与评估的人员。2021年2月,人社部颁布《老年人能力评估师国家职业技能标准》,规范该职业从业行为,引导职业教育培训方向,为职业技能鉴定提供依据,适应整个国家老龄事业和养老服务发展需要。

老年人能力评估师共设有三个等级,分别为:三级（高级工）、二级（技师）、一级（高级技师）。想要当一名合格的老年人能力评估师,需要具备一定的观察、分析、理解、计算,以及信息与数据处理能力,同时具有较强的语言表达与沟通、评价、判断能力。对于鉴定方式,《老年人能力评估师国家职业技能标准》规定,分为理论知识考试、技能考核及综合评审。其中,理论知识考试主要考核从业人员从事本职业应掌握的基本要求和相关知识要求。技能考核除了常规的实操情景考核,还采取新技术,通过VR场景对考试人员进行鉴定。

老年人能力评估师是一项综合性工种,需要多学科背景知识支撑,比如掌握老年人能力评估、老年医学、康复学、老年心理学、社会学等学科基础知识。尤其是老年医学基础知识,执业者必须严格掌握常见病、慢病管理、常用药物、健康教育、安全防护与急救、康复辅助器具配置及适老化改造基础知识。除了专业知识和能力,老年人能力评估师还需要有爱心和强大的责任心,这样才能更好地"读懂"老人、关爱老人,给他们最好的照护。

在养老服务机构,老年人能力评估师需要对老年人进行定期评估。老年人能力评估表是他们的"武器"。一般包括老年人能力筛查评估指标、日常生活自理能力等级划分、视听与沟通能力等级划分、认知能力等级划分等模块。通过沟通谈话、情景模拟等方式，评估师根据评估结果，确认其能力等级为"能力完好""轻度失能""中度失能"或"重度失能"。

当前养老服务人才短缺，远不能满足老年人日益增长的需要。据统计，现阶段我国养老服务业对老年人能力评估人员有近150万人的需求，可从业者不足10万人。近年来，各地推出针对性举措，培育养老服务人才，满足养老市场需求。在重庆，养老护理员等职业（工种），以及健康照护师、老年人能力评估师等新职业被纳入补贴性职业技能培训范围。在辽宁，健康照护师、社群健康助理员、老年人能力评估师等新职业被列入各地培训项目补贴目录，校企加强合作，推行"职业培训包"和"工学一体化"培训模式。除了加大职业技能培训力度外，国家层面应不断加强顶层设计，完善养老服务职业体系，形成规范的院校培养机制，引导各类院校开设养老服务相关专业，设置相关课程，规范薪资福利待遇，提升职业成就感，在全社会营造关爱和尊重养老服务人才的良好氛围。同时，发挥医疗机构、养老机构市场主体作用，注重社会力量参与，打造一批批适应新时代老龄工作需要的专业养老服务人才队伍，守护夕阳晚景。

（摘自《中国人力资源社会保障》2022年第3期《老年人能力评估师：守护夕阳晚景》，作者崔玮、沈海滨。）

案例思考

案例一：养老服务专业人才需求迫切

随着我国老龄化速度加快，养老成为越来越受关注的话题。去年7月，国家发布了9个新职业，其中就有"老年人能力评估师"。那么，"老年人能力评估师"这个新兴职业到底是做什么的？让我们先来认识一位"90后"。

90后女孩贺婉婷在北京一家老年人能力评估机构上班已有4年时间。她的主要工作是为不便出门的重度失能老年人提供身体、心理等方面的评估服务，进而帮助老年人申领相应的护理补贴。贺婉婷这样介绍她的工作："我们先看老人的身体状况、精神状态、生活自理能力，包括他的意识，然后通过多个维度去看他是不是属于失能老人。"评估师工作时会随身带着一份老年人失能等级评定表，这份10页的评定表，按日常活动、精神状态、感知沟通、老年综合征等大类细分出40多项指标，通过综合打分评估出失能等级。定期给老人评估打分，既能帮广大老年人提升健康水平，也能助力国家医养政策精准发力。贺婉婷说，目前她已为100多位老人提供过评估服务，公司的业务也越来越繁忙。

记者了解到，在老年人能力评估师职业确立前，养老服务机构是从内部护理人员、管理人员中自行选拔或者培养能供兼顾评估工作的养老评估员。这些评估员因为缺乏国家职业技能标准和规范要求的职业技能培训，导致养老服务机构和老年人及其家属经常会出现矛盾纠纷。

2020年12月29日，老年人能力评估师国家职业技能标准正式颁布。目前，老年人能力评估师职业技能等级培训评价教材也已编写完成，相关课程即将在人力资源和社会保障部搭建的"新职业线上学习平台"上线。预计今年年底前，老年人能力评估师职业技能培训和职业等级认定工作将在全国各地陆续开展。

老年人能力评估师作为新职业进入国家职业大典已有 1 年多的时间,而目前存在着较大的缺口。近日,老年人能力评估师国家职业标准的牵头制订单位编制的一份报告指出,未来 5 年养老市场对老年人能力评估师的需求将超过 300 万人,而目前从业者还不足 10 万人。中国劳动学会常务理事侯纯辉表示:"中国 65 岁以上的老人已经达到了 1.9 亿,这么庞大的一个群体,要为他们提供专业的评估服务,需要有大量的人才供给。"

养老服务业需求快速增长,被视作朝阳产业。市场有实实在在的需求,可许多年轻人并不认同,甚至有些人入行后产生离开的念头。对此,浙江长兴椿熙堂综合养老服务中心的护理员薛阿成这样解释:年轻人为什么不愿意来,主要一个原因是工资太低,第二个原因就是社会地位比较低,第三个原因是嫌脏又嫌累,跟老年人难以沟通。昆山市福利院养老护理员魏家兄也认为养老行业及其相关专业都比较新,社会对职业和行业的认可度不高,行业发展水准也参差不齐,一定程度上加剧了养老护理员的流失。

其实,老年人能力评估师并不是国家部委首次发布与养老行业有关的新职业。2020 年 3 月,人社部发布的 16 个新职业之中,健康照护师、呼吸治疗师等也均与养老、照护相关。而这也意味着,养老行业不仅仅需要单纯的护理,随着行业的崛起,其工种也将越来越细分,技能也将越来越多元,人员也会越来越专业。

(摘自央视《焦点访谈》栏目——《职场新业——老年人能力评估》20210429 期)

问题:1. 如何看待在我国作为朝阳产业的养老服务产业吸引不了年轻人的参与?
    2. 哪些措施可以激发年轻人投身养老服务业的热情?

案例二:专业引领,注重老年人才队伍建设

创新养老服务人员培训体系

北京市石景山区针对护理员年龄偏大、素质不高、队伍不稳定等养老服务的短板,重点加强养老职业队伍建设,实施养老护理职业队伍培养的"百千万大培训工程":首先,培训 500 名左右具有初级以上职业资格水平的养老护理专业人员;其次,针对 1 000 名左右的养老服务志愿者开展各类养老服务专业知识的培训、报告、论坛活动;最后,对 10 000 户左右的家庭成员开展失能失智居家养老护理知识的培训和宣传。在此基础上,加大政策保障力度,出台养老服务人才扶持政策,对北京市户籍养老护理员给予岗位补贴。

河北省唐山市着力培养一批高素质、专业化养老服务人才,出台了《关于加强养老服务人才队伍建设的意见》,创新人才培育机制,落实人才保障政策,完善人才激励机制,努力提升服务队伍的能力素质。同时,与唐山工业职业技术学院签署养老护理专业人才培养战略协议,针对老年服务与管理专业学生实行免学费政策,并设立专业奖学金。建立了市、县民政部门和养老机构(组织)三级培训机制。对实现稳定就业的大中专院校养老护理专业的毕业生或参加短期养老护理培训的人员给予补贴。

加大对养老护理员的支持激励

江苏省南京市对从事养老护理岗位的大中专毕业生,一次性给予 3—5 万元"入职补贴";对所有工作满 1 年的养老从业人员,每月给予 100—800 元"岗位补贴",并纳入"积分落

户"条件。高校开设养老行业经营管理、老人照护等方面专业班次,民政与相关高校合作开设老年服务专业学历教育,加强养老专业人才储备。建立养老服务褒奖机制,常态开展养老服务职业技能竞赛,优秀者可获市级劳模、"三八"红旗手、"五四"青年奖章等称号,全市现有10名全国、省级养老服务职业技能竞赛获奖者。

山东省威海市出台了《关于加快推进全市养老护理人员队伍建设的实施意见》,连续多年实施养老护理员免费培训工作,对培训初、中级养老护理员的职业资格学校,分别按每人1 500元和2 000元的标准予以补助。鼓励各高校和职业学校开设养老护理专业,对设立养老服务专业的高等院校,给予10万元一次性奖励。建立养老护理员岗位补贴制度,对取得养老护理员职业资格证书且与养老服务机构、养老服务组织签订5年以上劳动合同,在护理岗位实际工作满3年的养老护理员按职业等级发放5 000、7 000、10 000元的一次性补贴。

统筹多方力量,开展"三社联动"

重庆市渝中区通过统筹多方力量,着力解决养老服务人力不足问题。一是加强"三社联动"。推进社区自治共治,推动专业社工服务到位,鼓励引导养老机构成立社会组织或引入社工开展服务。各社区养老服务站自建志愿者队伍,开展助行、助洁等为老志愿服务。打造示范社区社工室,通过"社工+义工"联动,充分发挥专业社工的引导作用和志愿服务作用。二是加强培训整合。整合辖区人力资源社会保障、职教、养老机构等培训资源开展养老管理及护理人才培训,联合开展职业技能大赛,开展评选最美护理员等活动。

(摘自民政部《全国居家和社区养老服务改革试点经验和典型案例汇编》)

问题:
1. 结合案例二"加大对养老护理员的支持激励",思考如何有效拓宽养老服务人才职业发展空间,畅通其晋升渠道?
2. 结合案例二"统筹多方力量,开展'三社联动'",思考如何有效整合多方资源,解决养老服务人力不足等问题?

本章关键术语

养老服务人才类型;养老服务人才政策;养老服务人才培养模式;养老服务人才职业发展体系;养老服务从业人员监督管理机制

本章思考题

1. 养老服务人才的类型与要求有哪些?
2. 为什么要进行养老服务人才队伍建设?养老服务人才队伍该如何建设?
3. 养老服务人才培养模式有哪些?
4. 完善养老服务人才职业发展体系的必要性体现在哪些方面?
5. 当前可以采取哪些主要措施完善养老服务人才职业发展体系?
6. 简述健全养老服务从业人员监督管理机制的必要性或主要举措。

参考文献

专著

[1] 马克思恩格斯全集[M].北京:人民出版社.2012.

[2] 徐立.中国民政统计年鉴[M]北京:中国统计出版社,2013.

[3] 国家统计局.中国农村统计年鉴(2000)[M].北京:中国统计出版社,2000.

[4] 彭森.中国改革年鉴——深改五周年(2013—2017)专卷[M].北京:中国经济体制改革杂志社,2018.

[5] 尹豪.人口学导论[M].北京:中国人口出版社,2006.

[6] 张恺悌,郭平.中国人口老龄化与老年人状况蓝皮书[M].北京:中国社会出版社,2010.

[7] 沙勇,周建芳,白玫.养老服务管理[M].北京:社会科学文献出版社,2019.

[8] 郝大海.社会调查研究方法[M],北京:中国人民大学出版社,2005.

期刊

[1] 李兰永,刘媛.人口老龄化:特征、成因及对策研究[J].山东社会科学,2013(12):31-35.

[2] 王杰秀,安超.全球老龄化:事实、影响与政策因应[J].社会保障评论,2018,2(4):14-30.

[3] 陆杰华,伍绪青.人口年龄结构变迁:主要特点、多重影响及其应对策略[J].青年探索,2021(4):28-40.

[4] 梁誉,李静,韩振燕.我国城市养老服务发展70年回顾与前瞻——基于分配-供给-输送-财务 四维框架的分析[J].河海大学学报(哲学社会科学版),2019(5):8-14.

[5] 穆光宗.当前中国家庭户小型化的社会意涵[J].人民论坛,2021(21):68-71.

[6] 胡宏伟,蒋浩琛.我国基本养老服务的概念阐析与政策意涵[J].社会政策研究,2021(4):16-34.

[7] 刘益梅.人口老龄化背景下社会化养老服务体系的探讨[J].广西社会科学,2011(7):100-104.

[8] 谷甜甜,张建坤,李灵芝,等.典型福利国家养老服务体系发展历程对比及启示[J].经济体制改革,2017(3):158-163.

[9] 黄健元,姜丽兰.农村家庭养老服务与孝文化演进[J].重庆社会科学,2016(9):64-72.

[10] 戴卫东.中国家庭老年照料的功能变迁与价值转向[J].安徽师范大学学报(人文社会科学版),2021,49(1):64-73.

[11] 伍德安,杨翠迎,沈亦骏.人口流动及家庭结构变迁:养老服务何去何从[J].中国人力资源开发,2014(23):87-93.

[12] 韩振燕,柳汀. 家庭养老非正式制度演变及价值驱动[J]. 江淮论坛,2021(1):141-146.

[13] 林宝. 积极应对人口老龄化:内涵、目标和任务[J]. 中国人口科学,2021(3):42-55,127.

[14] 陈宁. 从"生存"到"尊重":我国居家养老服务理念的嬗变[J]. 南华大学学报(社会科学版),2018,19(2):58-62.

[15] 习近平. 决胜全面建成小康社会 夺取新时代中国特色社会主义伟大胜利——在中国共产党第十九次全国代表大会上的报告[J]. 理论学习,2017(12):4-25.

[16] 习近平. 促进我国社会保障事业高质量发展、可持续发展[J]. 先锋,2022(4):5-8.

[17] 彭希哲,胡湛. 公共政策视角下的中国人口老龄化[J]. 中国社会科学,2011(3):121-138,222-223.

[18] 中共中央关于制定国民经济和社会发展第十四个五年规划和二〇三五年远景目标的建议[J]. 中国民政,2020(21):8-21.

[19] 朱笑笑,糜泽花,钱爱兵. 政策文献计量视角下江苏省养老服务特征及优化策略[J]. 中国卫生事业管理,2020,37(3):227-231.

[20] 汪泳,刘桂华. 政策网络治理视域下我国政府养老服务政策内容分析及优化[J]. 理论探讨,2019(4):171-176.

[21] 付舒. 我国养老服务政策行为者行动特征及其协同治理挑战——基于政策网络视角的文本量化分析[J]. 南通大学学报(社会科学版),2019,35(4):75-84.

[22] 韩艳. 中国养老服务政策的演进路径和发展方向——基于1949—2014年国家层面政策文本的研究[J]. 东南学术,2015(4):42-48.247.

[23] 席恒. 新时代、新社保与新政策——党的十九大之后中国社会保障事业的发展趋势[J]. 内蒙古社会科学(汉文版),2019,40(1):24-30.

[24] 戴卫东. 中国家庭老年照料的功能变迁与价值转向[J]. 安徽师范大学学报(人文社会科学版),2021,49(1):64-73.

[25] 徐隽倬,韩振燕,梁誉. 支付意愿视角下老年人选择社会养老服务影响因素分析[J]. 华东经济管理,2019(8):167-173.

[26] 纯光. 适应人口老龄化新形势着力提升养老保障和服务水平——民政部党组成员、全国老龄办常务副主任王建军答记者问[J]. 中国民政,2015(13):20-24.

[27] 韩振燕,姚光耀,刘唯一. 融资租赁:民营养老机构设施升级的路径选择[J]. 河海大学学报(哲学社会科学版),2021.23(3):97-104.

[28] 雷雨若,王娟. 地方政府购买居家养老服务中的监管失灵及其矫正——基于南京、宁波、广州、合肥和深圳的分析[J]. 济南大学学报(社会科学版),2020,30(1):145-156,160.

[29] 刘金金. 信息化时代精细化管理的养老服务体系构建及实现路径探究——评《居家养老服务信息化的建设实践》[J]. 中国科技论文,2022,17(2):245.

[30] 崔恒展,李宗华. 老龄化背景下的养老内容研究[J]. 山东社会科学,2012(4):29-35.

[31] 郝昕,杜本峰,刘林曦. 老龄化背景下中国健康养老服务面临的挑战及对策[J]. 中州学

刊,2021(7):103-106.

[32] 戴秀,徐萍风.医养结合服务标准化建设的SWOT分析[J].中国卫生事业管理,2019,36(2):108-109,132.

[33] 韩艳.中国养老服务政策的演进路径和发展方向——基于1949—2014年国家层面政策文本的研究[J].东南学术,2015(4):42-48,247.

[34] 赵丽君.以标准化模式打造一流养老服务机构——记北京市第一社会福利院标准化体系建设工作[J].社会福利,2009(5):13-15.

[35] 董红亚.从孝文化到照护文化、敬老文化——构建适应老龄社会的新文化体系[J].中州学刊,2020(9):68-74.

[36] 王皓田."十四五"时期完善养老服务体系需要"通堵点、消痛点"[J].中国经贸导刊,2021(19):46-48.

[37] 重庆:多元保障 构建基本养老服务体系[J].中国社会工作,2021(32):8.

[38] 张丽,严晓萍.智慧养老服务供给与实现路径[J].河北大学学报(哲学社会科学版),2019,44(4):96-102.

[39] 万雨龙,谢军.基于标准化建立养老服务质量评价指标体系研究[J].标准科学,2014(6):31-35.

[40] 国外养老服务质量控制的启示[J].社会福利(理论版),2012(7):45-51.

[41] 李芳,李靖,龙艳芳,等.国外养老服务综合评估工具的应用现状与启示[J].护理研究,2020,34(9):1546-1551.

[42] 章晓懿,梅强.社区居家养老服务绩效评估指标体系研究[J].统计与决策,2012(24):73-75.

[43] 杨倩文,杨硕,王家合.政府购买机构养老服务绩效评价指标体系构建与实证应用[J].社会保障研究,2021(5):60-71.

[44] 唐小茜.多层次养老服务体系建设创新实践与思考——评《社会养老服务体系建设研究》[J].科技管理研究,2021,41(17):224.

[45] 王媛媛.政府购买养老服务绩效评估综述:理论、指标与方法[J].五邑大学学报(社会科学版),2021,23(4):65-69,89,92.

[46] 唐钧.养老机构服务质量:标准、管理和评估[J].行政论坛,2018,25(1):29-33.

[47] 杨翠迎,刘玉萍.养老服务高质量发展的内涵诠释与前瞻性思考[J].社会保障评论,2021,5(4):118-130.

[48] 韩振燕,夏林.耦合视角下的医养:从机械结合走向有机融合[J].河北大学学报(哲学社会科学版),2018,43(5):126-133.

[49] 边恕,黎蔺娴.积极老龄化视角下的我国多维养老服务体系研究[J].辽宁大学学报(哲学社会科学版),2019,47(2):83-91.

[50] 韩烨,付佳平.中国养老服务政策供给:演进历程、治理框架、未来方向[J].兰州学刊,2020(9):187-198.

[51] 王成利,王洪娜.医养融合养老:供给途径、实践困境与政府责任——基于公共产品理论的视角[J].东岳论丛,2017,38(10):37-44.

[52] 韩振燕,梁誉.关于构建我国老年长期护理保险制度的研究——必要性、经验、效应、设想[J].东南大学学报(哲学社会科学版),2012,14(3):38-42.

[53] 蒲新微.养老服务的规范化建设要求及其实现路径[J].厦门大学学报(哲学社会科学版),2019(4):104-110.

[54] 韩振燕,夏林.老年多维贫困测量:概念与视角的转换——基于A-F法及CLASS数据的实证分析[J].河海大学学报(哲学社会科学版),2019(2):79-86.

[55] 黄健元,常亚轻.家庭养老功能弱化了吗?——基于经济与服务的双重考察[J].社会保障评论,2020(2):131-145.

[56] 李静,沈丽婷.福利多元主义视角下大城市养老服务主体的角色重塑[J].河海大学学报(哲学社会科学版),2020,22(4):70-76.

[57] 陈际华."时间银行"互助养老模式发展难点及应对策略——基于积极老龄化的理论[J].江苏社会科学,2020(01):68-74.

[58] 李静.代际互助:"成功老化"的模式创新[J].东岳论丛,2018,39(5):61-66.

[59] 曲绍旭.城市居家养老服务政社关系类型的转换效应及对策研究[J].华中科技大学学报(社会科学版),2020,34(5):114-123.

[60] 伏威.政府与养老服务社会组织合作的优化路径研究[J].延边大学学社版,2020,53(1):93-100,142-143.

[61] 董克用,王振振,张栋.中国人口老龄化与养老体系建设[J].经济社会体制比较,2020(1):53-64.

[62] 邰鹏峰.政府购买公共服务的监管困境破解[J].甘肃理论学刊,2013(2):74-78.

[63] 王歆昱.政府购买公共服务监管途径研究[J].管理观察,2016(5):33-35.

[64] 李玉玲.我国养老服务质量建设的难点及治理研究[J].兰州学刊,2020(2):192-199.

[65] 马跃如,文铮,易丹.多主体视角下的养老服务监管系统动力学研究[J].西北人口,2020,41(6):88-101.

[66] 林宝.党的十八大以来我国养老服务政策新进展[J].中共中央党校(国家行政学院)学报,2021,25(1):91-99.

[67] 睢党臣,曹献雨.芬兰精准化养老服务体系建设的经验及启示[J].经济纵横,2018(6):116-123.

[68] 罗鹏哲.养老服务场所消防安全的分析及其对策[J].吉首大学学报(社会科学版),2015,36(S2):50-51.

[69] 高秋萍,韩振燕,曹永.开放大学开展养老服务人才培养的优势、挑战与路径[J].中国成人教育,2021(1):20-24.

[70] 钮学兴.江苏:推动养老服务扶持监管并重[J].社会福利,2009(12):12-13.

[71] 李绵利,VIRGINIA P,JACQUI A,等.澳大利亚老年护理综合评估体系介绍及其对我国养老服务的启示[J].护理研究,2021,35(14):2546-2550.

[72] 曲绍旭.养老服务体系主体协同动力机制[J].学术交流,2022(1):140-152.

[73] 高秋萍,韩振燕,曹永.老年人力资源开发视域下的老年教育发展策略研究[J].成人教育,2020(8):29-34.

[74] 汪沂.社会养老服务机构的法律规制[J].南京人口管理干部学院学报,2013,29(4):48-53.

报纸及论文集

[1] 赵为.完善养老服务体系推动老龄产业发展[N].中国劳动保障报,2022-03-01(3).
[2] 中国城市规划学会.面向高质量发展的空间治理——2021中国城市规划年会论文集[C].北京:中国建筑工业出版社,2021.

学位论文

[1] 曹婧柔.福利多元主义视角下我国城市养老模式研究[D].南京大学,2016.
[2] 帖蕙.人口老龄化对我国社会经济发展的影响和对策[D].西北大学,2010.
[3] 卢继峰.我国养老服务政策变迁与演进逻辑研究[D].广西大学,2020.